群体智能优化算法在物流调度问题中的研究与应用

宋 强/著

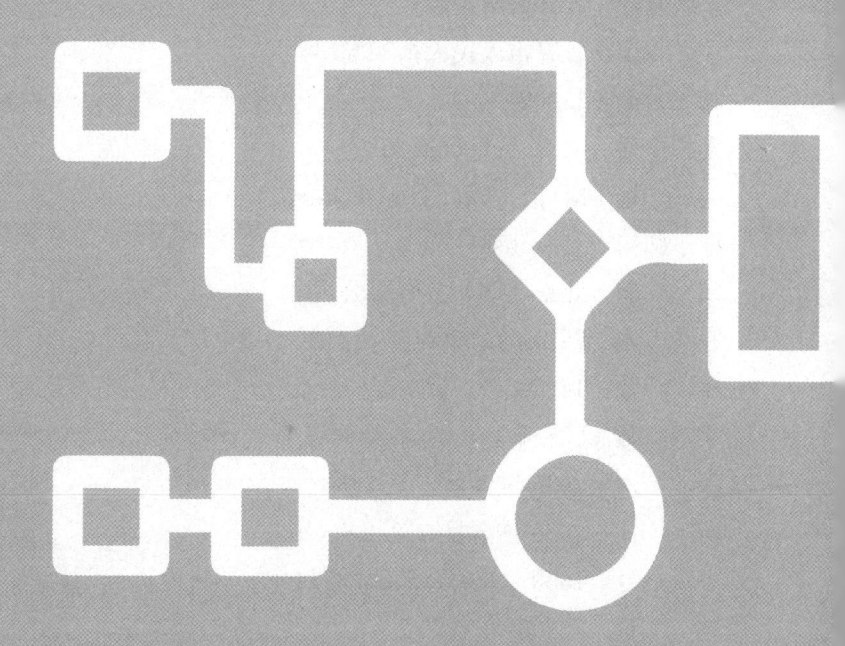

吉林大学出版社
·长春·

图书在版编目（CIP）数据

群体智能优化算法在物流调度问题中的研究与应用 / 宋强著. -- 长春：吉林大学出版社，2024.8. --ISBN 978-7-5768-3714-8

Ⅰ.F252.1

中国国家版本馆 CIP 数据核字第 2024LV8227 号

书　　名	群体智能优化算法在物流调度问题中的研究与应用 QUNTI ZHINENG YOUHUA SUANFA ZAI WULIU DIAODU WENTI ZHONG DE YANJIU YU YINGYONG
作　　者	宋　强
策划编辑	李承章
责任编辑	李承章
责任校对	甄志忠
装帧设计	彭　婷
出版发行	吉林大学出版社
社　　址	长春市人民大街 4059 号
邮　　编	130021
发行电话	0431-89580036/58
网　　址	http://www.jlup.com.cn
电子邮箱	jldxcbs@sina.com
印　　刷	北京北印印务有限公司
开　　本	787mm×1092mm　1/16
印　　张	14
字　　数	235 千字
版　　次	2025 年 3 月　第 1 版
印　　次	2025 年 3 月　第 1 次
书　　号	ISBN 978-7-5768-3714-8
定　　价	75.00 元

版权所有　翻版必究

前 言

物流业是关系国家经济发展的血脉，我国"十三五"规划纲要进一步从国民经济发展各个层面规划了现代物流业发展的重点及要点。而车辆路径问题作为物流配送系统优化的主要环节和因素，为了进一步降低配送成本和提高客户满意度，结合城市环境下物流车辆调度运行的基本状况，本书以基于群体智能优化算法的物流配送作为主要研究对象，分别研究了：（1）采用改进烟花算法来优化物流配送过程中多行程车辆路径的调度问题；（2）利用混合 Beam-PSO 优化算法来求解考虑货物到达时间的带时间窗的多行程车辆路径问题；（3）利用混合教与学优化算法来求解运送不相容货物的带时间窗的多行程车辆路径问题；（4）利用新型混合蛙跳算法来同时进行配送中心选址定位和配送车辆行驶路线规划。（5）开发了一个车辆调度与优化平台对本书提出的群体智能优化算法进行了实例验证。（6）提出基于混合灰狼算法来解决物流设施布局优化的问题。（7）以应急物资调度作为研究对象提出了改进的鲸鱼算法来进行求解。

主要研究工作如下：

首先说明了本书的缘起与研究目的，介绍了车辆路径优化问题的定义、模型及基本构成要素，并引入了动态需求 VRP 的求解策略和相关算法。在介绍国内外城市物流配送的基本问题及其特征的同时，即配送的动态性、多层次、多行程，也把基于群体智能算法和动态需求的 VRP 问题融入本书的研究内容中。最后指出本书的主要研究工作及组织结构。

针对基于改进烟花算法的多行程车辆路径问题，在标准烟花算法的基础上，构建了一种改进烟花算法。该算法结合多行程车辆路径问题的性质，采用了基于轮盘赌的编码与解码方法，克服了烟花算法无法适用于离散问题的缺点；同时，利用蜂群搜索技术进一步强化标准烟花算法的深度开发能力和搜索性能，并在该算法中融入了基于反学习的初始化方法用于提升初始解的质量,并分析对比了该算法的复杂度。该算法通过测试算例的参数设置和参数校正,又与文献中提出的遗传算法、人工蜂群算法和粒子群算法进行对比,并获得较好的结果,在 Matlab 仿真实验中验证了该算法的可行性和有效性,证明了该算法在求解多行程车辆路径问题时能够获得最短的配送时间,总时间偏差百分比能够达到 5% 以上。

针对考虑货物到达时间的带时间窗的多行程车辆路径问题,提出了一种混合 Beam – PSO 优化算法来进行求解。首先借助随机键编码机制,构建了相应的编码与解码方法,克服了标准 PSO 算法无法适用于离散问题的缺点;同时引入了基于 Beam Search 的局部搜索流程以强化算法的全局搜索能力,并分析对比了该算法的复杂度。这里假定客户位置节点、客户需求量、到货时间和客户服务时间都是随机参数,最后通过 Matlab 仿真实验,验证了该 Beam – PSO 优化算法在求解该问题时,相比人工蜂群算法、遗传算法和教与学优化算法可以获得最少的行程数量、最短的配送时间和最低的运输成本。

为了解决运送不相容货物的带时间窗的多行程车辆路径问题,需要制订一个明确的路径规划来服务一组客户,满足客户运送不相容的大宗货物的需求。设计了一种混合教与学优化算法,并引入了客户位置节点、客户需求量、客户服务时间、客户类型、货车容量以及不同货物的单位运输成本等动态因素。该算法通过借助随机键编码机制,克服了标准教与学优化算法无法适用于离散问题的缺点;构造了基于禁忌搜索算法的局部优化方差,进一步强化标准 TLBO 算法的寻优能力,并分析对比了该算法的复杂度。为了测试提出的混合教与学优化算法,分别同人工蜂群算法、标准粒子群算法和入侵杂草优化算法相比较,Matlab 仿真结果验证了这种混合算法在求解该问题方面可以获得最少的行程数、最短的配送时间和最低的运输成本。

为了同时解决多行程车辆路径问题和配送中心的选址定位问题,本书首先开发了一个以最小化总成本为目标的数学模型,其中包括运输成本和启动车辆成本。然后采用了新型混合蛙跳算法解决这个问题,设计了该问题的编码与解码方法,并进一步借鉴入侵杂草优化算法的邻域搜索模型,对各个青蛙子群体中的最优解进行局部搜索,强化了算法的进化能力,并分析对比了该算法的复杂度。这种方法不同于常规的把配送中心选址和路径优化分为两个独立阶段求解 LRP 的方法,而是考虑了配送中心设施选址和车辆路径两个问题之间的相互影响和制约关系,把 LRP 看作一个整体进行结构分析和求解。然后采用 Matlab 进行实例仿真,分别与标准粒子群算法、人工蜂群算法和遗传算法进行对比实验。最后针对大规模客户点问题进行了理论探讨,并通过仿真进行了验证,结果表明该新型混合蛙跳算法可以最低的目标函数成本和最少的配送中心数量更好地获得配送中心选址和有效的路线安排,相比其他三种算法实用性更强,寻优效率更高。

为了解决一类复杂的物流配送设施布局优化问题,综合考虑功能区出入口位置、布局方向和安全距离阈值等因素,建立了以最小化物流强度为目标的数学模型。其次,提出了混合灰狼算法以获取优质布局方案。结合问题特征构建了编码与解码方法,从而适配当前问题和灰狼算法,并辅以个体评估函数以协助种群进化。同时,通过 Fuch 混沌映射构建初始解集,旨在生成高质量的初始种群。在种群进化方面,构建以优质解牵引和邻居学习为特征的混合进化机制,力求平衡算法自身的全局搜索和局部挖掘能力。最后,开展算法对比试验和实例仿真分析,结果证明了混合灰狼算法的良好性能。

接着开发了一个基于动态需求的车辆调度与路径优化平台,该实例有效集成了本书所介绍的改进烟花算法、混合 Beam – PSO 优化算法、混合教与学优化算法和新型混合蛙跳算法,并将它们作为优化种子通过 GIS 接口植入系统的 SDK 算法包中。针对调度过程中出现的不确定因素,如客户位置节点、客户需求量、客户服务时间等,该平台采用 EXCEL 表导入实时的更新数据并采用重新优化的策略,以三辆配送车为例验证了当前车辆行驶路线的优化过程,并把平台优化后的路径结果由调度人员决策选择后,通过短信发送给司机,实现动态调度的过程。

最后以应急物资调度为研究对象,研究了一类考虑多配送中心和时间窗约束的决策优化问题。首先构建了以优化总行驶距离为目标的数学模型,并提出了改进鲸鱼优化算法以快速获取当前问题的满意解。结合问题性质设计了融合启发式规则的编码和解码方法,旨在适配当前问题与鲸鱼优化算法。同时,将反向学习技术和差分搜索算法嵌入鲸鱼优化算法,力求增强基础算法的寻优性能。通过开展基准函数优化和应急资源调度两类仿真实验，测试结果验证了本书所构建的 EWOA 算法的高效性能。

在结论部分，对上述基于群体智能优化算法的物流配送问题有关的研究工作做了全面的总结，提出了本书研究的创新点，并指明了以后研究的方向。以上理论成果对城市物流环境下配送问题的研究具有一定的指导意义，有助于提高城市配送系统的效率，具有良好的社会和经济效益。

本书的出版，首先感谢肇庆学院学术著作出版资助金的资助，还要感谢我的团队成员王新华、杜暖男等人的支持。由于作者水平有限，疏漏之处在所难免，恳请读者批评指正。

作者于砚园

2024.3.16

目 录

第1章 绪 论 ……………………………………………………………… 1

1.1 研究背景和意义 ………………………………………………… 1
1.2 车辆路径问题概述 ……………………………………………… 4
1.3 城市物流配送的基本特点 ……………………………………… 8
1.4 基于群体智能优化算法的 VRP 研究现状 …………………… 12
1.5 基于动态需求的 VRP 的研究现状 …………………………… 13
1.6 本书主要研究内容及组织结构 ………………………………… 16
1.7 本章小结 ………………………………………………………… 19

第2章 改进烟花算法求解多行程车辆路径问题 ……………………… 20

2.1 引言 ……………………………………………………………… 20
2.2 问题模型 ………………………………………………………… 23
2.3 MFWA 优化算法 ………………………………………………… 24
2.4 仿真测试 ………………………………………………………… 33
2.5 本章小结 ………………………………………………………… 41

第3章 考虑货物到达时间的带时间窗的多行程车辆路径问题 …… 43

3.1 引言 ……………………………………………………………… 43
3.2 问题模型 ………………………………………………………… 46
3.3 Beam‒PSO 优化算法 …………………………………………… 48
3.4 仿真测试 ………………………………………………………… 55
3.5 本章小结 ………………………………………………………… 67

第4章 考虑货物兼容性的带时间窗的多行程车辆路径问题 …… 68

4.1 引言 …… 68
4.2 问题模型 …… 70
4.3 HTLBO 优化算法 …… 72
4.4 仿真测试 …… 80
4.5 本章小结 …… 89

第5章 集成配送中心选址的多行程车辆路径问题 …… 90

5.1 引言 …… 90
5.2 问题模型 …… 93
5.3 新型混合蛙跳算法（NSFLA） …… 97
5.4 仿真测试 …… 104
5.5 大规模客户点问题的求解 …… 110
5.6 本章小结 …… 123

第6章 基于动态需求的车辆调度与路径优化平台 …… 125

6.1 引言 …… 125
6.2 实例应用过程 …… 127
6.3 本章小结 …… 141

第7章 基于混合灰狼算法的设施布局优化问题 …… 142

7.1 引言 …… 142
7.2 问题模型 …… 144
7.3 GWO 算法 …… 148
7.4 HGWO 算法 …… 150
7.5 仿真实验 …… 154
7.6 结论 …… 163

第8章　基于改进鲸鱼优化算法的应急物资调度问题 ……………… 164

8.1 引言 …………………………………………………………… 164
8.2 问题模型 ……………………………………………………… 166
8.3 基本进化算法 ………………………………………………… 169
8.4 EWOA 算法 …………………………………………………… 171
8.5 实验结果与分析 ……………………………………………… 176
8.6 结束语 ………………………………………………………… 187

第9章　总结与展望 ……………………………………………… 188

9.1 全文总结 ……………………………………………………… 188
9.2 创新点 ………………………………………………………… 189
9.3 工作展望 ……………………………………………………… 191

参考文献 …………………………………………………………… 193

第1章 绪论

1.1 研究背景和意义

1.1.1 课题来源

本书的研究课题来源于 2014 年河南省重点科技攻关项目《基于动态需求的物流配送车辆调度建模及其优化》（项目编号：142102210231）；该课题同时在安阳市 2015 年工业攻关计划项目中立项。

1.1.2 研究背景

dantzig 和 Ramser[1]在 1959 年提出了车辆路径问题（vehicle routing Problem，VRP）。车辆运输路线的是否最优直接决定了物流公司的配送成本和经济效益。高效合理的配送路线的调度方案不仅可以优化物流调度，提高经济效益，降低资源浪费，还可以产生效好的社会效益。这使得车辆路径优化问题的研究具有重要的现实意义。

车辆路径问题另外一个主要的特征就是求解的复杂性。该问题及其变种已经在很多文献中被证明属于 NP – hard 问题。由于约束条件和问题规模的不断增加，以及提出的问题越来越接近现代物流的实际运作，导致新产生的扩展问题也变得越来越复杂。这些实际的问题对研究人员提出了更高的要求和新的挑战。

目前的研究大都是针对某个问题的约束条件建立模型，然后采用不同的求解算法进行求解，而且这些研究基本上是建立在事先约定的环境条件下进行的。如果脱离这些环境条件，往往研究就毫无意义。所以如何结合实际情况构建高质量和鲁棒性强的车辆路径问题的求解方法，具有重要的理论意义和实践价值。

在国内的城市环境中，物流市场被分割成为了一个个小的板块，很多的中小型物流公司迅速成立运营，但是受限于交通硬件设施、公司规模、人力成本等，在全国范围内的物流企业分配不均，每个区域板块的物流"蛋糕"其实并不大。尤其是三四线城市的道路设施、交通状况和配送路线都成为影响物流配送的重要因素。

1.1.3 研究目标

在进行路径优化调度前，根据调度人员是否已知相关的道路和车辆等信息，VRP 可以分为静态 VRP 和动态 VRP[2]。静态 VRP 指的是一旦调度开始，这些信息将不再改变；动态 VRP 指的是根据时间变化做出相应调整的输出路线的相应调整。其中与调度相关的信息包括客户信息、系统信息和车辆信息，这些信息可能在路线规划好后发生变化。由于动态 VRP 中存在不确定性，例如车辆数量、客户需求、运输网络以及动态复杂系统，该问题可以分为三类[3]：动态需求 VRP、动态车辆 VRP 以及动态网络 VRP。物流配送的线路是基于现有城市道路系统来实现的，随着城市现代化进程的加快，城市规模越来越大，影响城市交通的车辆阻塞、交通管制、公共设施改造等也越来越多，导致城市配送路线变化较大，难以符合配送的要求。结合 VRP 中客户需求的不确定性对车辆路径问题进行动态研究，建立相应的数学模型与算法，这是基于动态需求的物流配送路径优化的重要环节，也更加接近实际的运作情况。

城市环境下的物流配送车辆路径基本问题可以分为：时变性的配送、多层次配送、多行程配送、采用动态信息的配送等。本书结合国内外的文献研究，选择了基于群体智能优化算法的多行程车辆路径问题（multi-trip vehicle routing problem, MTVRP）作为研究对象，分别研究了以下内容：

●采用改进烟花算法来优化物流配送中多行程车辆路径问题的调度；

●利用混合 Beam-PSO 优化算法来求解带时间窗并考虑货物到达时间的多行程车辆路径问题；

●利用混合教与学优化算法来求解运送不相容货物的带时间窗的多行程车辆

路径问题；

●利用新型混合蛙跳算法来同时获得配送中心选址定位和有效的优化路线安排。

本书探讨了用于调度优化的多种群体智能求解方法，并结合客户需求、客户位置、数学模型、物流配送系统的选址布局、应急物流配送等，从多个方面采用不同算法研究了不同类型的多行程车辆路径问题的变体，结合河南省安阳市的交通特点，构建了一个城市环境下进行物流配送的多行程车辆路径问题的规划框架；同时也为政府部门和物流公司科学地进行物流规划提供了理论指导和借鉴。

1.1.4 研究意义

在理论研究方面，车辆路径问题由于其广泛的应用和重大经济价值，作为信息学、物流管理、计算机控制、组合优化领域与运筹学的前沿热点问题，受到很多专家学者的广泛关注。在国内外文献中目前针对车辆路径问题的研究主要集中在算法设计和数学建模方面。在研究算法方面解决的大多是在一定约束条件下的车辆路径问题，例如假设车辆行驶速度固定、车辆类型一致或者车辆容量统一等。在建立的数学模型方面，早期的精确算法存在计算精度低、解决问题规模小的缺点；从采用经典启发式算法到采用智能优化算法求解大规模动态车辆路径问题，存在着计算时间长、优化质量差、容易陷入局部最优等缺点。本书在搜集整合国内外关于基于动态需求的多行程车辆路径问题相关理论的基础上，创新性地提出了改进的群体智能优化算法，结合国内城市环境的基本特征，建立相应的路径优化模型，为物流车辆路径问题的求解提供了一定的理论参考。

在实际规划中，城市物流包括配送中心、城市路网、配送节点和行驶路径等，其中行驶路径的优化选择是配送系统的重要组成部分。在国内三四线城市环境下，由于客户分散节点众多、城市交通路网复杂、街道狭窄、配送货物量大等因素，使得车辆路径问题的解决方法一直难以得到满意的解。所以本书的研究从河南省安阳市这一城市的环境和物流配送的实际情况出发，结合特定的约束条件，研究了如何对物流车辆进行路径优化以及配送中心选址。并以安阳市作为三四线城市的代表，通过某快递公司创建的物流平台展示了物流调度优化的具体实例，可以促进其他物流企业建立布局合理、高效便捷的交通物流体系，有效提高物流的技术装备和技术水平，具有重要的理论和实践意义。

1.2 车辆路径问题概述

1.2.1 VRP 模型综述

根据车辆路径问题的定义可知，VRP 的三个实体是由配送中心、一定数量的客户和若干车辆构成，如图 1-1 所示。其中，配送中心提供货物，实现车辆调度，满足客户的送货需求；车辆则承担运输的任务，在规定的时间窗范围内对指定的客户进行配送服务。在实际运作中还有另外一种情况，配送中心分别由仓库和车场来实现，分别实现货物的存取和车辆的调派。

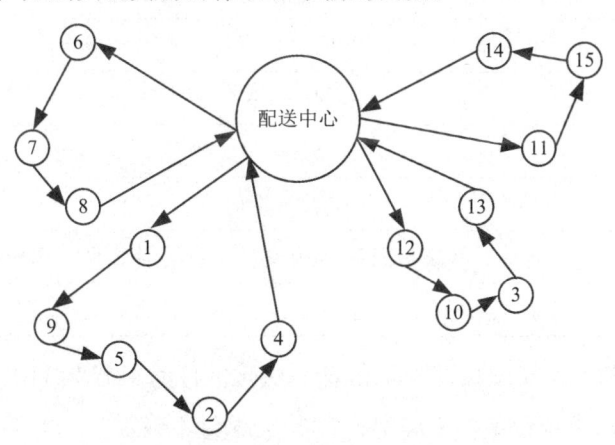

图 1-1 车辆路径问题示意图

在数学建模方面，VRP 模型包括约束条件和目标函数两部分。其中目标函数体现了 VRP 中路径优化所要达到的最终期望目标，体现在车辆配送时间最少、货物运输所需路线最短、费用最少、使用车辆数最少等；约束条件反映了配送中心对有关车辆和货物配送的客观情况的条件限制和客户的详细需求，以及配送中心能够提供的服务能力，例如时间限制、行驶里程限制、货物需求量、车辆容量限制、行驶里程限制、车辆容量限制、发货量、交发货时间、相容性约束等。车辆路径问题涉及因素众多，根据研究重点的区别，VRP 产生了很多的衍生数学

4

模型。

1.2.2 动态需求 VRP 的组成要素及分类

在物流配送系统中,动态需求 VRP 主要包括一些基本组成要素,例如车辆、物流中心、客户、约束条件和目标函数等,如表 1-1 所示。动态需求 VRP 往往是由于客户需求量和需求时间的不确定性导致需求的动态性,是由对需求预测的不确定性引起的问题。动态需求 VRP 属于动态 VRP 的一种类型,在调度指令开始执行后,需要实时更新优化调度结果。根据一种或几种不同要素的组合,可以建立基于不同约束条件的动态需求 VRP 模型。

表 1-1 动态需求 VRP 的组成要素

组成要素	基本属性
客户	货物数量需求、供货时间窗、供货次数、满意度、供货优先顺序
车辆	车辆数量、容量、装载量、车型、最大行驶距离
配送中心	单个/多个配送中心
行驶路线	封闭式、开放式
运输网络	顶点、无向边、有向弧
约束条件	供货时间窗、运输网约束、车辆装载容量、车辆行驶距离
优化目标	行驶距离最小、运输总成本最小、时间最短、顾客满意度最高

Gendreau 和 Potvin[4]按照需求信息的变化,将动态需求 VRP 划分为以下几种类型:(1)需求位置条件不确定;(2)需求量不确定;(3)现场服务时间发生变化的;(4)多种不确定因素条件。本书在针对城市环境下多行程车辆路径问题的研究与仿真过程中,分别把客户的需求位置点、需求量、客户时间窗等作为未知的不确定变量,通过设置初始解,根据获取的客户信息作为输入数据,采用重复进行静态求解的方法实现对问题的动态求解。

1.2.3 动态需求 VRP 的求解策略与常用算法

从求解策略的角度来看,动态需求的 VRP 算法被分为两大类:一类是重新优化策略,另一类是局域优化策略[3]。

（1）重新优化策略。指的是明确接收到实时道路和客户更新的数据信息后，就重新开始进行新的路径规划，这实际上就是针对动态问题的静态求解。例如，Bell[5]采用Lagrangean松弛和乘子调整技术研究了运送大宗商品的动态VRP，并取得了较好效果。Psaraftis[6]分别讨论了"静态"和"动态"两种情况，采用动态规划的方法对新输入的客户需求进行优化，并引入了一些优先级规则，从而避免了客户请求的无限期延迟。

（2）局部优化策略。首先根据已知的道路和车辆等信息制定初始规划，收到新的实时信息后采用局部优化方法改进初始路径。局部优化策略的优点是可以节约大量的计算时间，并以适合实际的车辆调度系统对局部路径进行重新优化。但是需要注意的是获得的路径规划容易陷入局部最优的缺陷，容易造成整体劣于重新优化策略。例如Madsen[7]针对消防服务系统的需要，开发了一个基于插入启发式算法的REBUS算法，该算法基于不同优化目标的路径权重，实现了动态环境下进行在线调度规划和用户交互。Gendreau[8]构造了一种禁忌搜索算法来求解静态路径规划问题，并针对快递服务中的带软时间窗和实时配送的动态需求，开发了一个并行的计算平台来增加计算的效果。

这两种策略被分别应用于本书中来求解多行程车辆路径问题，最后本书还采用了一个具体的路径优化调度平台的应用实例来验证所提算法的有效性和调度优化过程。

VRP的求解算法主要分为三类：精确算法、启发式算法和智能优化算法[9]。求解VRP的常用各类算法分类关系如图1-2所示。

（1）精确算法。精确算法主要针对VRP图模型和数学模型的基础性算法，它由经典的运筹学中的整数规划、动态规划等衍生而来。在用户规模较小的情况下，它能得到问题的精确解，缺点是随着用户数量的增加，计算复杂度呈现指数级递增，所以这种算法仅适合求解不超过几十个客户节点的小规模问题。当遇到车辆路径问题规模较大，或者在动态的城市配送环境下客户需求不确定的情况下，这种算法就无法在合理的时间内得出精确解。这也是NP-HARD问题的特点。

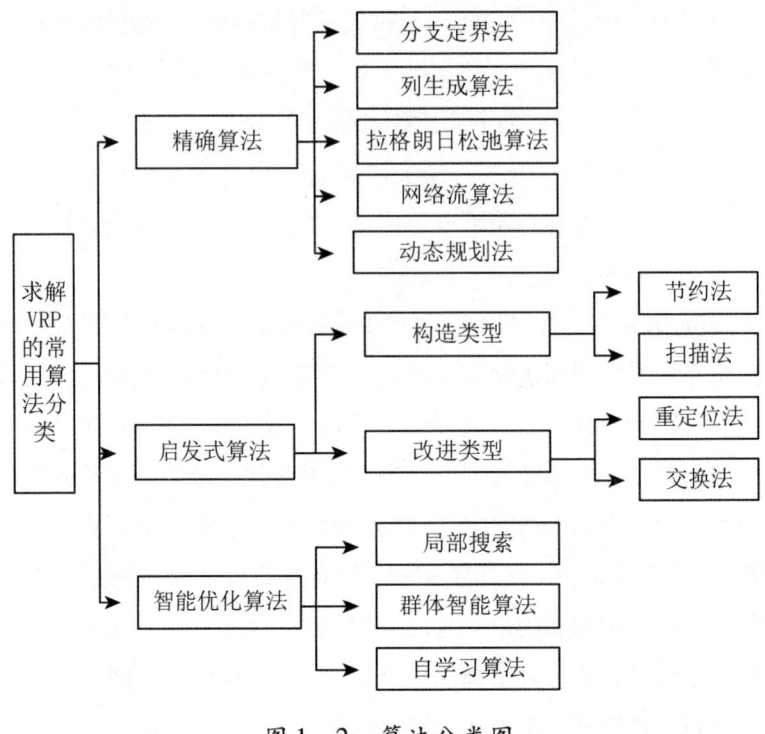

```
                    ┌─ 分支定界法
                    ├─ 列生成算法
         ┌─ 精确算法 ─┼─ 拉格朗日松弛算法
         │          ├─ 网络流算法
         │          └─ 动态规划法
求解      │                    ┌─ 节约法
VRP的    │          ┌─ 构造类型 ─┤
常用     ├─ 启发式算法 ─┤           └─ 扫描法
算法     │          │           ┌─ 重定位法
分类     │          └─ 改进类型 ─┤
         │                     └─ 交换法
         │          ┌─ 局部搜索
         └─ 智能优化算法 ─┼─ 群体智能算法
                    └─ 自学习算法
```

图 1-2　算法分类图

（2）启发式算法。该算法包括两种：改进式算法和构造式算法。改进式启发算法主要有路径内改进和路径间改进两种，其中路径内改进是指车辆被安排给所服务的客户后就不能再进行更改，只允许更改这些客户的服务顺序；而路径间改进允许调整更换车辆所服务的客户。构造式算法主要有扫描法[10]、节约算法[11]、基于节约思想的改进算法[12]、2-OPT 算法[13]、OR-OPT 算法[14]等。由于在一定时间内启发式算法都能搜索到相应的解，获得较为满意的优化结果，所以目前国内市场上常见的物流行业路径优化系统中应用较为广泛。其缺点是当约束条件较多时，解的精度不高，优化质量较差，特别当问题规模较大时，与最优解存在较大的偏差。所以常常与智能优化算法相结合混合使用，比如用于生成调度规划的初始解、作为路径优化过程中的一个应用模块等。

（3）智能优化算法。智能优化算法又称为元启发式算法，是由 I. Osman 和 G. Laporte 于 1996 年共同提出的[15]。它与传统启发式算法的区别之处在于，在算法运行过程中允许解退化甚至出现不可行解，并存在随机搜索的技巧。智能优化算法主要可分为局部搜索算法（例如禁忌搜索、变邻域搜索、模拟退火算法等）、群体智能算法（例如遗传算法、教与学优化算法、人工蜂群算法、入侵杂草算法、粒子群算法、烟花算法、人工鱼群算法、蛙跳算法、萤火虫算法等）和自学习算法（例如蚁群算法、神经网络算法等）三类[16]，目前在动态车辆路径问题中，后两类算法应用的效果较好，但也存在一定问题。例如禁忌搜索算法计算量大，计算时间长，设计烦琐；遗传算法存在编解码的问题，交叉变异算子需要单独设计；入侵杂草受参数设置影响较大，容易给寻优带来问题，等等。这些不同的算法都有自己的特点和适用的场合。随着对智能优化算法的改进以及电脑硬件运行速度的提升，这类智能算法已成为主要的应用研究方向。

群体智能进化算法从本质上是一种模仿生物系统、种群之间适应环境、相互作用、不断优化、进化的过程，从而体现了群体智能的特点。然而，遵循"组合优化"的思想，为了使多种智能算法优势互补，实现最优的目的，对不同智能优化算法进行融合是一个重要的应用与研究的趋势。

由于城市物流环境下的多行程 VRP 约束条件比较多、计算规模比较大、动态响应要求较快，所以本书研究的重点主要集中在群体智能优化算法上。

1.3 城市物流配送的基本特点

车辆路径问题定义了一类组合优化问题，用于优化多次往返运行车辆的行驶线路。这种情况代表了很大一部分在城市中用于货物配送的车辆。早期的研究已经表明车辆路径优化可能会带来巨大的经济节约（Hasle 估计大约在 5%～30% 之间[17]，Toth 估计为 5%～20%[18]）。然而城市配送路线优化提出了一些新模式的发展特点，本书研究的目的是分析这些贴近实际应用的车辆路径问题和讨论未来应该在这一领域进行研究的方向。

第一个明显的特点是时间限制。在城市地区不仅应考虑交通拥堵高峰时间，甚至许多城市开始反思如何在更安静的时间（如晚上）进行城市货物的运送。

第二个重要的特点是多层次的配送。很多研究都强调了如何基于配送中心在城市的郊区和卫星城市内创建新的配送中心的计划，以限制城市货运的成本。

第三个特点是如何从大卡车过渡到小型环保车辆。使用小型车辆的一个直接后果是减少了路线长度,这意味着从仓库快速访问客户涉及到使用多级配送和配送中心向城市中心的转移,以及车辆到仓库之间需要多趟往返。在车辆路径方面,后者指的是多行程VRP。

城市交通的动态性和新的通信技术的发展,激励着多行程VRP的研究,车辆路线根据不同类型的信息(例如:客户的位置、实际行驶时间、新的请求、意外事件)可以被重新优化。根据城市物流发展的基本特点,在配送环节中出现的问题可以归结为以下三个方面。

1.3.1 多层次的配送

在VRP中,配送系统一般由一个中央仓库和直接运送货物给一系列客户的车辆组成[33]。近来,在城市物流背景下,产生了更复杂的配送系统,货物在到达目的地之前被分配到中间仓库或者配送中心,再进行多级配送。在这种环境下,一般采用两种类型的车辆。大型卡车提供了中间的运输环节,而环境友好的小型车辆执行了终端运送。根据它们的特征,中间环节的设施称为城市配送中心(city distribution center,CDC)。根据Rushton等[19],一个CDC可能是一个仓库、一个转运站或者一个交叉配送设施(不提供存储功能),其中货物只能存储一段非常有限的时间,并且不能提供等待配送的车辆。

这里可以用物流平台(logistic platform,LP)表示城市配送中心的设施。1-LP代表商品的来源,2-LP代表中间设施。1-LP中的车辆是大卡车,2-LP中的车辆是用于终端送货的绿色车辆。多级配送的概况如图1-3所示。例如,从1-LP的直接行程可以到达最终客户,也可以通过多个行程或二级车辆的不同2-LP之间的行程到达终端客户,在2-LP中还可以分批交货。

研究最多的问题是两级VRP,其中同步仅局限于在2-LP的商品流的平衡[20-21]。从一个单独的1-LP(中央仓库)开始配送,1级车辆路线提供一系列的2-LP,在容量约束下代表2-LP的存储容量。在这个级别上,可能进行分批交货。客户由带标准VRP框架的二级车辆服务(每辆车围绕一个2-LP只有单独一个往返,没有分批交货),这种情况如图1-4(a)所示。当使用的2-LP需要在一组可能的2-LP中做出选择时,就产生了两级选址路径问题[19],如

图 1-4（b）所示。

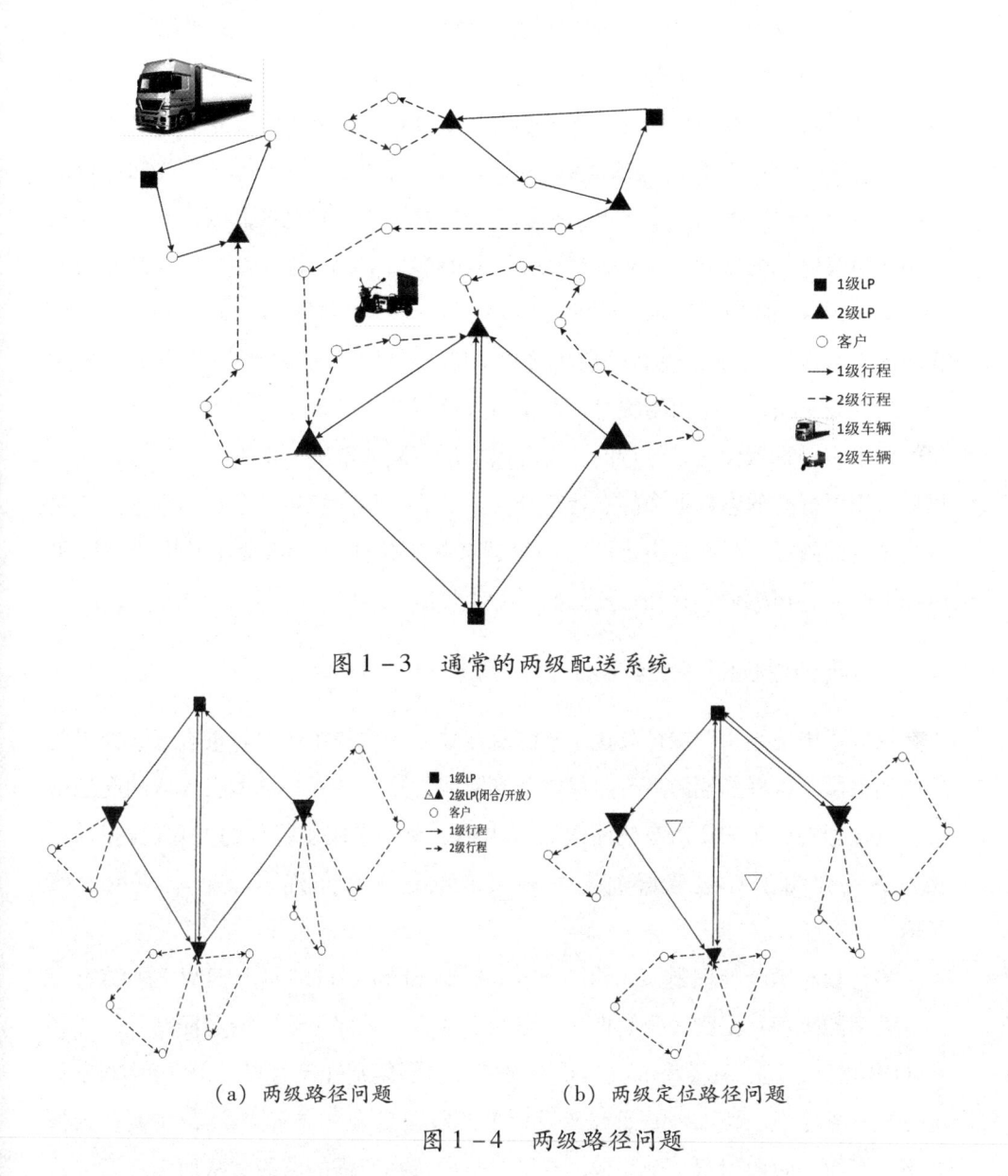

图 1-3 通常的两级配送系统

（a）两级路径问题　　　　（b）两级定位路径问题

图 1-4 两级路径问题

1.3.2 城市配送的动态性

如果车辆路径问题的输入信息是决策者未知的或随着行驶路线进行更新的，

这样的车辆路径问题就是动态的。相比之下，如果所有的输入信息在确定路线之前和之后不改变，就称为静态问题。在车辆路径优化中，动态主要包括行驶时间、服务时间、新的请求等方面的变化[22-23]。例如由 Makhloufi 等 [24] 给出的案例，在带有动态交付请求的配送中心背景下分别考虑配送路线的实时优化。

动态 VRP 的研究随着当前通信技术（GPS、手机）、地理信息系统和计算能力的并行发展快速增长。事实上，车辆活动现在可以不断地被监测，允许快速重新制定路线优化的规划。Kim 等[25]展示了如何利用道路阻塞的实时信息节约运行成本 3.65% 和减少车辆使用数量 6.88%。Grzybowska 和 Barcelo[26]表明，利用交通信息可以降低路径规划的成本高达 25%。正如 Guner 等[27]指出的，超过 50% 的行驶时间延迟是由于临时不可预测的事件造成的。

如果实时重新优化是可行的，就可以采用不同的解决方案框架。通常，路径规划采用可行的静态数据和静态计算算法。然后，每次发生一个新的事件时，对可能发生的路径变化在预决定的时间段就会重新优化[28]。实际上，由于路线可以经常改变，司机通常只知道他们的下一个位置。

1.3.3 多行程的路径问题

在城市中使用小型绿色配送车辆的直接缺点是这些车辆的容量有限，如果使用电动引擎，这些车辆的运行路线将受到限制。这将导致在城市引入新的配送中心，直接影响就是需要对车辆路线进行优化，允许采用多行程的方式运送货物。相关研究介绍了在运营层面上的多层次配送，它允许多个行程使用二级车辆[25][29]。

多行程车辆路径问题（multi-trip vehicle routing problem，MTVRP）结合了三种类型的决策：给路线分配客户，路线上的客户顺序，给车辆分配路线。与经典 VRP 相比，这三种类型的决策是不同的，主要区别在于经典 VRP 中每辆车只能分配一条路线。例如一些研究者设计了两阶段启发式方案[30-32]，在大多数情况下，在第一阶段保留一个路线，在第二阶段选择所需的路线，从而实现了多行程的车辆调度。

1.4 基于群体智能优化算法的 VRP 研究现状

1.4.1 国内研究现状

在现实生活中，城市环境下的车辆路径问题具有约束条件多、路况复杂、受交通状况限制、时间依赖性强等基本特征，具有高度的代表性，所以本书以城市环境下的物流配送车辆路径问题作为研究目标。自从群体智能优化算法提出以来，很多学者都对 VRP 进行了深入的研究。早期对这个问题的研究主要采用遗传算法，例如童明荣[33]提出了一个混合整数规划模型，构建了一个三层城市物流设施网络，并采用遗传算法求解使得整个城市的物流费用最小。李蕾[34]为了解决大型城市物流中心选址问题，把遗传算法应用到物流中心的选址问题中，结合多个约束条件分析建立了有效的 0-1 数学模型，并利用 Matlab 进行求解。葛显龙[35]针对城市多区域协同发展造成的联合配送问题展开研究，建立了面向城市多个区域配送需求的车辆路径数学模型，采用量子比特位设计染色体结构，利用云量子遗传算法对该城市配送模型进行求解。同时，一些学者开始使用其他群体智能优化算法来求解车辆路径问题。例如，粒子群算法[36-41]，人工蜂群算法[42-45]，烟花算法[46-48]，入侵杂草算法[49-50]，蛙跳算法[51-53]等，这些算法都从不同侧面和角度研究了 VRP 问题及其变种。

在国内这些已有的文献中可以看出，关于群体智能优化算法的研究主要被应用于城市配送的路线优化、配送设施的布局与规划以及配送中心的选址方面。

1.4.2 国外研究现状

城市物流配送目标具有两面性：一是物流配送公司从其自身利益的角度出发要尽量减小运输成本，服务客户，从而增加利润；另一方面还要从社会公众的利益出发降低能源消耗和减少交通拥挤。在理论上，采用何种方法来对车辆路径问题进行全面优化成为众多研究者首先考虑的前提。

Cattaruzza[54]于 2016 年提出一项关于多行程车辆路径问题（multi-trip vehicle routing problem，MTVRP）和相关车辆执行多行程路径问题的调查。Ayadi[55]提出了用于多行程绿色车辆路径问题（GVRPM）的一个数学模型，开发了一种结合带局部搜索过程的遗传算法来求解问题。Mańdziuk[56] 为了解决随机交通阻塞环境下的带容量约束的车辆路径问题，分别采用粒子群优化算法和蚁群优化算法进行了应用比较。Akhand[57]研究了用于聚类节点的一种扫描算法的变体和不同的群体智能优化算法来优化带容量约束的车辆路径问题。Dhanya[58]针对带时间窗的车辆路径问题采用多种混合的群体智能优化算法进行求解。Marinaki[59]提出一种混合的邻域拓扑萤火虫群体优化算法，它采用变邻域策略来改进萤火虫算法，并应用于带随机需求的和容量约束的车辆路径问题。同时，Marinakis[60]还对粒子群算法在车辆路径问题中的应用进行了调研和优化分析。以上这些文献都是采用不同类型的优化算法对车辆路径问题的变体进行求解，在原有经典算法的基础上进行了改进或者混合，发挥了很好的优化效果。

除此以外，其他国外学者采用群体智能优化算法对车辆路径问题也进行了研究。表1-2总结了相关的主要文献，并给出了对应求解方法及其优化方法的对比结果。这些文献都是从不同角度采用群体智能优化算法对车辆路径问题进行了研究，证明了城市物流配送过程中节点的分布复杂性，约束多样性和环境条件易变性等特点。

目前这些有效的群体智能优化算法虽然可以在合理时间内找到VRP的高质量解，但是缺点是算法设计过程一般都比较复杂，前期编程和后期的维护成本限制了这些算法在实践中的应用。

1.5 基于动态需求的VRP的研究现状

动态性和多行程是城市物流配送的两个基本特征，把这两个特征结合起来进行研究，能够比较真实地反映城市环境下进行物流配送的运行实际。

动态需求下的车辆调度问题存在建模困难、计算复杂、对算法的实时性要求高、约束条件多、具有大规模和不确定性等特点，近年来逐步成为学者们研究的热点。在国内，不少研究者对动态需求的VRP进行了研究，如表1-3所示。

在国外，Haugland[79]、Nova[80]、Louveaus[81]、Zeddini[82]针对不同动态VRP问题，开发了相应的求解算法。同时，针对城市环境下的多行程配送，Olivera[83]提出了一种自适应记忆算法来求解多行程的车辆路径问题。Petch[31]基于一种自适应数据结构，提出了多阶段构造式启发式算法来求解多行程VRP。Cinar[84]为了解决环境污染问题，把绿色物流作为研究目标，制定了一种针对多行程VRP问题的混合整数规划（MIP）和基于模拟退火（SA）的解决方案，从而将燃料消耗最小化。Wassan[85]调研了带回程送货的多行程车辆路径问题，提出采用整数线性规划方案来求解中小规模问题，同时开发了一种二级变邻域搜索算法来求解大规模问题。

在上述已有的动态VRP的文献研究中，多为从配送企业的角度来考虑不确定需求信息的影响，采用多层次配送或者采用多行程的运输方式，以期达到最大限度地减少运输成本的目的。但是这些文献都没能够将二者有机结合起来。所以本书针对城市环境下的物流配送的特点，将多行程、多层次和动态性结合起来，运用适当的智能优化算法来解决在这种情况下的车辆路径问题，并通过某公司的物流调度和路径优化平台得以实现。

表1-2 国外文献中的算法比较

文献作者	解决问题	求解方法	测试数据集	算法优劣
Hannan[61]	废物收集和带容量约束的VRP	粒子群优化算法	http://www.coin-or.org/SYMPHONY/branchandcut/VRP/data/#V	采用50节点的6个数据集，获得比其他文献更优的结果
Cattaruzza[62]	多行程VRP	带局部搜索算子的文化基因算法	采用来自文献的104个不同实例	算法精度较高，误差值好于文献记录
Masmoudi[63]	集送一体化的多车场多行程的VRP变种HDARP	改进的自适应大型邻域搜索算法、混合蜜蜂算法	来自文献的三种类型的实例数据	相比文献求解结果质量较高，混合算法优于独立算法

续表

文献作者	解决问题	求解方法	测试数据集	算法优劣
Okulewicz[64]	动态VRP	两阶段多种群粒子群算法	采用来自文献的标准数据集	计算时间和路径成本都低于文献中的结果
Goel[65]	带时间窗的VRP	基于蚁群和萤火虫的混合算法	采用100个节点的经典Solomon数据集 http://www.cba.neu.edu/~msolomon/problems.htm	该算法优于文献中提到的算法LS-VNS、GELS、PREA、GA和ACS
Davoud[66]	带优先权的多目标车辆路径问题	基于粒子群和人工蜂群的混合算法	Tehran物流配送公司的西部地区的35个客户	相比文献中PSO和ABC算法，PSO-ABC算法的收敛速度更快，响应更快
Marinakis[67]	带容量限制的VRP和带随机需求的VRP	一种萤火虫群优化算法	40个实例	求解质量较高，算法收敛性好
Peng[68]	带容量约束的选址路径问题	粒子群优化算法	30个实例（http://prodhonc.free.fr/）	对于中小规模客户数量，可以取得比文献算法更好的优化结果
Marinakis[69]	开放式VRP	大黄蜂交配优化算法	14个标准样例和8个大规模开放式VRP问题	性能优于文献ACS、PSO、GA中的算法

表 1-3　动态需求 VRP 问题的国内文献研究对比

研究者	动态需求内容	解决方法	解决的问题
彭勇[70]	客户需求不确定	动态规划算法 + 粒子群优化算法	配送路线优化
肖增敏[71]	动态需求的调度要求	静态化处理 + 局域化处理	网络车辆路径问题
张建勇[72]	考虑所有可用模糊需求信息	实时启发式算法	动态 VRP
王万良[73]	配送公司车辆数量不满足要求	车辆共享机制	配送中心动态需求 VRP
张景玲[74]	多车型开放式动态需求 VRP	混合 2-OPT 量子进化算法	算法有效性
张景玲[75]	客户需求动态变化	自适应免疫量子进化算法	多配送中心的动态需求 VRP
韩世莲[76]	反映客户动态需求属性	聚类优化方法	满足多变的客户需求
张文博[77]	动态客户需求	两阶段策略	带时间窗的车辆路径问题
葛显龙[78]	动态 VRP 转化为一系列静态 VRP	云自适应遗传算法	车辆调度问题进行实时优化

1.6 本书主要研究内容及组织结构

1.6.1 研究的技术路线

针对城市环境下进行物流配送的多行程车辆调度建模及其优化问题，本书的研究技术路线见图 1-6。

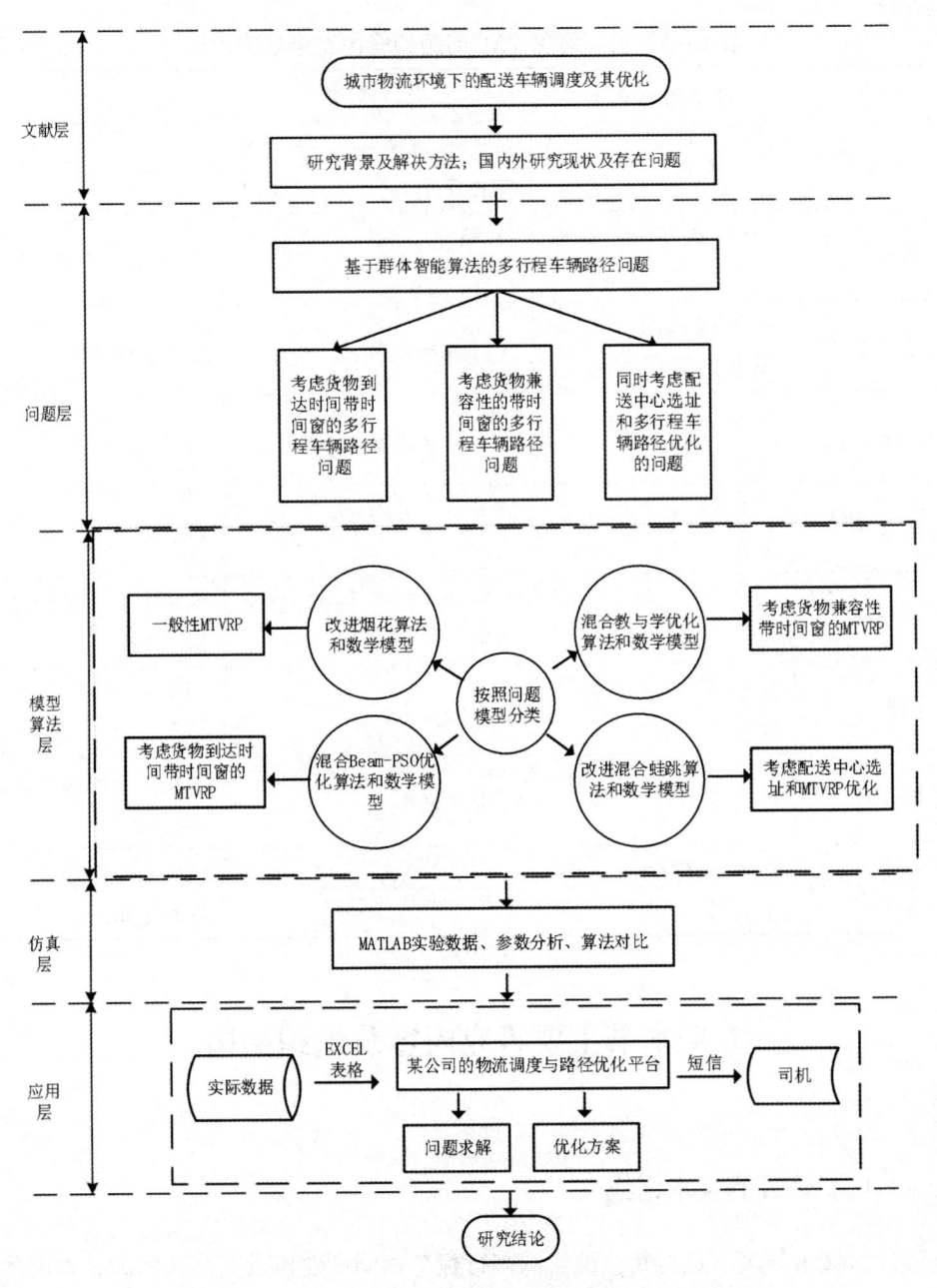

图 1-6　本书研究技术路线图

在该技术路线图中，研究的主线是多行程车辆路径问题，研究的内容及方法贯穿了整个研究过程，并实现了从理论到实践的研究路线。该研究工作首先把城市环境下的物流配送及调度优化作为研究对象，通过国内外文献的研究对比，提出了自己的研究目标和问题，分别是一般性的多行程车辆路径问题考虑货物到达时间的带时间窗的多行程车辆路径问题、考虑货物兼容性的带时间窗的多行程车辆路径问题以及同时考虑配送中心选址和多行程车辆路径优化的问题。针对不同的问题，提出了不同的创新性的算法来进行求解，并通过Matlab仿真验证了所提算法解决目标问题的优越性。最后，将四种算法运用于某个物流调度与优化平台，验证了所提算法在解决实际问题时的有效性。

1.6.2 本书的主要工作

作为物流系统优化的关键，结合城市环境下物流车辆调度运行的基本状况，本书以基于群体智能优化算法的物流配送车辆路径优化与调度问题作为主要对象，分别研究了：

（1）采用改进烟花算法来优化多行程车辆调度；

（2）利用混合 Beam–PSO 调度算法结合用户时间窗来求解多行程车辆路径问题；

（3）利用混合教与学优化算法来求解运送不相容货物的带时间窗的多行程车辆路径问题；

（4）利用改进混合蛙跳算法来同时优化配送中心的选址定位和相关的路线安排。

在查阅相关文献资料的基础上对国内外研究现状进行分析，从理论上对城市物流环境下的多行程车辆路径问题提出了相应的解决方案，在对上述问题的约束条件和目标函数进行分析和数学描述的基础上，分别建立相应的数学模型，奠定了求解算法的基础。在采用群体智能优化算法的 MTVRP 缺少标准的测试数据集的情况下，通过 Matlab 生成测试算例，并采用正交实验对参数进行验证，然后对相关算法进行了仿真和比较，结果证明本书提出的算法能够有效解决不同的多行程车辆路径问题的变种，实用性强，应用范围更加广泛。最后将本书提出的优化算法，应用到一个具体的物流配送公司的路径调度优化管理平台，验证了该算法的有效性和实用性。

1.7 本章小结

在本章的研究中，首先调查了有关车辆路径应用于城市物流的文献，确定哪些问题已经被研究者讨论过。其次，介绍了城市物流配送的基本概念和特征，提出了在城市环境下进行物流配送遇到的基本问题，针对各种情况下强调了什么样的车辆路线优化是最需要的；另一个预期的贡献就是给出用于城市物流配送的车辆路径问题的完整视图。

根据上述文献综述和统计，确定了在城市物流车辆路线优化中最重要的特征是：多层次的配送体系、城市动态性、多行程的路线结构。然后，对于每一个特征，分析了这些问题在文献中的解决方法。最后分析了基于群体智能优化算法的车辆路径问题的研究现状，并结合动态需求和多行程的基本特点，指出了城市物流配送可能出现的多个研究和发展方向。

第 2 章 改进烟花算法求解多行程车辆路径问题

本章构建了一般性多行程车辆路径问题的数学规划模型,并提出了一种改进烟花算法对该问题进行求解。改进算法采用基于轮盘赌的编码与解码方法,能够克服标准烟花算法无法直接适用于多行程车辆路径问题的缺点。进一步地,在烟花算法中融入了基于反学习的初始化方法用于提升初始解的质量;并且引入了蜂群搜索算子以强化烟花个体之间的信息交流,力求增强改进算法的搜索性能。通过和其他三种优化算法进行复杂度分析和仿真对比实验,测试结果验证了本书构建的改进烟花算法在求解 MTVRP 问题时在这四种优化算法中能够获得最短的配送时间。

2.1 引　　言

一般的车辆路径问题指的是具有一定容量的相同车辆访问或者交付货物给若干客户。其目的是对车辆行程进行规划,以最小化总成本(如行驶时间,行驶距离等)来服务和满足所有客户需求。每个客户必须只能被访问一次,每个行程必须开始和结束于仓库。每辆车的交付货物的数量不得超过车辆的容量,行驶距离不得超过预先定义的范围。

本章主要研究了基于改进烟花算法的多行程车辆路径问题(multi-trip vehicle routing problem,MTVRP),这是标准 VRP 的一个变种,特点是每辆车在工作期间可以使用不止一次。图 2-1 给出多行程车辆路径问题的示意图。在该示意图中,配送车辆 1 的行程有 2 个,分别是节点 6-7-8 和 1-9-5-2-4;配送车辆 2 的行程有 2 个,分别是节点 12-10-3-13 和 11-15-14;配送车辆 3 的行程有 2 个，分别是节点：18 – 19 和 16 – 17 – 20。

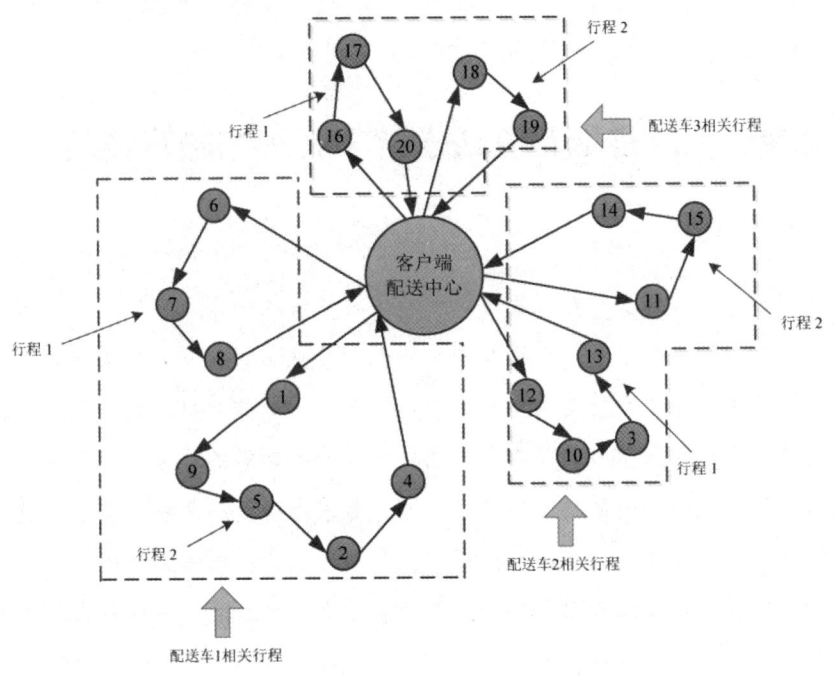

图 2 – 1　MTVRP 问题示意图

由于在城市物流环境下，有限数量的配送车辆可以在工作时间内多次往返客户点和配送中心进行货物运输，所以更贴近配送的实际情况，具有更高的研究价值和意义，因此本章将多行程 VRP 作为主要研究对象。

在国外，Fleischmann[86]首先对这个 MTVRP 进行了研究，他针对著名的节约算法提出了一个修改方法和一个装箱启发式算法。之后许多文献都提出了启发式算法解决问题，如：三段论启发式算法[87]，禁忌搜索算法[88]，多阶段构建的启发式算法[89]，基于自适应记忆过程修改的启发式算法[90]，混合遗传算法[91]，变邻域搜索算法[92]，等等。

针对城市物流条件下的多行程车辆路径问题的研究，国内研究文献较少。例如李佳[93]为了求解多行程机场接送服务车次分配与调度问题，采用精确算法为决策者提供更加节约成本的解决方案。张媛媛[94]研究了多行程带时间窗口的车辆调度问题，设计了计算路线时间窗口的具体数学模型，并且通过数学推导证明了该时间窗口是等待费用最小的服务时间窗口。许争争[95]考虑车辆容量和绕行时间限制等因素提出了一种基于协作的三阶段算法，通过案例分析证明了该方法可以更好提供车辆调度方案。梁文博[96]研究了带时间窗的多行程车辆路径问题，提出了一种基于车程的启发式算法（RBH），实现了随机性的行程分配。

烟花算法（fireworks algorithm，FWA）是谭营[97]于2010年受到夜空中烟花爆炸的启发而提出的一种群体智能算法，被广泛应用于寻找问题最优解的过程中。Bureerat[98]提出了一种混合进化算法来解决群体增量学习和局部搜索策略问题，并采用标准函数比较了12种算法的优劣，证明烟花算法明显优于遗传算法和粒子群算法等。因此该算法得以迅速的发展，在组合优化领域的研究也在不断地扩展。很多研究人员采用烟花算法来求解各种问题。例如包晓晓[99]将烟花算法应用于求解作业车间调度问题，通过四个标准的参数实验，验证了该算法求解这一问题的有效性和稳定性。Imran[100]介绍了配电系统的功率损耗和电压分布情况，采用一种新的求解网络重构的有效方法——烟花算法，以优化径向分布的网络操作限制。

此外，许多学者针对不同的优化问题，也提出了基于烟花算法的改进方法及其多样化的变体。朱启兵[101]将引力搜索算法思想和烟花算法相结合，提出一种带引力搜索算子的改进型烟花算法，提高了算法的搜索精度和收敛速度。Gao[102]利用文化烟花算法在并行搜索的参数空间中搜索滤波器设计参数的最优值；这种针对实数优化的多维搜索算法，采用文化进化机制来更新文化火花的位置。曹炬[103]采用局部保优控制烟花弹数的策略，引入遗传因子设计了一种并行弥漫式烟花算法。韩守飞[104]将模拟退火算法和高斯扰动引入了烟花爆炸优化算法中，提高了求解全局最优解的能力。

本章的创新点在于提出了一种改进型烟花算法并用于求解复杂的一般性的多行程车辆路径问题，将蜂群搜索算子引入烟花算法，来实现不同烟花个体之间的信息交流，最终实现较高的收敛速度和寻优精度。

2.2 问 题 模 型

本书考虑的 MTVRP 问题可以在完整无向图 $G = (V, E)$ 上进行定义。其中，顶点集合为 V，边集合为 $E = \{(i,j) \mid i,j \in V, i \neq j\}$，点 0 表示物流配送中心，点 $1, \cdots, N$ 表示客户，N 个客户的配送任务由 M 辆装载能力为 Q 的车辆完成。对于客户 i，其需求量为 D_i，从点（客户或配送中心）i 到位置（客户或配送中心）j 的行驶时间定义为 T_{ij}。此外，每辆配送车的最大行驶时间定义为 T。

为了准确地建立 MTVRP 问题的数学模型，现做如下基本假设：

(1) 每个行程都从配送中心开始和结束；

(2) 每个行程的开始时间为该配送车辆完成上一行程运输的结束时间；

(3) 每个客户只能存在于所有配送行程的某一个行程中；

(4) 每个行程上车辆的载货量不得超过车辆的装载能力；

(5) 每辆车不能同时执行两个行程的配送任务；

(6) 计划行驶时间窗为 [0, ST]，因而每辆车行驶完最后的行程返回仓库的时间不迟于 ST；

以符号 σ_r^k 表示分配给车辆 k 的第 r 个行程上配送的客户序列，以符号 n_k 表示车辆的行程总数，则 $H_k = \{\sigma_r^k \mid r = 1, 2, \cdots, n_k\}$ 表示车辆 k 的行程集合，表示 MTVRP 问题的解。此外，以 τ_r^k 表示车辆 k 的第 r 个行程的发车时间，以则 ε_r^k 表示车辆 k 的第 r 个行程的在途时间，考虑到各个行程的开始时间（即离开配送中心的时间）及该配送车辆完成上一行程运输的结束时间，因此有：

$$\tau_r^k = \begin{cases} 0, r = 1; k = 1, 2, \cdots, M \\ \tau_{r-1}^k + \varepsilon_{r-1}^k, r = 2, \cdots, n_k; k = 1, 2, \cdots, M \end{cases} \quad (2-1)$$

用 $\chi(\sigma_r^k)$ 表示车辆 k 的第 r 个行程的载重量，考虑到车子的装载量约束和各辆车总的行程时间约束，据此可得以下约束：

$$\chi(\sigma_r^k) \leqslant Q, r = 1, 2, \cdots, n_k; k = 1, 2, \cdots, M \quad (2-2)$$

$$\sum_{r=1}^{n_k} \varepsilon_r^k \leq ST, k = 1, 2, \cdots, M \qquad (2-3)$$

其中，式（2-2）表示各个配送行程的装载量不得超过车辆装载能力的上限；式（2-3）每个车辆的最后一次配送行程的完成时间不得超出总的调度时间窗[0, ST]。

据此，给出函数 $F(H)$ 以合理地评价调度方案 H，函数 $F(H)$ 以最小化总的配送时间为目标，其表达式为

$$F(H) = \sum_{k=1}^{M} \sum_{r=1}^{n_k} \varepsilon_r^k \qquad (2-4)$$

2.3 MFWA 优化算法

为了有效地求解 MTVRP 问题，本书基于标准 FWA 算法的框架，构建了改进烟花算法（modified fireworks algorithm, MFWA）。该算法主要在以下三方面做出了改进：（1）结合 MTVRP 问题的性质，构建了基于轮盘赌的编码与解码方法，进而克服了标准烟花算法无法适用于离散问题的缺点；（2）利用基于反学习的初始化方法构建了初始烟花种群，进而提升初始解的质量；（3）借助蜂群搜索算子，强化烟花个体之间的信息交流，进而强化标准 FWA 算法的优化性能。

2.3.1 标准 FWA 算法

FWA 算法通过模拟烟花爆炸照亮夜空这一过程实现问题的求解。对于某最优化问题，烟花被视为当前问题在解空间的一个可行解，烟花通过爆炸行为产生一定数目火花对当前问题进行邻域搜索，图 2-2 所示给出了烟花爆炸过程和优化问题寻优过程的对比图。

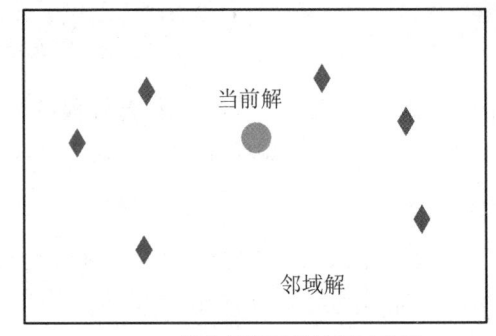

(a) 单个烟花爆炸产生火花　　　　　(b) 优化问题寻优过程示意图

图 2-2　烟花爆炸过程和优化问题寻优过程对比图

在初始阶段，FWA 算法通过随机的方法生成一组随机解。在进化过程中，算法通过模拟烟花爆炸行为进行邻域搜索，该环节要求解空间中解的邻域定义有意义，同时邻域需要限制在一定范围内，从而确保寻优过程的高效性。同时，当前烟花种群中每个烟花依据自身相对于其他个体的适应度进行计算资源分配和信息交流，从而确保整个种群在全局搜索和局部搜索之间获得一个平衡。基于以上描述，在此给出 FWA 算法的实现流程：

Step1. 初始化算法的各个控制参数，包括烟花数目 n、迭代次数 G 等。

Step2. 随机生成 n 个初始烟花，并计算适应度。

Step3. 基于预先设定的爆炸半径和火花个数参数，依据各个烟花的适应度值计算每个烟花爆炸半径和火花个数。

Step4. 根据每个烟花的爆炸半径和火花数量进行邻域操作，从而生成爆炸火花和高斯变异火花。

Step5. 把烟花、爆炸火花和高斯变异火花组建成新的候选种群，并根据选择规则从当前候选种群中保留 n 个解。

Step6. 判断是否满足算法终止条件，若满足则停止迭代搜索并输出当前最优解；否则，转 Step 3。

2.3.1.1 爆炸火花数目和爆炸半径计算

在 FWA 算法中，烟花数目表示为 n，第 i 个烟花用符号 x_i 表示。在烟花爆炸阶段，每个烟花均爆炸都产生火花，n 个烟花数目产生的爆炸火花总数为 SN。对

于烟花 x_i，其适应度值记为 f_i，相应的爆炸火花数目和爆炸半径分别记为 S_i 和 R_i，则 S_i 和 R_i 的计算公式为：

$$S_i = SN \cdot \frac{f_{\max} - f_i + \varepsilon}{\sum_{j=1}^{n} f_{\max} - f_j + \varepsilon} \quad (2-5)$$

$$R_i = A \cdot \frac{f_i - f_{\min} + \varepsilon}{\sum_{j=1}^{n} f_j - f_{\min} + \varepsilon} \quad (2-6)$$

其中，$f_{\max}$ 和 $f_{\min}$ 分别表示当前烟花中最大和最小的适应度值，A 为预先设定的基本爆炸半径，ε 为机器最小值。由以上公式可知，优质的烟花个体（即适应度值较小的解）将产生较多的爆炸火花，其对应的爆炸半径较小，此时 FWA 算法注重于局部搜索；相反劣质烟花爆炸火花数较少，其对应的爆炸半径较大，此时 FWA 算法注重于全局开发。

进一步地，为了确保每个烟花的爆炸火花数为整数，且为了控制较好烟花的火花数不过多、较差烟花的火花数不过少，对上述公式所得 S_i 做如下修正：

$$S_i = \begin{cases} \text{round}(a \cdot SN), & S_i < a \cdot SN \\ \text{round}(b \cdot SN), & S_i > b \cdot SN \\ \text{round}(S_i), & \text{其他} \end{cases} \quad (2-7)$$

其中，a 和 b 为两个常数，且 $0 < a < b < 1$，通常设定 $a = 0.1$，$b = 0.2$；round( ) 为四舍五入的取整函数。

2.3.1.2 爆炸火花和高斯变异火花

对于当前烟花 x_i，由爆炸火花数目和爆炸半径计算公式可得 S_i 和 R_i，进而可生成 x_i 的爆炸火花。爆炸火花生成过程归纳如下：不妨假设问题维度为 D，则随机选取维度集合 $\{1,\cdots,D\}$ 的一个子集 D_z，$\forall z \in D_z$，按以下公式更新 x_i 的维度 z：

$$x_{iz} \leftarrow x_{iz} \cdot U(-1,1) \quad (2-8)$$

其中，$U(-1,1)$ 表示区间 $[-1,1]$ 的均匀分布。

进一步地，FWA 算法采用高斯变异火花来增加种群多样性，其实现过程归纳如下：首先，从烟花种群中选择 GN 个高斯烟花；其次，对所选的每个烟花随机选择一些维度进行邻域搜索，这与生成爆炸火花的过程相似，不过此处借助高斯变异生成新的解，以 D_z 表示所选烟花 x_i 的一个维度子集，$\forall z \in D_z$，按以下公式更新 x_i 的维度 z：

$$x_{iz} \leftarrow x_{iz} \cdot N(-1,1) \tag{2-9}$$

其中，$N(-1,1)$ 表示均值为1，方差为1的高斯分布。

特别地，上述两种变异操作往往会导致新生成的解的某些维度超过规定的取值范围。$\forall d \in \{1,\cdots,D\}$，以 L_d^l 和 L_d^u 分别表示维度 d 取值的上下限，则FWA算法采用如下修正公式处理超过规定取值范围的维度：

$$x_{id} \leftarrow L_d^l + \mathrm{mod}(|x_{id}|, L_d^u - L_d^l) \tag{2-10}$$

其中，mod( ) 表示取余函数，| | 表示绝对值运算。

2.3.1.3 选择规则

在每次迭代过程中，初始阶段的烟花分别生成了爆炸火花种群和高斯变异火花种群，将以上三个种群合并生成种群。首先，采用精英保留策略，即直接将当期种群中的最优解放入下一次迭代。其次，依照轮盘赌选择模型选出剩余 $n-1$ 个解。并将当前的合并种群记作 K，种群规模记作 n'，K 中第 i 个解 x_i 被选择的概率值为

$$p_i = \frac{\sum_{j=1}^{n'} d(x_i, x_j)}{\sum_{i=1}^{n'} \sum_{j=1}^{n'} d(x_i, x_j)} \tag{2-11}$$

其中，$d(x_i, x_j)$ 表示个体 x_i 和 x_j 的距离，$\sum_{j=1}^{n'} d(x_i, x_j)$ 则表示个体 x_i 和其他所有解的距离总和。距离越大，解 x_i 被选中的概率也就越大；相对而言，位于较密集区域的解被选中的概率较小。

2.3.2 编码与解码

标准的FWA算法是受烟花爆炸机制启发而构建的全局优化算法，该算法最初是为了解决连续变量优化问题而设计的，因而采用实数编码机制。为了克服标准FWA算法无法直接适用于离散问题的缺点，本书结合MTVRP问题的性质，构

建了基于轮盘赌的编码与解码方法。

编码过程：本书构建的FWA算法采用实数编码方式，编码长度维度为N，各维度取值范围为$[1, M+1]$，其中，第i位编码对应客户i。解码过程归纳如下：首先，编码的整数部分表示各个客户对应的配送车的编号，据此可得到各个配送车辆负责的客户的集合；其次，结合轮盘赌规则进行配送车辆的行程分配。

为了有效地说明上述编码及解码操作，给出如下算例：配送车辆总数$M = 2$，客户总数$N = 6$。据此可知，编码长度为10，取值范围为$[1, 3)$。给定初始编码（1.9, 2.3, 1.6, 2.4, 2.7, 2.6），其编码与解码过程如图2-3所示，该过程表述如下：

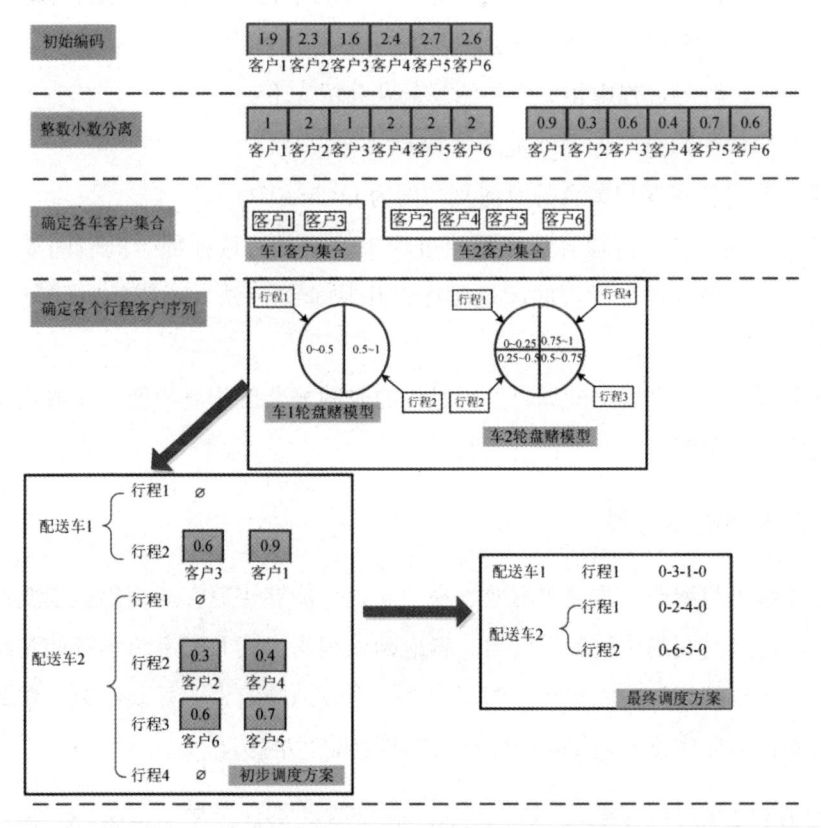

图2-3 编码及解码示意图

Step1. 先将各个编码数值的整数与小数部分进行分离，车1负责配送相应编码数值整数部分为1的客户，车2负责配送相应编码数值整数部分为2的客户。据此得到车1对应的客户集合为｛客户1，客户3｝，车2对应的客户集合为｛客户2，客户4，客户5，客户6}。

Step2. 针对各个配送车确定配送具体行程，在此以配送车1为例进行说明。由第一步可知车1对应的客户集合为 {客户1，客户3}，因此该车最多有两个行程。据此，建立车1的轮盘赌模型，当客户对应编码的小数部分的数值在区间 [0,0.5) 上时，该客户归于行程1，客户对应编码的小数部分的数值在区间 [0.5,1) 上时，该客户归于行程2，同一行程上的客户依据编码小数部分数值大小升序排列，得到该行程的客户配送序列。因此，配送车的第一个行程为空集，第二个行程为 0-3-1-0。最后，去掉行程为空的情况可得最终行程。配送车1共计一个行程，为 0-3-1-0；配送车2共计两个行程，行程1为 0-2-4-0；行程2为 0-6-5-0。其中0表示仓库，1~6表示客户编号。

在此，对解码过程中相关操作的复杂度分析如下：

(1) 整数小数分离的时间复杂度为 $O(N)$；

(2) 确定各车客户集合的时间复杂度为 $O(N+M)$；

(3) 在确定各个行程客户序列的过程中，轮盘赌选择部分的时间复杂度为 $O(N^2 \cdot M)$，确定各个行程的配送顺序采用快速排序法，相应的时间复杂度为 $O(N \cdot \log_2 N)$。

综上所述，本书提出的编码解码过程的时间复杂度相对较低，能够适用于较大规模问题的求解。

2.3.3 适应度计算

上述编码与解码方法简单有效、易于实现，能够快速实现编码连续变量空间与离散问题解空间的全映射。同时，考虑到该编码方式并未考虑车辆的装载量约束和各辆车总的行程时间约束。为了快速、有效地应对这一复杂约束，在此借助惩罚机制构造适应度函数 Fitness(H) 以评价调度方案 H：

$$\text{Fitness}(H) = F(H) + \lambda \cdot \left(\sum_{k=1}^{M} \sum_{r=1}^{n_k} \max\{0, \chi(\sigma_r^k) - Q\} + \sum_{k=1}^{M} \max\{0, \sum_{r=1}^{n_k} \varepsilon_r^k - \text{ST}\} \right)$$

(2-12)

其中，λ 为惩罚系数，取值为正。

2.3.4 基于反学习的初始化方法

标准的 FWA 算法采用随机生成初始解的方法构建初始烟花种群，这种方法简单、快速，易于实现。考虑到初始化工作对群智能优化算法的全局收敛速度和解的质量具有重要影响，而随机初始化方法的使用在一定程度上限制了标准 FWA 算法的优化效率。为了克服这一缺点，本书采用基于反学习的初始化方法构建初始烟花种群[105]。首先，利用随机初始化方法生成初始烟花种群；其次，对于每个初始可行解，构建相对应的反向解。最后，将两组解合并，并选取适应度值较优的解构建初始种群。

已知烟花数目 n，问题维度 D，L_d^l 和 L_d^u 分别表示维度 d 取值的上下限，则基于反学习的初始化方法遵循以下步骤：

Step1. 令 $i \leftarrow 1, d \leftarrow 1$，并转入 Step2。

Step2. 若 $i \leq n$，转入 Step3；否则，转 Step7。

Step3. 若 $d \leq D$，转 Step4；否则，转 Step5。

Step4. 令 $x_{id}^p = L_d^l + (L_d^u - L_d^l) \cdot N(0,1)$，$x_{id}^o = L_d^l + L_d^u - x_{id}^p$，转 Step5。

Step5. 令 $d \leftarrow d + 1$，若 $d > D$，转 Step6；否则，转 Step3。

Step6. $i \leftarrow i + 1$，转 Step2。

Step7. 选择 $\{x_i^p | i = 1, \cdots, n\}$ 和 $\{x_i^o | i = 1, \cdots, n\}$ 中较优的前 n 个解构成初始烟花种群。

2.3.5 蜂群搜索算子

与其他群智能优化算法类似，标准 FWA 算法也存在着寻优性能不足，迭代后期易陷入局部最优等缺陷。分析上述 FWA 算法的流程框架可知，标准 FWA 注重于各个解自身的变异和邻域搜索，适应度值好的烟花会在较小爆炸区域内产生更多数量的火花以加快收敛过程，适应度值差的烟花会在较大爆炸区域内产生较少火花以增加搜索粒子的多样性。这种机制在一定程度上忽视了不同解之间的信息交流，粒子之间交流较少，不能充分保证粒子的多样性且不够灵活。

为了克服上述不足，本书结合人工蜂群算法的求解思想，通过在标准 FWA 算法中引入蜂群搜索算子来实现不同烟花之间的信息交流。人工蜂群算法是受蜜蜂采蜜行为启发而提出的一种优化方法，是集群智能思想的一个具体应用，它的主要特点采用不同蜜蜂之间的信息交流来使得整个种群朝着问题的最优化方向搜索，这一点正是FWA算法所欠缺的。

在FWA算法完成新一代烟花个体更新之后，采用蜂群搜索算子进行进一步的个体更新，以强化不同烟花个体之间的信息交流。此处蜂群搜索算子为人工蜂群算法中的雇佣蜂搜索部分，这一算子的实现过程为：首选，依据当前种群中所有烟花个体的适应度来构建轮盘赌选择模型；其次，通过轮盘赌选择操作选择 n 个烟花个体，据此生成 n 个变异个体；最后，若新个体的适应度值优化当前个体，则用变异个体取代当前个体。

2.3.5.1 轮盘赌选择模型

对于当前种群中的 n 个烟花个体，构建轮盘赌概率模型，烟花个体 x_i 被选中的概率值 p'_i 为

$$p'_i = \frac{\frac{1}{f_i}}{\sum_{j=1}^{n} \frac{1}{f_j}} \quad (2-13)$$

2.3.5.2 烟花个体更新

对于被选中的烟花个体 x_i，随机选择当前种群中的另一个烟花 $x_j(i \neq j)$，采用如下公式生成变异个体：

$$x_{id} \leftarrow x_{id} + \varphi_d \cdot (x_{id} - x_{jd}) \quad (2-14)$$

其中，$d \in \{1, \cdots, D\}$，φ_d 表示 $[-1,1]$ 上的均匀分布。

2.3.5.3 位置修正公式

在上述烟花个体更新的过程中，新生成的个体 x_i 的取值范围可能会超出预先设定的取值范围，为此需要进行修正。蜂群搜索算子采用的修复公式为

$$x_{id} \leftarrow \max\{x_{id}, L_d^l\} \quad (2-15)$$

$$x_{id} \leftarrow \min\{x_{id}, L_d^u\} \quad (2-16)$$

其中，L_d^l 和 L_d^u 分别表示维度 d 取值的上下限，维度 $d \in \{1, \cdots, D\}$。

2.3.5.4 蜂群搜索算子选择规则

蜂群搜索算子采用贪婪选择操作：若新生成的烟花个体优化当前个体，则用该变异个体取代原先个体；否则，不替换。

2.3.6 MFWA 算法流程及复杂度分析

基于以上分析，在此给出求解 MTVRP 问题的 MFWA 算法流程，归纳如下：

Step1. 初始化算法的各个控制参数，包括烟花数目 n、爆炸火花个数 SN 等。

Step2. 基于反学习初始化方法生成 n 个初始烟花，并计算适应度。

Step3. 基于预先设定的爆炸半径和火花个数参数，依据各个烟花的适应度值计算每个烟花爆炸半径和火花个数。

Step4. 根据每个烟花的爆炸半径和火花数量进行邻域操作，即生成爆炸火花和高斯变异火花。

Step5. 把烟花、爆炸火花和高斯变异火花组成新的候选种群，并依据选择规则从当前候选种群中保留 n 个解。

Step6. 利用蜂群搜索算子对当前种群中的部分烟花个体进行更新。

Step7. 判断是否满足算法的终止条件，若满足则停止迭代搜索并输出当前最优解；否则，转 Step 3。

关于标准 FWA 算法的时间复杂度的理论和分析，已经在文献[106]中进行了详细的介绍。相比于标准 FWA 算法，本书采用 MFWA 算法增加了基于反学习的初始化方法和蜂群搜索算子。在初始化阶段，假设种群数目为 n、客户总数为 N，算法采用反学习的初始化方法多耗费的时间复杂度为 $O(n \cdot N)$；在蜂群搜索算子部分，轮盘赌选择模型耗费的时间复杂度为 $O(n)$，每个新的烟花个体生成对应的时间复杂度为 $O(N)$。上述操作耗费的时间复杂度为多项式时间复杂度，因而是可以接受的。

与其他优化算法相比，对于标准 PSO 算法[107]，如果第 i 步迭代中粒子的数量为 N，并且 $i = 1, 2, \cdots, m$，m 表示最大迭代次数，其粒子数量在每一次迭代保持不变，则有 $N_1 = N_2 = \cdots = N_m = N$。如果每个粒子迭代一次所需运算时间为

T_T，则可以计算出标准 PSO 算法优化所需总的运行时间为 $N \times m \times T_T$，时间复杂度约为 $O(N \times m)$，高于 MFWA 算法的时间复杂度。

对于标准的人工蜂群算法，假设算法中有 n 个食物源，迭代 t 次，问题有 d 维，那么平均计算时间为 $nd + t(3nd/2 + 4n + d)$，时间复杂度约为 $O(tnd)$，高于粒子群算法的计算时间复杂度[108]。

而对于标准的遗传算法，当用于解决 NP – hard 问题时其平均计算时间复杂度是问题规模的指数次方[109]，远高于前面几种多项式次方的复杂度。所以它也是这几种优化算法中时间复杂度最高的算法。

在空间复杂度方面，程序运行临时占用内存的大小情况可以作为衡量该算法空间复杂度的一个标准。程序运行时除了执行占用存储空间和存储所使用的数据、指令、变量外，还需要一些工作辅助的存储单元对数据进行操作和存储。不同算法求解的问题目标不一样，得到的空间复杂度也有区别。这里采用 Matlab 指令实测仿真程序占用内存的方法，来对各个算法的空间复杂度做一个简单对比。改进烟花算法运行时占用内存空间为 17M；人工蜂群算法运行时占用内存空间为 16M；遗传算法运行时占用内存空间为 14M；粒子群算法运行时占用内存空间为 15M。从相关数据可以看出，该 MFWA 算法空间复杂度相对较高，但是相对现代计算机的 G 级的内存空间基本不会有影响。

2.4 仿 真 测 试

2.4.1 MTVRP 算例参数设置

为了验证 MFWA 调度算法求解 MTVRP 的性能，本书采用 Matlab 测试平台生成 MTVRP 测试算例。配送中心位置为(60,50)，调度作业期为[0,6]，单位为 h。借助 3 辆车对 20 个客户的进行配送作业，配送车的载量为 10t，行驶速度为 50km/h。表 2 – 1 给出了客户的相关参数，包括 X、Y 方向的位置坐标和客户需求 D_i。

表 2-1 客户参数

编号	X方向坐标/km	Y方向坐标/km	需求D_i/t
1	86	35	2
2	67	81	1
3	63	97	1
4	34	13	2
5	67	74	3
6	51	92	2
7	63	79	1
8	96	78	4
9	43	39	1
10	14	82	3
11	10	52	3
12	94	45	2
13	7	90	2
14	68	30	4
15	86	18	3
16	44	52	1
17	30	63	3
18	35	86	3
19	24	18	2
20	18	61	4

2.4.2 MFWA 求解 MTVRP 参数校验

针对上述 MTVRP 测试算例,采用本书构建的 MFWA 算法进行问题求解。MFWA 算法的控制参数包括:烟花种群数目 n,迭代次数 G,爆炸火花参数 SN、高斯火花个数 GN、基本爆炸半径参数 A、爆炸半径取整参数 a 和 b。依据相关文献研究和实际测试效果可知,烟花种群数目 n,迭代次数 G,爆炸火花参数 SN、高斯火花个数 GN、基本爆炸半径参数 A 这五个参数对 MFWA 寻优性能影响较大。为此,采用正交实验对上述五个参数进行校验以使得 MFWA 算法获得最佳的搜索性能。

第2章 改进烟花算法求解多行程车辆路径问题

首先,依据相关现有研究和实际测试效果对爆炸半径取整参数 a 和 b 分别取值 0.1 和 0.2。其次,对其余五个重要参数进行水平设置,每个参数设定 4 个水平,各个因素不同水平的取值见表 2-2。5 因素 4 水平的正交实验设计见表 2-3,对于每个测试算例,MFWA 均独立进行 20 次求解,并选取算法所得的均值 $\bar{F}$ 作为响应变量,测试结果的极差分析见表 2-4。

表 2-2 正交试验参数设置

水平	因素				
	n	G	SN	GN	A
1	20	100	10	8	0.2
2	30	200	20	10	0.4
3	40	300	30	12	0.6
4	50	400	40	14	0.8

表 2-3 正交试验测试结果

水平	因素					$\bar{F}$
	n	G	SN	GN	A	
1	1	1	1	1	1	13.99
2	1	2	2	2	2	14.05
3	1	3	3	3	3	14.06
4	1	4	4	4	4	14.10
5	2	1	2	3	4	14.08
6	2	2	1	4	3	13.86
7	2	3	4	1	2	14.00
8	2	4	3	2	1	13.94
9	3	1	3	4	2	14.01
10	3	2	4	3	1	14.12
11	3	3	1	2	4	13.94
12	3	4	2	1	3	13.94
13	4	1	4	2	3	14.06

续表

水平	因素					$\bar{F}$
	n	G	SN	GN	A	
14	4	2	3	1	4	13.86
15	4	3	2	4	1	13.96
16	4	4	1	3	2	14.05

表 2-4　正交试验极差分析

水平	因素				
	n	G	SN	GN	A
1	14.05	14.03	13.96	13.95	14.00
2	13.97	13.97	14.01	14.00	14.03
3	14.00	13.99	13.96	14.08	13.98
4	13.98	14.01	14.07	13.98	13.99
极差	0.08	0.06	0.11	0.13	0.05
等级	3	4	2	1	5
最佳水平	2	2	1	1	3

由正交实验测试结果可知,爆炸火花参数 SN 和高斯火花个数 GN 对 MFWA 算法的影响最大。这用于平衡 MFWA 算法的全局搜索和局部挖掘,因而直接决定了求解算法的优化质量。其次,种群规模和迭代次数也对 MFWA 的寻优性能产生较大的影响。相对而言,基本爆炸半径参数 A 对 MFWA 算法的寻优性能的影响较小,但也需要进行设置以保证算法达到较优的性能。综上所述,MFWA 算法的上述五个参数设置如下:烟花种群数目 n 取30,迭代次数 G 取200,爆炸火花参数 SN 取10,高斯火花个数 GN 取8,基本爆炸半径参数 A 取0.6。

2.4.3 MTVRP 问题测试及结果分析

首先,依据算法参数校验结果,利用本书构建 MFWA 算法对 MTVRP 问题进行求解,在 Matlab R2013a 编程平台对算法进行编程,运行环境为 ThinkPad 笔记本电脑 Intel Core I7@2GHz/8G RAM/Win8.1。图 2-4 给出了 MFWA 算法的优化结果的配送线路图。表 2-5 对各配送车辆的行程安排进行详细说明,包含:各行程线

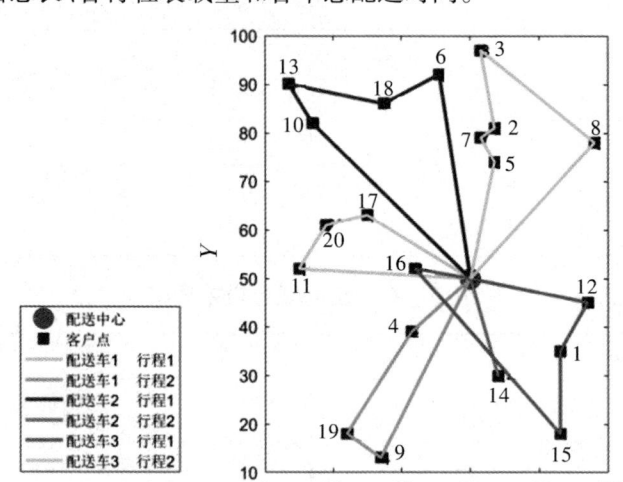

路、各行程线路总长、各行程装载量和各车总配送时间。

图 2-4 MFWA 算法的配送线路图

采用 MFWA 算法对 MTVRP 问题进行求解,由优化结果可知:三辆配送车共进行 6 个行程的配送作业,总配送时间为 13.61h,各个配送车均满足车辆的装载量约束(最大不超过 10t)和最大配送时间约束(不超过 6h)。

表 2-5 基于 MFWA 算法的行程安排情况

车辆编号	各行程线路	各行程线路总长/km	各行程装载量/t	各行程配送时间/h	各车总配送时间/h
配送车 1	行程1:0-11-20-17-0	106.94	10	2.14	4.25
	行程2:0-4-19-9-0	104.97	5	2.10	
配送车 2	行程1: 0-6-18-13-10-0	154.99	10	3.10	3.96
	行程2:0-14-0	43.08	4	0.86	
配送车 3	行程1: 0-16-15-1-12-0	134.33	8	2.69	5.41
	行程2:0-5-7-2-3-8-0	136.05	10	2.72	

其次,为了进行对比分析,分别将遗传算法(GA)、人工蜂群算法(ABC)和标准粒子群算法(PSO)用于 MTVRP 问题的求解。考虑到对比的公平性,三种对比算

法的种群规模和迭代次数设置为与本书构建的 MFWA 算法相同,分别取值 30 和 200。剩余参数采用与上述 MFWA 算法相类似的正交实验进行参数校验。对于 GA 算法,交叉概率和变异概率分别取 0.8 和 0.2;对于 ABC 算法,加速度系数上限为 1,惯性权重阻尼比为 0.99;对于 PSO 算法,最大飞行速度为 0.1,权重为 1,惯性权重阻尼比为 0.99,个人学习参数为 1.5,全局学习参数为 2。

依据以上参数设置,采用三种对比算法对本书构建的 MTVRP 问题进行求解。其中,图 2-5 给出了 GA 算法的配送线路图,表 2-6 分别给出了基于 GA 算法的行程安排情况;图 2-6 给出了 ABC 算法的配送线路图,表 2-7 分别给出了基于 ABC 算法的行程安排情况;其中,图 2-7 给出了 PSO 算法的配送线路图,表 2-8 分别给出了基于 PSO 算法的行程安排情况。最后,表 2-9 对四种算法的测试结果进行了对比分析。其中,偏差百分比计算如下:$PD = (F_h - F_{MFWA})/F_{MFWA} \cdot 100\%$,$F_{DE-VNS}$ 表示 MFWA 算法的优化结果,F_h 表示其算法的优化结果,其中 $h \in \{GA, ABC, PSO\}$。

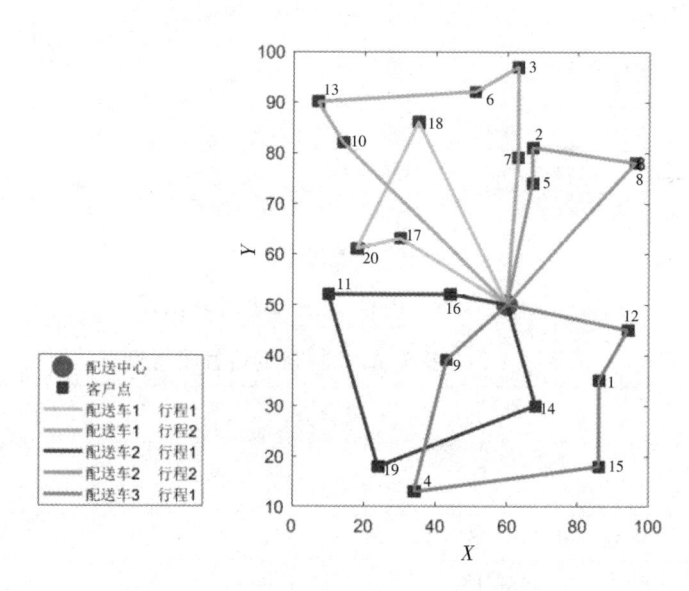

图 2-5 GA 算法的配送线路图

表 2-6 基于 GA 算法的行程安排情况

车辆编号	各行程线路	各行程线路总长/km	各行程装载量/t	各行程配送时间/h	各车总配送时间/h
配送车 1	行程 1:0-17-20-18-0	118.92	10	2.38	5.80
	行程 2:0-10-13-6-3-7-0	170.87	9	3.42	
配送车 2	行程 1:0-16-11-19-14-0	154.04	10	3.08	5.22
	行程 2:0-8-2-5-0	106.76	8	2.14	
配送车 3	行程 1:0-9-4-15-1-12-0	164.17	10	3.28	3.28

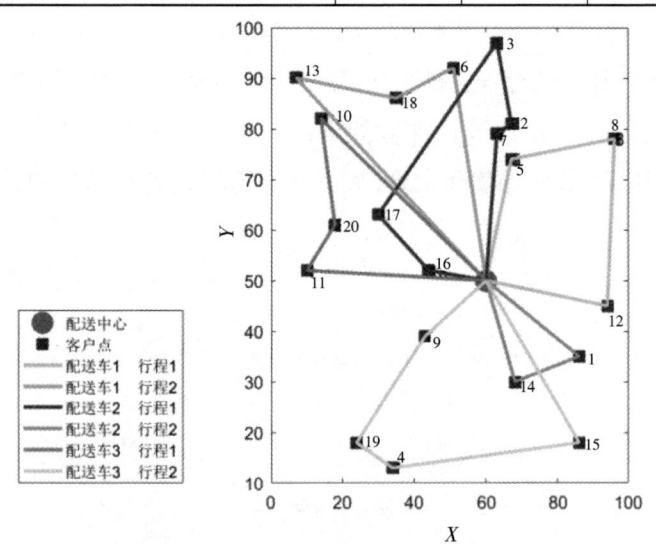

图 2-6 PSO 算法的配送线路图

表 2-7 基于 ABC 算法的行程安排情况

车辆编号	各行程线路	各行程线路总长/km	各行程装载量/t	各行程配送时间/h	各车总配送时间/h
配送车 1	行程 1:0-5-8-12-0	121.70	9	2.43	5.53
	行程 2:0-6-18-13-0	154.73	7	3.09	
配送车 2	行程 1:0-7-2-3-17-16-0	131.43	7	2.63	4.03
	行程 2:0-14-1-0	70.24	6	1.40	
配送车 3	行程 1:0-11-20-10-0	139.49	10	2.79	5.85
	行程 2:0-9-19-4-15-0	153.22	8	3.06	

图 2-7 PSO 算法的配送线路图

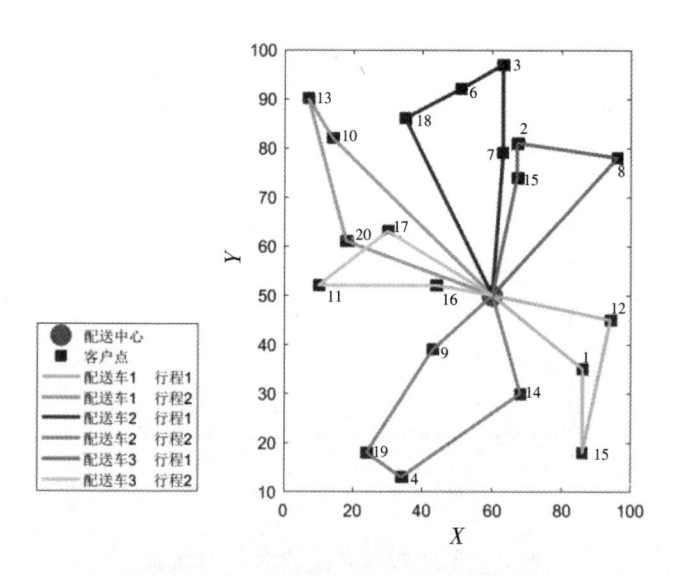

表 2-8 基于 PSO 算法的行程安排情况

车辆编号	各行程线路	各行程线路总长/km	各行程装载量/t	各行程配送时间/h	各车总配送时间/h
配送车 1	行程 1:0-1-15-12-0	109.54	7	2.19	5.01
	行程 2:0-20-13-10-0	141.10	9	2.82	
配送车 2	行程 1:0-18-6-3-7-0	121.07	7	2.42	4.81
	行程 2:0-14-4-19-9-0	119.30	9	2.39	
配送车 3	行程 1:0-5-2-8-0	106.76	8	2.14	4.25
	行程 2:0-17-11-16-0	105.65	7	2.11	

表 2-9 测试结果对比

算法	总行程数目	总配送时间/h	偏差百分比 PD(%)
MFWA	6	13.61	
GA	5	14.30	5.07
ABC	6	15.42	13.30
PSO	6	14.07	3.38

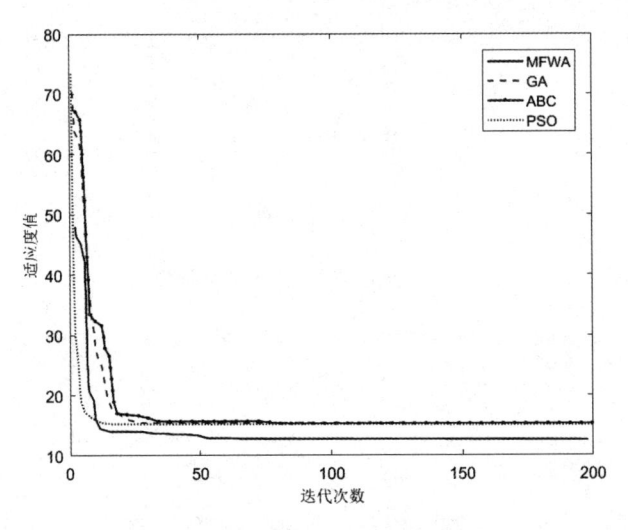

图 2-8 四种算法的收敛曲线图

由测试结果表 2-9 可知,四种算法的总行程数量相近,均为 5 或者 6。在目标函数值方面,MFWA 表现值最好,目标函数值为 13.61;PSO 和 GA 表现次之,目标函数值分别为 14.07 和 14.30,相应的偏差百分比 PD 分别为 3.38% 和 5.07%;ABC 算法的优化结果不够优秀,目标函数为 15.42,相应的偏差百分比 PD 较大,13.30%。同时,从图 2-8 也可以看出,MFWA 算法的收敛性能也是优于其他三种算法。据此可知,本书构建的 MFWA 在求解 MTVRP 问题时在这四种优化算法中能够获得最短的配送时间。

2.5 本章小结

本章以一般性多行程车辆路径问题为研究对象,构建了以最小化配送时间总和为目标的数学模型。在算法设计方面,构建了改进烟花求解算法。该算法采用基于轮盘赌的选择方式,以使得标准 FWA 算法能够适用于 MTVRP 问题。在算法初始化方面,引入了基于反学习的初始化方法,力求提升初始解的质量;同时,借助蜂群搜索算法来强化烟花个体之间的信息交流,力求增强算法的求解效率。

在仿真实验部分:基于 Matlab 测试平台,生成了本书的 MTVRP 算例的参数。随后,借助正交实验,进行了 MFWA 求解 MTVRP 问题的参数校验。最后,将本书构建的 MFWA 算法运用于 MTVRP 问题的求解,并将测试结果与标准 GA 算法、ABC 算法和 PSO 算法的测试结果进行对比分析以验证。实验表明:本书构建的 MFWA 算法在能够更加快速、有效地应对 MTVRP 问题,并获得最短的配送时间。

第3章　考虑货物到达时间的带时间窗的多行程车辆路径问题

本章以多行程车辆路径问题为基本模型，综合考虑配送中心处货物到达时间和客户需求末端的时效要求，构建了考虑货物到达时间的带时间窗的多行程车辆路径调度模型。针对这一复杂的组合优化问题，提出了 Beam-PSO 优化算法进行求解。首先结合问题性质并借助随机键编码机制构建了相应的编码与解码方法，克服了标准粒子群(particle swarm optimization,PSO)算法无法适用于离散问题的缺点；同时引入了基于集束搜索(beam search)的局部搜索流程以强化算法的全局搜索能力，并针对不同算法进行了复杂度的对比分析。最后进行了仿真实验，测试结果验证了本书构建的 Beam-PSO 算法在求解该问题时可以获得最少的行程数量、最短的配送时间和最低的运输成本。

3.1 引　　言

众所周知的多行程车辆路径问题是一个 NP-hard 的组合优化问题，即基于最小化路径成本的考虑，采用带有容量限制的车队服务一组在地理位置上分散的客户的问题。在一些城市配送系统中，货物被送到城市配送中心(city distribution center,CDC)，然后由带有容量限制的车辆交付给最终客户。这些车辆可能在工作时间结束之前更早地返回仓库，然后用于另一个送货行程。

客户通常要求在一定的时间段内提供配送服务。满足这些时间段的要求对承运商来讲是至关重要的：延误意味着失去可靠性和可信度，并且需要支付罚金。这样，时间窗就成为与每个客户相关的考虑因素。

最后,在工作日内货物被运送到城市配送中心,这意味着在配送周期开始时这些货物在CDC的仓库是没有现货的。货物到达客户端配送中心的时间是与每个货物相关联的,这里假定货物的到货时间在工作日开始前是已知的。

在多级配送系统中,尤其是在城市环境下,物流卡车不能直接给客户送货,而是先把货物从上一级的CDC送到客户端CDC,在客户端CDC有现货的时间段内才能进行终端客户的配送。通常情况下,考虑到城市路况的限制,只有空闲可用的电动三轮车或者小型货车才能执行送货的要求,当货物在客户点卸载后必须立即重新装载。

如果把上述三个约束条件综合起来,就构成了一个考虑货物到达时间的带时间窗的多行程车辆路径问题(multi-trip vehicle routing problem with time windows and release dates,MTVRP-TW-RD),在该问题中,充分体现了城市物流的多层次、时间限制和多行程的特点。图3-1所示的是该问题的示意图,整个配送系统分成两个层次,当货物从上级配送中心到达客户端配送中心后,客户端配送中心才能够对本辖区范围内的客户进行直接的货物配送,图中列举了两辆车进行多行程配送。

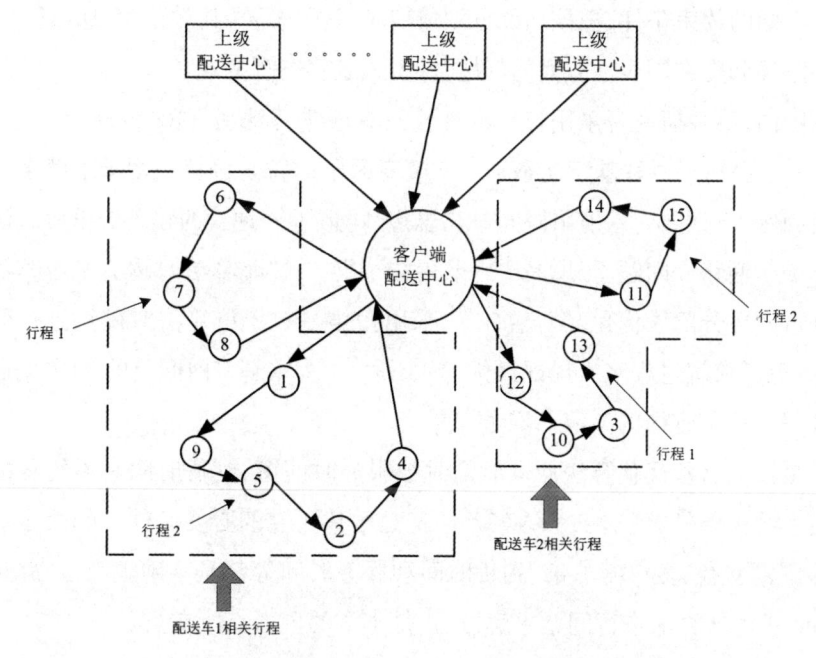

图3-1 MTVRP-TW-RD问题示意图

第3章 考虑货物到达时间的带时间窗的多行程车辆路径问题

本书建立了车辆之间在时间上相互依赖的数学模型,引入 Beam - PSO 优化算法求解该问题,并介绍了到货时间的概念。在相关的国内外文献中尚未有人采用这种改进群体智能算法对带时间窗的多行程 VRP 进行研究,已有的研究大都采用精确算法来求解问题。

例如,Azi 等人[110]提出了一个精确算法来解决单一车辆的 MTVRP-TW。该解决方法开发了一个带资源限制的初级最短路径算法。另外 Azi 等人[111]还采用了一个嵌入到分枝定价算法中的列生成方法来求解 MTVRP-TW。由于算法的局限性,该算法只能解决客户数量 50 以内的实例。Hernandez 等人[112]使用和 Azi 等人[110]类似的方法,为每个问题给出一个集合覆盖公式,每一列表示一个行程而不是一个工作日。以上这三种精确方法都使用了 Feillet 等人[113]提出的用于初级最短路径问题的算法。

除此以外,Battarra 等人[114]研究了 MTVRP-TW 的扩展问题,不同的货物群集在一起,并且不能用相同的车辆运输。他们提出的方法是一个两级顺序启发式算法:独立地考虑每个货物并制定一组可行的路线,然后,再把路线分配给车辆。Alonso 等人[115]采用一种禁忌搜索算法来解决带多行程的周期性车辆路径问题,并引用不同的约束条件,把该问题分解成三种状况进行了比较求解。Drexl[116]介绍了车辆路径调度在同步性方面的问题,并引入了多行程的送货方法。

在国内,不少研究者采用粒子群优化及其改进算法对 VRP 问题进行求解。例如郭森[117]提出了一种基于动态学习和突变因子的粒子群算法用于求解多目标车辆路径问题。王铁君[118]采用协同进化思想,构造了一种新的粒子群编码方法来求解多车场车辆路径问题。张思亮[119]采用粒子群 - 蛙跳算法对物流配送车辆路径问题进行两次分阶段优化。李德富[120]采用扫描 - 粒子群算法对矿点进行分阶段处理,避免了求解过程陷入局部最优。秦家娇[121]为求解带时间窗的 VRP 问题设计了一种基于粒子碰撞的离散 PSO 算法。

但是以上这些优化算法均未能同时把服务时间窗、到货时间和多行程的因素全部纳入约束条件,而这三个约束条件正是本章研究的必要条件。同时,本章设定客户的位置节点、客户需求量、到货时间和服务时间等都是不确定因素,并采用混合 Beam - PSO 算法进行问题求解,这正是本章的创新点所在。

在本章中,讨论了城市环境下基于动态需求的考虑货物到达时间的带时间窗的多行程车辆路径问题。本章的结构如下:第二节给出了问题模型;第三节对这个问题进行了算法设计,提出了一种混合 Beam – PSO 算法进行求解;第四节对该算法进行参数设置和校验,并给出了 MATLAB 仿真测试分析比较的研究结果;第五节进行了本章小结。

3.2 问 题 模 型

本书考虑的 MTVRP – TW – RD 问题可以在完整无向图 $G = (V, E)$ 上进行定义。其中,顶点集合为 $V = \{0, 1, \cdots, N\}$,边集合为 $E = \{(i, j) \mid i, j \in V, i \neq j\}$,点 0 表示物流中心,点 $1, \cdots, N$ 表示客户,N 个客户的配送任务由 M 辆装载能力为 Q 的车辆完成。对于客户 i,其需求量为 D_i 且货物在 R_i 时刻才能到达终端配送中心,相应的客户端的时间窗(time window,TW)定义为 $[E_i, L_i]$,在客户端的卸货时间为 S_i。此外,从点(客户或配送中心)i 到位置(客户或配送中心)j 的行驶时间定义为 T_{ij}。

为此,在这里给出了基本的假设条件:

(1) 每个行程都从仓库开始和结束。

(2) 每个行程的开始时间为该行程所有客户中的货物最晚到达配送中心的时间和该配送车完成上一行程运输结束时间中的较大值。

(3) 每个客户只能存在于所有配送行程的某一个行程中。

(4) 客户的服务不早于相应的时间窗规定值 E_i;若到达时间早于 E_i,则等待。

(5) 每个行程上车辆的载货量不得超过车辆的装载能力 Q。

(6) 每辆车不能同时执行两个行程的配送任务。

(7) 计划工作持续的时间段为 $[0, T_H]$,因而每辆车行驶完最后的行程返回仓库的时间不迟于 T_H。

以符号 σ_r^k 表示分配各表示车辆 k 的第 r 个行程,以符号 n_k 表示车辆 k 的行程总数,则 $H_k = \{\sigma_r^k \mid r = 1, 2, \cdots, n_k\}$ 表示车辆 k 的行程集合,$H = \{H_k \mid k = 1, 2, \cdots, M\}$ 表示 MTVRP – TW – RD 问题的解。此外,以 τ_r^k 表示车辆 k 的第 r 个行程

的发车时间,以 ε_r^k 表示车辆 k 的第 r 个行程的在途时间,考虑到各个行程的开始时间(即离开配送中心的时间)由该条线路上货物到达仓库的时间和上一条线路的完成时间唯一确定,据此可得:

$$\tau_r^k = \begin{cases} \max\{R_i \mid i \in \sigma_r^k\}, & r = 1; k = 1,2,\cdots,M \\ \max\{\tau_{r-1}^k + \varepsilon_{r-1}^{k-1}, \max\{R_i \mid i \in \sigma_r^k\}\}, r = 2,\cdots,n_k; k = 1,2,\cdots,M \end{cases} \quad (3-1)$$

以 $\chi(\sigma_r^k)$ 表示车辆 k 的第 r 个行程的载重量,考虑到车辆的装载量约束和各辆车总的行驶时间约束,据此可得以下两约束:

$$\chi(\sigma_r^k) \leq Q, r = 1,2,\cdots,n_k; k = 1,2,\cdots,M \quad (3-2)$$

$$\tau_{n_k}^k + \varepsilon_{n_k}^k \leq T_H, k = 1,2,\cdots,M \quad (3-3)$$

其中,(3-2) 表示各个配送行程的装载量不得超过车子装载能力上限,(3-3) 表示每个车子的最后一项配送行程的完成时间不得超出总的调度时间窗 $[0, T_H]$。

此外,以 μ_i 表示配送车实际到达每个客户的时间,考虑到配送车到达客户 i 的时间早于 E_i 时,采取等待策略,则每个客户的相应的时间窗惩罚项 σ_i 可表示为

$$\sigma_i = \begin{cases} E_i - \mu_i, & \mu_i \leq E_i \\ 0, & E_i < \mu_i < L_i \\ \mu_i - L_i, & \mu_i \geq L_i \end{cases} \quad (3-4)$$

据此,给出函数 $F(H)$ 以合理地评价调度方案 H,以 θ 表示违反时间窗的惩罚系数,函数 $F(H)$ 表达式为

$$F(H) = \sum_{k=1}^{M} \sum_{r=1}^{n_k} \varepsilon_r^k + \theta \sum_{i=1}^{N} \sigma_i \quad (3-5)$$

3.3 Beam – PSO 优化算法

为了有效地求解 MTVRP – TW – RD 问题，本书基于标准 PSO 算法的框架，构建了 Beam – PSO 混合优化算法。该算法主要在以下两方面做出了改进：（1）借助随机键编码机制，并结合问题性质，构建了适用于 MTVRP – TW – RD 问题的编码与解码方法，进而克服了标准 PSO 算法无法适用于离散问题的缺点；（2）利用集束搜索（beam search）优化技术进一步强化标准 PSO 算法的深度开发能力，进而强化标准 PSO 算法的优化性能。

3.3.1 标准 PSO 算法

J. Kennedy 和 R. C. Eberhar[122]等学者提出了一种新型群智能优化算法——粒子群优化算法（particle swarm optimization，PSO）。类似于模拟退火算法（simulated annealing，SA），PSO 算法从随机解出发，通过适应度来评价解的品质，并利用迭代搜索寻找最优解。相比于遗传算法（genetic algorithm，GA）规则更为简单，PSO 不涉及交叉（crossover）和变异（mutation）操作。PSO 算法通过追随当前搜索到的最优值来寻找全局最优，具有精度高、收敛快、易于实现等优点，因而具有重要的研究和应用价值。

为了有效地说明 PSO 算法的流程，表 3 – 1 定义如下了数学符号。

表 3 – 1　PSO 算法符号定义

符号	说明
D	问题的维度
N	粒子群的种群规模
ω_0	初始阶段权重系数 ω 的取值
x_i	$x_i = [x_{i1}, x_{i2}, \cdots, x_{iD}]$，表示第 i 个粒子的位置，其中 $i \in \{1, 2, \cdots, N\}$

续表

符号	说明
v_i	$v_i = [v_{i1}, v_{i2}, \cdots, v_{iD}]$，第$i$个粒子的飞行速度，其中 $i \in \{1, 2, \cdots, N\}$
$\omega(t)$	在第t次迭代过程中，权重系数ω的取值
$\text{pbest}_i(t)$	在第t次迭代过程中，第i个粒子自身的历史最优位置，其中 $i \in \{1, 2, \cdots, N\}$
$\text{gbest}(t)$	迭代至第t次，算法所获得的全局最优位置

据此，给出 PSO 算法第i个粒子在第t次迭代过程中的更新过程：

$$v_i(t+1) = \omega(t) \cdot v_i(t) + c_1 \cdot r_1 \cdot (\text{pbest}_i(t) - x_i(t)) + c_2 \cdot r_2 (\text{gbest}(t) - x_i(t)) \tag{3-6}$$

$$x_i(t+1) = x_i(t) + v_i(t+1) \tag{3-7}$$

$$\omega(t) = \omega_0 \cdot \alpha^{t-1} \tag{3-8}$$

其中，权重系数ω_0取值一般为 1~3；学习因子c_1、c_2为非负常数，一般取$c_1 = c_2 = 2$；r_1、r_2表示区间[0,1]上的随机数。为了防止粒子跳出解空间的搜索范围，一般使$v_i \in [-v_{max}, v_{max}]$，其中$v_{max}$为粒子的最大速度。另外，可以把达到最大迭代次数$G$，或达到预设计算时间限制等设置为程序的终止条件。

结合以上说明，给出 PSO 算法的具体流程，归纳如下：

Step1. 初始化算法参数，包括粒子种群规模、最大迭代次数、粒子的最大速度等算法控制参数。

Step2. 采用随机初始化方法构建初始种群，生成每个粒子的位置、速度，并计算相应的适应度值，据此更新当前每个粒子的自身历史最优位置和当前种群的全局最优解。

Step3. 针对每个粒子，利用速度更新公式进行速度更新及修正工作，利用位置更新公式进行位置更新及修正工作，计算新粒子的适应度值。

Step4. 更新每个粒子的自身历史最优位置和当前种群的全局最优解。

Step5. 若算法满足终止条件,则终止搜索过程并输出当前最优解;否则,转Step3。

3.3.2 编码与解码

标准的粒子群算法最初为了解决连续变量优化问题而设计,因而采用实数编码机制。为了克服标准 PSO 算法无法直接适用于离散问题的缺点,本书借助随机键编码机制[123],并结合问题性质,构建了适用于本书提出的 MTVRP – TW – RD 问题的编码与解码方法。

编码过程:本节构建的 Beam – PSO 算法采用随机键对 MTVRP – TW – RD 问题进行编码,编码长度维度 $[N+(N-1)+(M-1)]$,各维度取值范围为 $[0,1]$。解码过程:首先,进行随机键转化操作,即依据各维度编码数值的大小将 $[0,1]$ 上的小数转化为 $1\sim[N+(N-1)+(M-1)]$ 的排列。其次,进行整数解码操作。整数编码中,$1\sim N$ 为客户编号,$(N+1)\sim(2\cdot N-1)$ 为单个配送车辆行程分割符,$(2\cdot N-1)\sim|2\cdot N+(M-2)|$ 为配送车辆总行程分割符。整数解码过程分为以下两步:(1) 利用总行程符 $(2\cdot N-1)\sim|2\cdot N+(M-2)|$ 确定每个配送车辆总的行程的编码;(2) 利用单个配送车辆行程分割符确定每个配送车辆的具体行程。

为了有效说明上述编码及解码操作,给出如下算例:配送车辆总数 $M=3$,客户总数 $N=9$。据此可知,编码长度为 19。其编解码过程如图 3 – 2 所示。图 3 – 2 给出初始的随机键编码(0.10, 0.06, 0.03, 0.11, 0.18, 0.12, 0.07, 0.08, 0.14, 0.13, 0.05, 0.01, 0.02, 0.15, 0.19, 0.17, 0.16, 0.04, 0.09),首先,利用随机键转化可得整数编码(10, 6, 3, 11, 18, 12, 7, 8, 14, 13, 5, 1, 2, 15, 19, 17, 16, 4, 9)。其次,进行整数解码,且由参数设置可知,10~17 为单个配送车辆行程分割符,18 和 19 为配送车辆总行程分割符。整数解码过程如下:

Step1. 利用总行程分割操作得到三辆配送车的总行程编码分别为:配送车 1—(10, 6, 3, 11)、配送车 2—(12, 7, 8, 14, 13, 5, 1, 2, 15)、配送车 3—(17, 16, 4, 9)。

Step2. 利用单个配送车行程分割操作确定各个配送车的所有行程线:配送车

1包含1个行程，线路为：配送中心—客户6—客户3—配送中心；配送车2包含2个行程，线路1为：配送中心—客户7—客户8—配送中心，线路2为：配送中心—客户5—客户1—客户2—配送中心；配送车3包含1个行程，线路为：配送中心—客户4—客户9—配送中心。

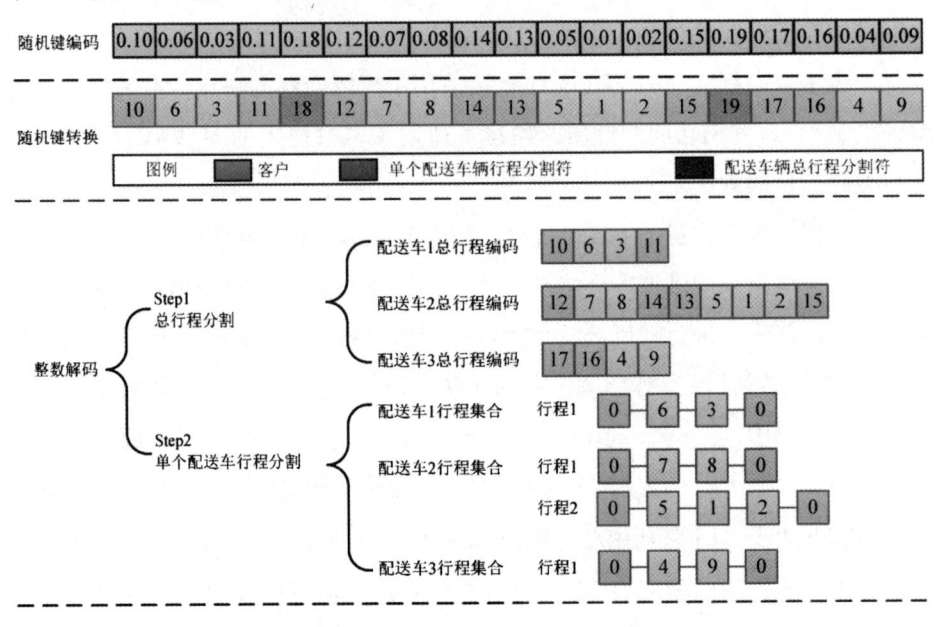

图3-2 编码及解码示意图

在此，对解码过程中相关操作的复杂度分析如下：

（1）在随机键转换过程中采用快速排序法，对应的时间复杂度为 $O((2 \cdot N + M - 2) \cdot \log(2 \cdot N + M - 2)_2)$。

（2）在整数解码阶段包含总行程分割和单个配送车的行程划分两个阶段，相应的过程的时间复杂度分别为 $O(M)$ 和 $O(N)$。

综上所述，本书提出的编码解码过程的时间复杂度相对较低，能够适用于较大规模问题的求解。

3.3.3 适应度计算

上述编码与解码方法简单有效、易于实现，能够快速实现编码连续变量空间与离散问题解空间的全映射。同时，考虑到该编码方式并未考虑车辆的装载量约束和各辆车总的行程时间约束。为了快速、有效地应对这一复杂约束，在此借助惩罚机制构造适应度函数 Fitness(H) 以评价调度方案 H：

$$\text{Fitness}(H) = F(H) + \lambda \cdot \Big(\sum_{k=1}^{M} \sum_{r=1}^{n_k} \max\{0, \chi(\sigma_r^k) - Q\} + \sum_{k=1}^{M} \max\{0, \tau_{n_k}^k + \varepsilon_{n_k}^k - T_H\} \Big)$$

(3-9)

其中，λ 为惩罚系数，取值为正。

3.3.4 基于 Beam Search 的局部搜索流程

与其他群智能优化算法类似，标准 PSO 算法也存在着寻优性能不足，迭代后期易陷入局部最优等缺陷。为了有效克服这一不足，本书在此结合问题的性质，引入了基于 Beam Search 的局部搜索流程以强化算法的全局搜索能力。

Beam Search 方法是在分枝定界方法基础上逐步发展起来的，并已经成为解决优化问题的一种重要的启发式方法。Beam Search 使用广度优先策略建立搜索树，然后使用启发式算法估计 κ 个最优路径，从这 κ 条路径出发向下进行广度优先搜索，每一层只保留满意的节点，而其他不满意的节点则被永久抛弃，这种方法比分枝定界法能节约大量运行时间。算法的总体流程归纳如下：

Step1. 将初始节点插入到堆中。

Step2. 将该节点出堆，如果该节点是目标节点，则算法结束。

Step3. 否则扩展该节点，取 κ 个评价最后的节点入堆。

Step4. 若堆为空或者算法达到其他收敛条件（计算时间、搜索深度等），则终止算法，否则，转 Stpe2。

针对本书的 MTVRP-TW-RD 问题，结合上述标准的 Beam Search 算法框架，构建了局部搜索流程。在标准 PSO 算法完成种群更新之后，利用基于 Beam Search 的局部搜索流程对当前种群中的每个解进行优化，用于增强算法的深度挖掘能力。结合编码与解码部分的算例，在此详细说明该局部搜索的流程。

首先，基于 Beam Search 的局部搜索流程的邻域定义。如图 3-3 所示，该编码对应的解码为：配送车 1—1 个行程；配送车 2—2 个行程；配送车 3—1 个行程。对所有行程进行编号，得编号值 a、b、c、d，对行程所处的位置进行编号，得编号值 1、2、3、4，重新安排行程 a、b、c、d 在位置 1、2、3、4 处的值，即可得到新的调度方案。如调换 b 和 c 的位置，即可得到新的解：配送车 1 包含 1

个行程，线路为：配送中心—客户6—客户3—配送中心；配送车2包含2个行程，线路1为：配送中心—客户5—客户1—客户2—配送中心，线路2为：配送中心—客户7—客户8—配送中心；配送车3包含1个行程，线路为：配送中心—客户4—客户9—配送中心。

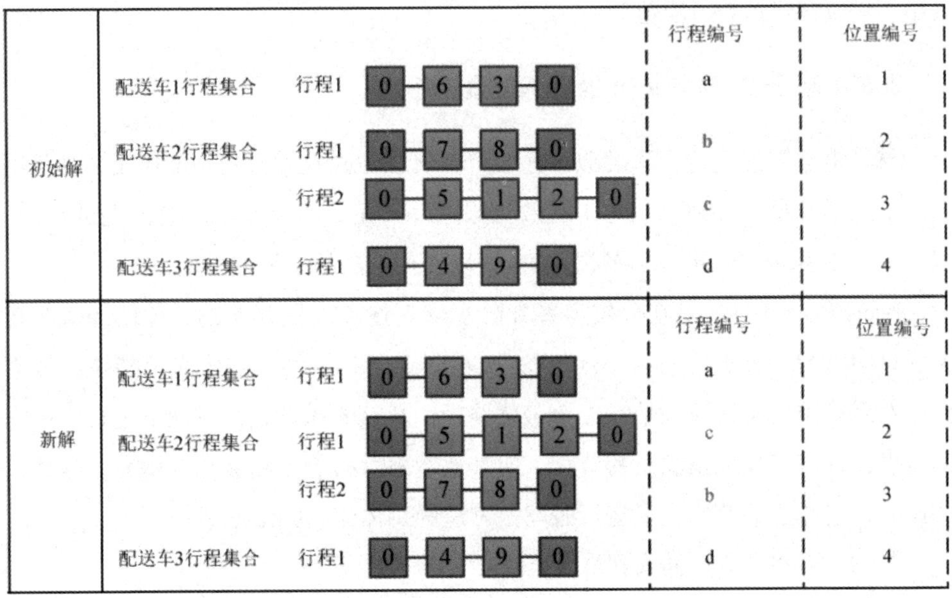

初始解/新解	配送车行程集合	行程	路线	行程编号	位置编号
初始解	配送车1行程集合	行程1	0-6-3-0	a	1
	配送车2行程集合	行程1	0-7-8-0	b	2
		行程2	0-5-1-2-0	c	3
	配送车3行程集合	行程1	0-4-9-0	d	4
新解	配送车1行程集合	行程1	0-6-3-0	a	1
	配送车2行程集合	行程1	0-5-1-2-0	c	2
		行程2	0-7-8-0	b	3
	配送车3行程集合	行程1	0-4-9-0	d	4

图 3–3　Beam Search 邻域定义

显然，上述问题为 MTVRP – TW – RD 问题的一个子问题，隶属于排序问题。在此，给出 Beam Search 求解上述问题的流程，力求改善调度方案的性能。以上述算例为例，整个优化过程分为 4 个阶段，图 3–4 给出了 Beam Search 的搜索流程。初始阶段的解为空集，每个阶段安排相应位置上的行程编号，进而构成了子序列，到达阶段 4 时，可得完整的行程序列，进而得到新的解，并选择其中适应度函数 Fitness(H) 最优的解替换当前解。此外，为了有效地控制搜索空间，节省计算时间，在此设置搜索宽度 $\kappa = 3$，并利用适应度函数评价不同节点的优秀程度，选择需要保留的节点，同时删除剩余节点。

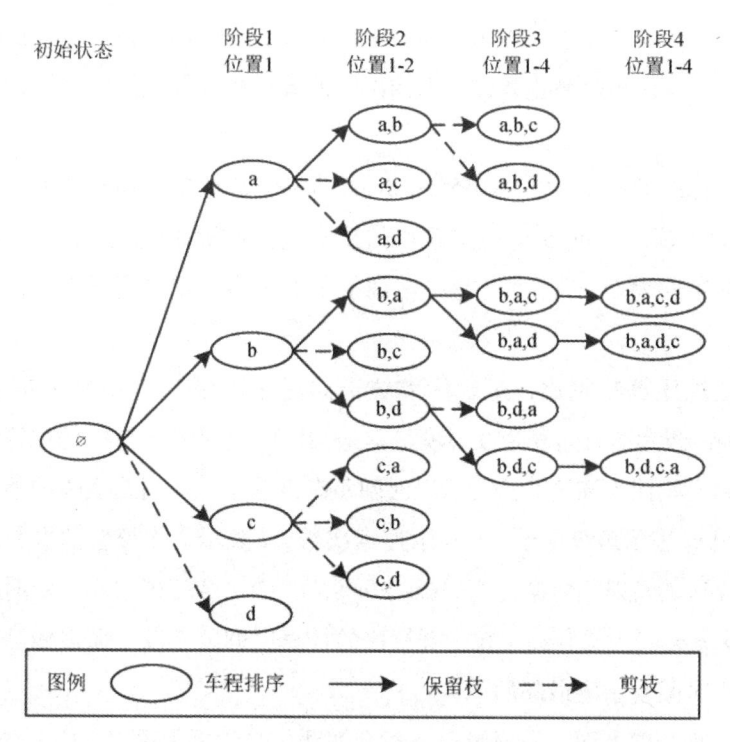

图 3-4 Beam Search 搜索流程示意图

3.3.5 Beam-PSO 算法流程及复杂度分析

基于以上分析，本书在此给出求解 MTVRP-TW-RD 问题的 Beam-PSO 算法流程，归纳如下：

Step1. 初始化各个参数，包括 Beam-PSO 算法的粒子种群规模、粒子的最大速度、最大迭代次数、Beam Search 搜索宽度等。

Step2. 采用随机初始化方法构建初始种群，生成每个粒子的位置、速度，并结合 MTVRP-TW-RD 问题的编码与解码方法计算相应的适应度值，据此更新当前每个粒子的自身历史最优位置和当前种群的全局最优解。

Step3. 针对每个粒子，利用速度更新公式进行速度更新及修正工作，利用位置更新公式进行位置更新及修正工作，并结合 MTVRP-TW-RD 问题的编码与解码方法计算新粒子的适应度值。

Step4. 更新每个粒子的自身历史最优位置和当前种群的全局最优解。

Step5. 针对每个粒子，利用 Beam Search 局部搜索流程进一步提升解的性能。

Step6. 若算法满足终止条件，则输出当前最优解并终止搜索过程；否则，转 Step3。

相比于标准 PSO 算法，本书采用 Beam Search 算法进行局部搜索，对于客户总数为 N 的问题，Beam Search 将算法的搜索宽度设置为 κ，因而对于每个解消耗的时间复杂度为 $O(n \times \kappa)$，这一时间复杂度为多项式时间复杂度，因而是可以接受的。

与其他优化算法相比，对于标准粒子群优化算法[107]，它的时间复杂度为 $O(N \times m)$，两者的时间复杂度规模基本是相同的。对于教与学优化算法，由于它没有用到递归法来描述算法，所以时间复杂度基本只与问题规模的整数次方有关。如果用 m 表示班级规模，n 表示搜索次数，l 表示局部搜索的次数，那么教与学优化算法的总时间复杂度为 $O(m \times n \times l)$[124]。人工蜂群算法的时间复杂度约为 $O(t \times n \times d)$[134]，高于粒子群算法的计算时间复杂度。而遗传算法则是这几种算法中时间复杂度最高的[109]。

在空间复杂度方面，采用 Matlab 指令实测仿真程序占用内存的方法，对这四种算法的空间复杂度做一个简单对比。教与学算法运行时占用内存空间为 18M；人工蜂群算法运行时占用内存空间为 19M；粒子群算法运行时占用内存空间为 18M；Beam - PSO 算法运行时占用内存空间为 18M。从相关数据可以看出，各个算法空间复杂度相差不大，对算法的优劣基本不会有影响。

3.4 仿真测试

3.4.1 MTVRP - TW - RD 算例参数设置

由于 MTVRP - TW - RD 问题缺少标准的测试数据集，因此本书采用 Matlab 测试平台随机生成 MTVRP - TW - RD 测试算例。配送中心位置为（10，22），调度作业期为 [0，8]，单位为 h。借助 3 辆车对 20 个客户的进行配送作业，配送车的载量为 12t，行驶速度为 60km/h。表 3 - 2 给出了客户的相关参数，包括位置坐标、需求 D_i、服务时间 S_i、时间窗参数（E_i 和 L_i）以及不同客户货物到达配送中心的时间 R_i。此外，违反时间窗的惩罚系数 θ 取值为 100，以表明该测试算例要尽可能满足时间窗要求。

表 3-2 客户参数

编号	位置坐标 /km	需求 D_i /t	服务时间 S_i /min	时间窗 E_i /h	时间窗 L_i /h	到货时间 R_i /h
1	(13, 2)	4	6	2.99	4.74	0.53
2	(21, 40)	4	6	1.77	2.92	0.18
3	(6, 33)	3	7	0.96	2.11	0.75
4	(5, 26)	3	9	1.45	3.19	0.93
5	(29, 26)	2	8	4.68	5.85	0.17
6	(21, 21)	3	7	1.37	2.46	0.84
7	(17, 7)	3	7	5.27	6.53	0.35
8	(38, 6)	2	9	4.79	6.51	0.18
9	(6, 23)	2	9	1.92	3.48	0.25
10	(14, 33)	3	6	1.30	2.74	0.24
11	(16, 37)	3	7	0.06	1.85	0.85
12	(25, 32)	2	8	3.31	5.23	0.51
13	(15, 1)	4	7	0.86	2.50	0.75
14	(2, 7)	3	7	4.00	5.13	0.36
15	(35, 35)	3	8	2.48	4.12	0.27
16	(19, 33)	3	8	1.38	3.31	0.99
17	(25, 13)	2	9	2.89	3.92	0.65
18	(9, 17)	3	6	3.00	4.49	0.49
19	(37, 22)	2	7	1.66	3.42	0.69
20	(21, 4)	4	9	4.28	5.31	0.09

3.4.3 Beam-PSO 求解 MTVRP-TW-RD 参数校验

针对上述 MTVRP-TW-RD 测试算例，采用本书构建的 Beam-PSO 算法进行问题求解。Beam-PSO 算法的控制参数包括：种群数目 N、迭代次数 G、最大行驶速度为 $v_{\max}$、权重系数 ω_0、惯性权重阻尼比 α、个人学习参数为 c_1、全局

学习参数为 c_2 和 Beam Search 局部搜索控制参数 κ。依据实际测试效果可知，种群数目 N、迭代次数 G、权重系数 ω_0 和 Beam Search 局部搜索控制参数 κ 对 Beam – PSO 算法的影响较大。为此，采用正交实验对上述四个参数进行校验以使得 Beam – PSO 算法获得最佳的搜索性能。

首先，依据现有相关研究和实际测试效果对其他参数取值如下：最大飞行速度 v_{max} 为 0.1，惯性权重阻尼比 α 为 0.99，个人学习参数 c_1 为 1.5，全局学习参数 c_2 为 2。其次，对其余 4 个重要参数进行水平设置，每个参数设定 4 个水平，各个因素不同水平的取值见表 3 – 3。4 因素 16 水平的正交实验测试结果见表 3 – 4，对于每个测试算例，Beam – PSO 均独立进行 20 次求解，并选取算法所得的均值 $\bar{F}$ 作为响应变量，测试结果的极差分析见表 3 – 5。

表 3 – 3　正交试验参数设置

水平	因素			
	N	G	ω_0	κ
1	30	700	1	4
2	40	800	2	6
3	50	900	3	8
4	60	1 000	4	10

表 3 – 4　正交试验测试结果

水平	因素				$\bar{F}$
	N	G	ω_0	κ	
1	1	1	1	1	17.54
2	1	2	2	2	17.46
3	1	3	3	3	15.90
4	1	4	4	4	16.40
5	2	1	2	3	15.84
6	2	2	1	4	15.57
7	2	3	4	1	17.57
8	2	4	3	2	16.95
9	3	1	3	4	17.03

续表

水平	因素				$\bar{F}$
	N	G	ω_0	κ	
10	3	2	4	3	15.34
11	3	3	1	2	16.72
12	3	4	2	1	16.27
13	4	1	4	2	17.10
14	4	2	3	1	18.03
15	4	3	2	4	16.77
16	4	4	1	3	17.61

表 3-5 正交试验极差分析

水平	因素			
	N	G	ω_0	κ
1	16.82	16.88	16.86	17.35
2	16.48	16.60	16.58	17.06
3	16.34	16.74	16.98	16.17
4	17.37	16.81	16.60	16.44
极差	1.03	0.28	0.39	1.18
等级	2	4	3	1
最佳水平	3	2	2	3

由正交实验测试结果可知，Beam Search 局部搜索控制参数 κ 对 Beam-PSO 算法的影响最大。κ 取值较大将使得局部搜索范围过大，增加了 Beam Search 优化难度；κ 取值较小将使得局部搜索范围过小，使得 Beam Search 优化过程陷入局部最优。其次，种群数目 N 和权重系数 ω_0 对 Beam-PSO 算法也具有较大影响。相对而言，迭代次数 G 对 Beam-PSO 算法的寻优性能的影响较小，但也需要进行的设置以保证算法达到较优的性能。综上所述，Beam-PSO 算法的以上四个重要参数设置如下：种群数目 N 取值为 50、迭代次数 G 取值为 800、权重系数 ω_0 取值为 2，Beam Search 局部搜索控制参数 κ 取值为 8。

3.4.4 MTVRP – TW – RD 算例测试结果分析

首先，依据 Beam – PSO 算法参数校验结果，利用本书构建的 Beam – PSO 算法对 MTVRP – TW – RD 问题进行求解，图 3 – 5 给出了 Beam – PSO 算法优化结果的配送线路图。表 3 – 6 对各配送车辆的行程安排进行详细说明，包含：各行程线路、各行程线路总长、各行程装载量和各车总配送时间。此外，表 3 – 7 给出了该优化结果下配送车到达相应客户点的时间以及各个客户点的时间窗惩罚项 σ_i 值。

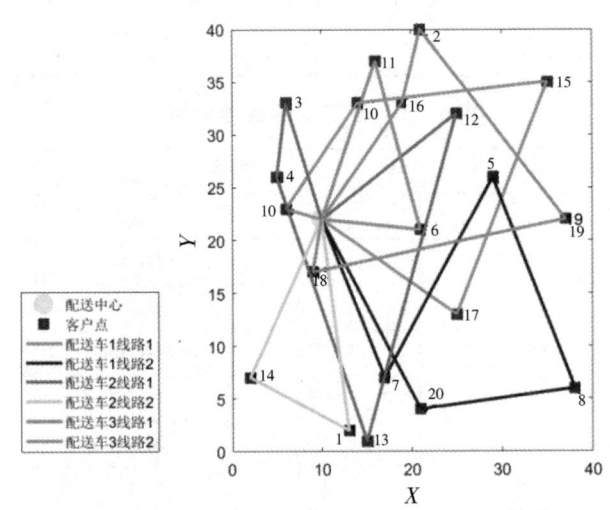

图 3 – 5 Beam – PSO 算法的配送线路图

表 3 – 6 基于 Beam – PSO 算法的行程安排情况

车辆编号	各行程线路	各行程线路总长/km	各行程装载量/t	各车总配送时间/h
配送车 1	行程 1：0 – 9 – 10 – 15 – 17 – 0	79.68	10	6.20
	行程 2：0 – 20 – 8 – 5 – 7 – 0	99.17	11	
配送车 2	行程 1：0 – 3 – 4 – 13 – 12 – 0	96.30	12	4.78
	行程 2：0 – 1 – 14 – 0	49.31	7	
配送车 3	行程 1：0 – 11 – 6 – 0	43.96	6	3.62
	行程 2：0 – 16 – 2 – 19 – 18 – 0	79.18	12	

表 3-7 基于 Beam-PSO 算法的时间窗遵守情况

编号	时间窗 E_i/h	时间窗 L_i/h	实际到达每个刻度点的时间/h	时间窗惩罚项 σ_i/h
1	2.99	4.74	4.07	0.00
2	1.77	2.92	2.33	0.00
3	0.96	2.11	1.13	0.00
4	1.45	3.19	1.37	0.00
5	4.68	5.85	5.30	0.00
6	1.37	2.46	1.50	0.00
7	5.27	6.53	5.82	0.00
8	4.79	6.51	4.72	0.00
9	1.92	3.48	0.72	0.00
10	1.30	2.74	2.28	0.00
11	0.06	1.85	1.12	0.00
12	3.31	5.23	2.72	0.00
13	0.86	2.50	2.05	0.00
14	4.00	5.13	4.37	0.00
15	2.48	4.12	2.72	0.00
16	1.38	3.31	2.07	0.00
17	2.89	3.92	3.26	0.00
18	3.00	4.49	3.43	0.00
19	1.66	3.42	2.83	0.00
20	4.28	5.31	4.05	0.00

采用 Beam-PSO 算法对 MTVRP-TW-RD 问题进行求解，由优化结果可知：三辆车共进行了 6 个行程的配送作业，总配送时间为 14.60h，目标函数值为 14.60，各个客户点的时间窗约束均得到满足。此外，各个配送车辆均满足车辆的装载量约束（最大不超过 12t）和最大配送时间约束（不超过 8h）。

其次，分别将遗传算法（GA）、人工蜂群算法（ABC）和教与学优化算法（TLBO）应用于 MTVRP-TW-RD 问题的求解。考虑到对比的公平性，三种对比算法的种群规模和迭代次数设置为与本书构建的 Beam-PSO 算法相同，分别

第 3 章　考虑货物到达时间的带时间窗的多行程车辆路径问题

取值 50 和 800，剩余参数采用与上述 Beam-PSO 算法相类似的正交实验进行参数校验。对于 GA 算法，交叉概率和变异概率分别取 0.8 和 0.2；对于 ABC 算法，侦查蜂步数为 20，加速度系数上限为 1，惯性权重阻尼比为 0.99。

依据以上参数设置，采用三种对比算法对本书构建的 MTVRP-TW-RD 问题进行求解。图 3-6 给出了 GA 算法的配送线路图，表 3-8 和 3-9 分别给出了基于 GA 算法的行程安排情况和时间窗遵守情况；图 3-7 给出了 ABC 算法的配送线路图，表 3-10 和 3-11 分别给出了 ABC 算法的行程安排情况和时间窗遵守情况；图 3-8 给出了 TLBO 算法的配送线路图，表 3-12 和 3-13 分别给出了 TLBO 算法的行程安排情况和时间窗遵守情况。最后，表 3-14 对四种算法的测试结果进行了对比分析。

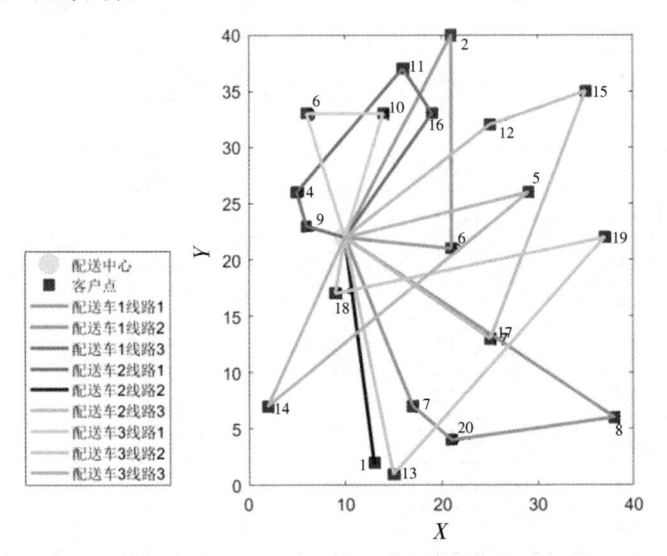

图 3-6　GA 算法的配送线路图

表 3-8　基于 GA 算法的行程安排情况

车辆编号	各行程线路	各行程线路总长/km	各行程装载量/t	各车总配送时间/h
配送车 1	行程 1：0-6-2-0	51.14	7	7.42
	行程 2：0-8-20-7-0	70.92	9	
	行程 3：0-17-15-12-0	70.13	7	

续表

车辆编号	各行程线路	各行程线路总长/（千米）	各行程装载量/（吨）	各车总配送时间/（小时）
配送车2	行程1：0-16-11-4-9-0	42.05	11	5.00
	行程2：0-1-0	40.45	4	
	行程3：0-17-15-12-0	70.13	7	
配送车3	行程1：0-10-3-0	31.41	6	5.78
	行程2：0-13-19-18-0	85.54	9	
	行程3：0-5-14-0	69.43	5	

表3-9 基于GA算法的时间窗遵守情况

编号	时间窗 E_i /h	时间窗 L_i /h	实际到达每个刻度点的时间/h	时间窗惩罚项 σ_i /h
1	2.99	4.74	2.72	0.00
2	1.77	2.92	1.83	0.00
3	0.96	2.11	1.52	0.00
4	1.45	3.19	1.97	0.00
5	4.68	5.85	3.93	0.00
6	1.37	2.46	1.03	0.00
7	5.27	6.53	5.46	0.00
8	4.79	6.51	2.83	0.00
9	1.92	3.48	2.17	0.00
10	1.30	2.74	0.95	0.00
11	0.06	1.85	1.60	0.00
12	3.31	5.23	4.57	0.00
13	0.86	2.50	2.20	0.00
14	4.00	5.13	5.37	0.25
15	2.48	4.12	4.27	0.15
16	1.38	3.31	1.23	0.00
17	2.89	3.92	3.72	0.00
18	3.00	4.49	3.42	0.00
19	1.66	3.42	2.83	0.00
20	4.28	5.31	5.22	0.00

第3章　考虑货物到达时间的带时间窗的多行程车辆路径问题

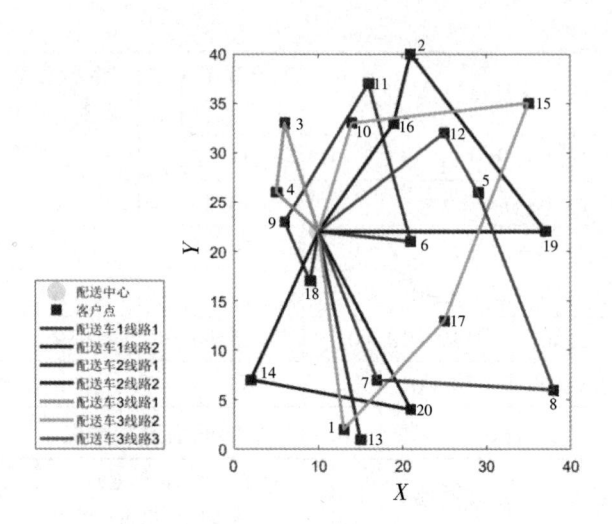

图3-7　ABC算法的配送线路图

表3-10　基于ABC算法的行程安排情况

车辆编号	各行程线路	各行程线路总长/km	各行程装载量/t	各车总配送时间/h
配送车1	行程1：0-6-11-9-18-0	56.82	11	4.95
	行程2：0-14-20-0	57.33	7	
配送车2	行程1：0-13-0	43.17	4	4.16
	行程2：0-16-2-19-0	72.58	9	
配送车3	行程1：0-3-4-0	25.18	6	6.07
	行程2：0-10-15-17-1-0	93.47	12	
	行程3：0-12-5-8-7-0	84.75	9	

表3-11　基于ABC算法的时间窗遵守情况

编号	时间窗 E_i/h	时间窗 L_i/h	实际到达每个刻度点的时间/h	时间窗惩罚项 σ_i
1	2.99	4.74	3.43	0.00
2	1.77	2.92	2.08	0.00
3	0.96	2.11	1.13	0.00
4	1.45	3.19	1.37	0.00
5	4.68	5.85	4.41	0.00

续表

编号	时间窗 E_i/h	时间窗 L_i/h	实际到达每个刻度点的时间/h	时间窗惩罚项 σ_i/h
6	1.37	2.46	1.03	0.00
7	5.27	6.53	5.68	0.00
8	4.79	6.51	5.19	0.00
9	1.92	3.48	2.19	0.00
10	1.30	2.74	1.91	0.00
11	0.06	1.85	1.80	0.00
12	3.31	5.23	4.16	0.00
13	0.86	2.50	1.10	0.00
14	4.00	5.13	3.47	0.00
15	2.48	4.12	2.35	0.00
16	1.38	3.31	1.82	0.00
17	2.89	3.92	3.01	0.00
18	3.00	4.49	2.45	0.00
19	1.66	3.42	2.59	0.00
20	4.28	5.31	4.44	0.00

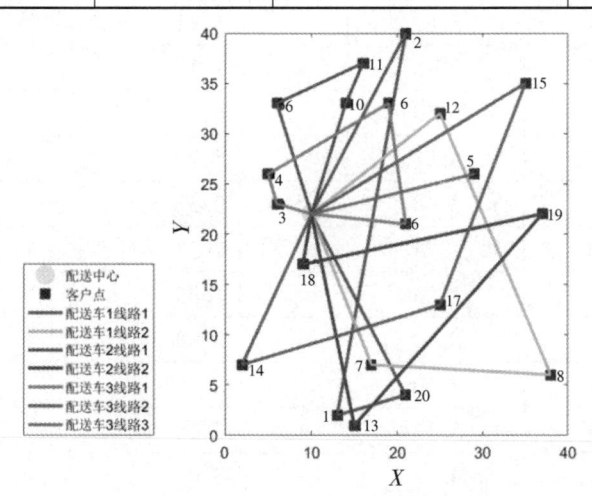

图 3-8 TLBO 算法的配送线路图

第3章 考虑货物到达时间的带时间窗的多行程车辆路径问题

表3-12 基于TLBO算法的行程安排情况

车辆编号	各行程线路	各行程线路总长/km	各行程装载量/t	各车总配送时间/h
配送车1	行程1：0-2-1-20-0	89.27	12	6.58
	行程2：0-12-8-7-0	84.67	7	
配送车2	行程1：0-3-11-10-0	38.65	9	3.59
	行程2：0-13-19-18-0	85.54	9	
配送车3	行程1：0-6-16-4-9-0	46.15	11	5.28
	行程2：0-15-17-14-0	93.11	8	
	行程3：0-5-0	38.83	2	

表3-13 基于TLBO算法的时间窗遵守情况

编号	时间窗 E_i/h	时间窗 L_i/h	实际到达每个刻度点的时间/h	时间窗惩罚项 σ_i/h
1	2.99	4.74	2.53	0.00
2	1.77	2.92	0.88	0.00
3	0.96	2.11	1.04	0.00
4	1.45	3.19	2.12	0.00
5	4.68	5.85	4.81	0.00
6	1.37	2.46	1.18	0.00
7	5.27	6.53	6.19	0.00
8	4.79	6.51	5.70	0.00
9	1.92	3.48	2.32	0.00
10	1.30	2.74	1.53	0.00
11	0.06	1.85	1.35	0.00
12	3.31	5.23	5.08	0.00
13	0.86	2.50	2.18	0.00
14	4.00	5.13	4.08	0.00
15	2.48	4.12	3.01	0.00
16	1.38	3.31	1.72	0.00
17	2.89	3.92	3.54	0.00
18	3.00	4.49	3.40	0.00

续表

编号	时间窗 E_i/h	时间窗 L_i/h	实际到达每个刻度点的时间/h	时间窗惩罚项 σ_i/h
19	1.66	3.42	2.81	0.00
20	4.28	5.31	3.23	0.00

表 3-14　测试结果对比

算法	总行程数目	总配送时间/h	目标函数值	违反时间窗的客户数目
Beam-PSO	6	14.60	14.60	0
GA	9	18.19	57.55	2
ABC	7	15.17	15.17	0
TLBO	7	15.44	15.44	0

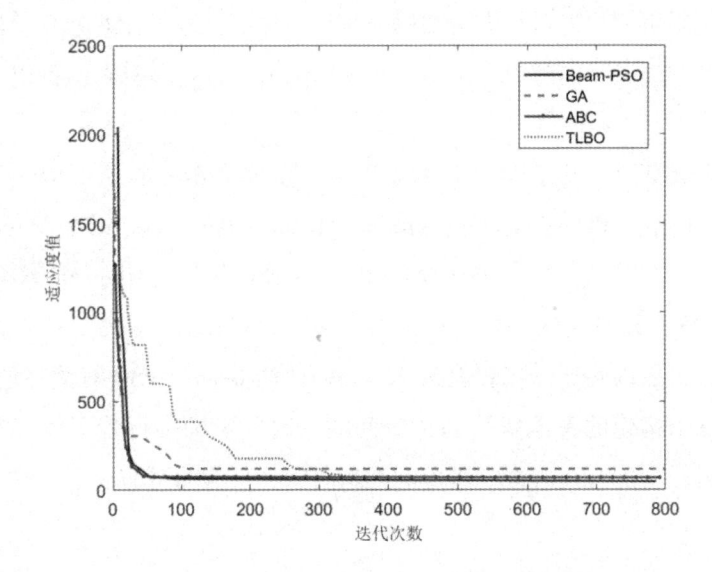

图 3-9　四种算法的收敛曲线图

由测试结果可知，在四种算法中，Beam-PSO 表现值最好，总行程数目最少（取值为6），不存在客户违反时间窗的情况，且目标函数值最小，为14.60。相较而言，ABC 算法和 TLBO 算法表现较为接近，GA 算法的优化结果不够优秀，出现两个客户的时间窗约束无法得到满足的情况，且总行程数目最少（取值为

9），相应的目标函数达到 57.55。同时，从图 3-9 中可以看出，TLBO 算法在这四种算法中具有较高的收敛特性。据此可知，本书构建的 Beam-PSO 算法在求解 MTVRP-TW-RD 问题时可以获得最少的行程数量、最短的配送时间和最低的运输成本。

3.5 本章小结

本章以多行程车辆路径问题为基本模型，综合考虑配送中心处货物到达时间和客户需求末端的时效要求，构建了考虑货物到达时间的带时间窗的多行程车辆路径调度模型。

在算法部分，提出 Beam-PSO 优化算法来进行求解。首先结合问题性质并借助随机键编码机制构建了相应的编码与解码方法，克服了标准 PSO 算法无法适用于离散问题的缺点；同时引入了基于 Beam Search 的局部搜索流程以强化算法的全局搜索能力。

在仿真实验部分：基于 Matlab 测试平台，生成了本书的 MTVRP-TW-RD 算例的参数。随后，借助正交实验，进行了 Beam-PSO 求解 MTVRP-TW-RD 问题的参数校验。最后，将本书构建的 Beam-PSO 算法运用于 MTVRP-TW-RD 问题的求解，并将测试结果与标准 GA 算法、ABC 算法和 TLBO 算法的测试结果进行对比分析以验证。实验表明：本书构建的 Beam-PSO 算法在能够快速、有效地应对本书构建的考虑货物到达时间的带时间窗的多行程车辆路径调度问题，可以获得最少的行程数量、最短的配送时间和最低的运输成本。

第4章 考虑货物兼容性的带时间窗的多行程车辆路径问题

本章综合考虑了货物兼容性约束和客户需求末端的时效性，构建了考虑货物兼容性的带时间窗的多行程车辆路径调度模型。针对这一复杂的车辆路径优化问题，本章提出了一种混合教与学优化算法（hybrid teaching-learning based optimization，HTLBO）。该算法通过借助随机键编码机制，克服了标准教与学优化算法无法适用于离散问题的缺点；同时，构造了基于禁忌搜索算法（tabu search，TS）的局部优化方法，力求进一步强化标准教与学优化算法（teaching-learning based optimization，TLBO）的寻优能力。最后进行了仿真实验并给出了实验分析，测试结果验证了本章构建的 HTLBO 算法在求解该问题方面与其他三种算法相比可以获得最少的行程数、最短的配送时间和最低的运输成本。

4.1 引　言

本书研究的是多行程车辆路径问题的一种变体，需要将不同的货物交付给客户。一方面，大宗货物是不相容的，即它们不能一起用同一辆车运输。另一方面，车辆可以在不同的行程运输不同的货物。

经典的车辆路径问题中隐含的处理对象是不同的货物，特别是当多辆车只能运送一个货物时，问题就被拆分成几个子问题，每个货物都可以用一组专用的车辆来运送。另一方面，如果车辆可以同时运送不同的货物，客户对所有货物的需求就会变成一个代表总需求的单一值。此外，不同货物的需求都被规范化为用车辆容量单位来计量。因此该问题就变成一个单一货物的车辆路径问题。

第 4 章 考虑货物兼容性的带时间窗的多行程车辆路径问题

考虑货物兼容性的带时间窗的多行程车辆路径问题可以用示意图 4-1 来表示。在图中，分别用不同颜色的节点表示配送不同货物的客户位置，两辆车分别运行了两个行程进行货物配送，每个行程运送不同的货物。

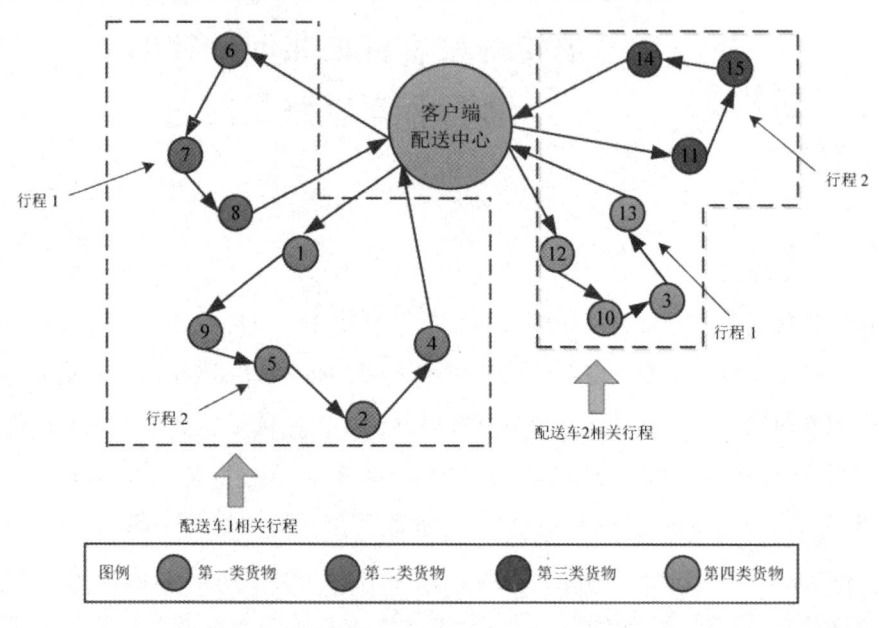

图 4-1　MTVRP-TW-MC 问题示意图

在国内外相关文献中，尚未看到采用 HTLBO 算法对该问题的相关研究，更多的是采用单一的禁忌搜索算法对这类车辆路径问题进行研究。例如，Soto[125]开发了一个基于混合多邻域-禁忌搜索的优化算法来求解开放式多车场车辆路径问题；Lai[126]设计了混合整数规划的数学建模方式来求解集送一体化带时间窗的车辆路径问题，在两个阶段采用蚁群算法和禁忌搜索算法来最小化行驶成本。Silvestrin[127]提出了一个嵌入到迭代局部搜索的禁忌搜索算法来解决带多个不同类型货物隔间的车辆路径问题。Alonso[128]设计了一种带时间窗、地点、车辆最大行驶时间等条件限制的禁忌搜索算法求解周期性多行程车辆路径问题；Satyananda[129]采用分三个阶段的禁忌搜索算法来求解带时间窗和容量限制的多行程车辆路径问题。而其他研究者采用了单一的教与学算法，例如，拓守恒[130]指出教与学优化算法是一种新兴的群智能优化算法，介绍了几种改进的算法变体及其未来发展方向。武巍[131]提出一种自适应交叉教与学优化（AC-TLBO）算法进行无人机的航路规划。林震[132]改进了自我学习机制，将环链拓扑结构引入到教与学优化算法中，提出了一种环链种群结构的多目标教与学优化算法。徐军辉[133]提出一种基于改进教与学算法的离散车间能效优化方法。

本章提出了一个基于教与学算法和禁忌搜索算法的混合结构来解决多行程车辆路径问题，在标准 TLBO 的基础上，采用合适的编码和解码方法，设计出相应的适应度评价函数，然后利用禁忌搜索算法局部优化的强大特征，对该算法进行改进，求出最优解。

本章组织如下，在第二节对考虑货物兼容性的带时间窗的 MTVRP 进行了数学建模；第三节详细介绍了改进的混合 HTLBO 算法；第四节对该算法的算例参数设置进行了说明，并进行了参数校正，最后与其他三种算法进行了 Matlab 仿真结果比较；第五节得出了相关结论。

4.2 问题模型

本书考虑的 MTVRP – TW – MC 问题可以在完整无向图 $G = (V, E)$ 上进行定义。其中，顶点集合为 $V = \{0, 1, \cdots, N\}$，边集合为 $E = \{(i, j) \mid i, j \in V, i \neq j\}$，点 0 表示物流中心，点 $1, \cdots, N$ 表示客户。对于客户 i，其需求量为 D_i 且货物为 b_i，相应的客户端的时间窗（time window，TW）定义为 $[E_i, L_i]$，在客户端的卸货时间为 S_i。

在调度期间 $[0, ST]$ 内，N 个客户的配送任务由 M 辆车来完成，针对货物类别 b，配送车辆的装载量定义为 Q_b，单位里程运输成本定义为 C_b，且 b 类货物所在行程的最大配送时间规定为 ST_b。此外，从点（客户或配送中心）i 到位置（客户或配送中心）j 的行驶时间定义为 T_{ij}，每辆车的平均每天的固定成本定义为 λ。

为了有效地说明 MTVRP – TW – MC，这里给出基本的假设条件：

(1) 每个行程都从配送中心开始和结束。

(2) 充分考虑到货物兼容性约束，每个行程只能安排一类货物的运输作业。

(3) 针对同一配送车，每个行程的开始时间为该配送车上一行程的完成时间。

第4章 考虑货物兼容性的带时间窗的多行程车辆路径问题

（4）每个客户只能存在于所有配送行程的某一个行程中。

（5）客户的服务不早于相应的时间窗规定值 E_i，若到达时间早于 E_i，则等待；此外，本书考虑的时间窗为单边硬时间窗约束，要求到达每个客户的时间不得晚于规定时间窗数值 L_i。

（6）每个行程路上车辆的载货量不得超过相应货物类别规定的车辆装载能力 Q_b。

（7）每辆车不能同时执行两个行程的配送任务。

（8）每个行程的配送时间不得超过相应货物类别规定的最长行程时间 ST_b。

（9）计划期为 [0, ST]，因而每辆车行驶完最后的行程返回仓库的时间不迟于 ST。

以符号 σ_r^k 表示分配给车辆 k 的第 r 个行程所配送的客户序列，以符号 $b(\sigma_r^k)$ 表示行程 σ_r^k 的货物类别，以符号 n_k 表示车辆 k 的行程总数，则 $H_k = \{\sigma_r^k | r = 1, 2, \cdots, n_k\}$ 表示车辆 k 的行程集合，$H = \{H_k | k = 1, 2, \cdots, M\}$ 表示 MTVRP–TW–MC 问题的解。此外，以 τ_r^k 表示车辆 k 的第 r 个行程的发车时间，以 ε_r^k 表示车辆 k 的第 r 个行程的在途时间，考虑到同一配送车各行程间采用无等待策略，即配送车完成前一个配送任务后立刻开始下一个行程，因此有：

$$\tau_r^k = \begin{cases} 0, & r = 1; k = 1, 2, \cdots, M \\ \tau_{r-1}^k + \varepsilon_{r-1}^k, & r = 2, \cdots, n_k; k = 1, 2, \cdots, M \end{cases} \quad (4-1)$$

以 $\chi(\sigma_r^k)$ 表示车辆 k 的第 r 个行程的载重量，考虑到同一行程的货物类型不兼容约束、车辆的装配、装载量约束、各行程配送时间约束和各辆车总的行程时间约束，据此可得：

$$b_i = b_j, \forall i,j \in \sigma_r^k, r = 1, 2, \cdots, n_k; k = 1, 2, \cdots, M \quad (4-2)$$

$$\chi(\sigma_r^k) \leqslant Q_{b(\sigma_r^k)}, r = 1, 2, \cdots, n_k; k = 1, 2, \cdots, M \quad (4-3)$$

$$\varepsilon_r^k \leqslant ST_{b(\sigma_r^k)}, r = 1, 2, \cdots, n_k; k = 1, 2, \cdots, M \quad (4-4)$$

$$\tau_{n_k}^k + \varepsilon_{n_k}^k \leqslant T_H, k = 1, 2, \cdots, M \quad (4-5)$$

其中，(4-2)表示不同类型货物不兼容约束，(4-3)表示各个配送行程的装载量不得超过该行程上货物类别对应的车辆装载能力上限，(4-4)表示每个车辆的最后一次配送行程的完成时间不得超出总的调度时间窗[0, ST]，(4-5)表示各个行程的配送时间不得超过该行程所配送货物类别规定的最大行程时间。

此外，以 μ_i 表示配送车辆实际到达每个客户的时间，考虑到配送车辆到达客户 i 的时间早于 E_i 时，采取等待策略，此外，本书考虑的时间窗为单边硬时间窗约束，要求到达每个客户的时间不得晚于规定时间窗数值 L_i，因此有：

$$\mu_i \leq L_i, i = 1, 2, \cdots, N \tag{4-6}$$

据此，以示性函数 $e_m(m = 1, 2, \cdots, M)$ 表示第 m 辆车的征用情况，$e_m = 1$ 表示配送车辆 m 被征用，$e_m = 0$ 表示配送车辆 m 未被征用，给出函数 $F(H)$ 以合理地评价调度方案 H，函数 $F(H)$ 包含配送车辆的固定发车费用和配送费用两部分，表达式为

$$F(H) = \lambda \sum_{i=1}^{M} e_i + \sum_{k=1}^{M} \sum_{r=1}^{n_k} C_{b(\sigma_r^k)} \cdot \varepsilon_r^k \tag{4-7}$$

4.3 HTLBO 优化算法

为了有效地求解 MTVRP-TW-MC 问题，本书基于标准 TLBO 算法的框架，构建了混合教与学优化算法。该算法主要在以下两方面做出了改进：(1) 借助随机键编码机制，并结合问题性质，构建了适用于 MTVRP-TW-MC 问题的编码与解码方法，进而克服了标准 TLBO 算法无法适用于离散问题的缺点；(2) 构造了基于禁忌搜索算法的局部优化算法，进一步强化标准 TLBO 算法的深度开发能力，进而强化 HTLBO 算法的寻优性能。

4.3.1 标准 TLBO 算法

受现实生活中班级内的教师教学活动与学生之间交流过程的启发，Rao 等[134]学者于 2011 年提出了教与学优化算法（teaching-learning based optimization，TLBO）。类似于其他群智能优化算法，TLBO 算法采用种群表示问题的解，

当前种群中的最优个体为教师，剩余个体为学生。TLBO 算法在邻域搜索部分包含"教学阶段"和"学习阶段"两部分：在教学阶段，该算法利用当前"教师"对种群中其他剩余的个体"学生"进行教学，提高"学生"成绩，该环节有效融合了群体均值的影响；在学习阶段，算法将从当前种群中随机选择两个"学生"个体，随后比较两者的优劣，最后采取较差个体向较优个体进行学习的策略。TLBO 算法具有控制参数少、收敛速度快等优点，并在复杂函数优化、神经网络训练、资源项目调度等多个方面都获得了成功应用。

在此对 TLBO 算法的基本实现原理加以阐述。以符号 T_1 和 T_2 表示两位不同的教师，两位教师分别教授两个班级的同一门课程，假设两位班级学生的平均水平是相同的，图 4-2 展示了两位教师在教授课业后两个班级的成绩分布情况。据此可知，教师 T_2 的教学成绩相较于教师 T_1 更优秀，即教师 T_2 的教学水平更优秀。假设班级的成绩均服从正态分布，图 4-3 展示了班级整体在经过教师传授知识后整体平均水平由 M_A 提升至 M_B 的过程。显然，除了从教师那里获取知识外，学生还可以通过课下交流从优秀的学生处获得成绩提升。

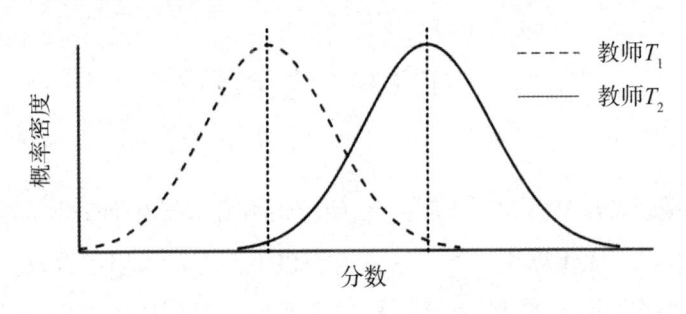

图 4-2 不同教师的教学成绩分布模型

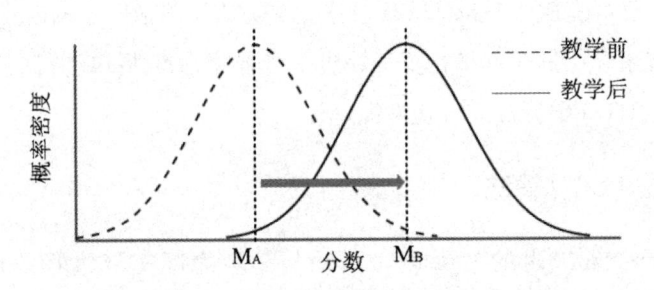

图 4-3 教学前后学生的成绩分布模型

综合而言，TLBO 算法包括两个阶段：教学阶段和学习阶段。在教学阶段，学生通过教师与学生的平均水平值之间的差异来提高自己的成绩；在学习阶段：学生根据自身情况，与优秀学生进行交流学习，提高自己的成绩。

图 4-4 给出了标准 TLBO 算法流程。针对具体实施步骤，给出如下说明：

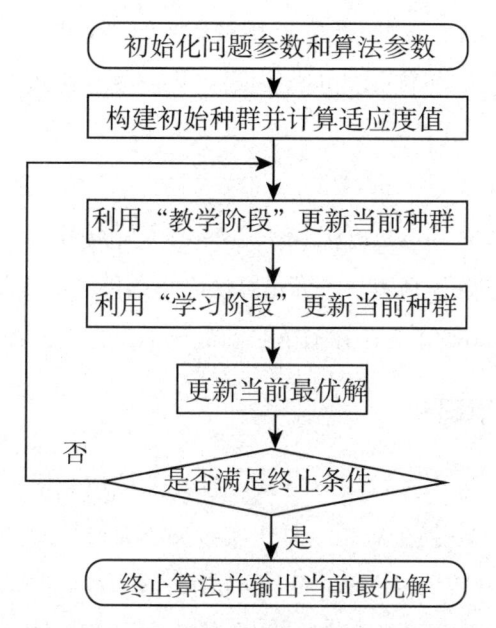

图 4-4 标准 TLBO 算法流程

Step1. 初始化 TLBO 算法的控制参数和待优化问题的相关参数，包括算法最大迭代次数 G，问题变量的维数 D，种群规模学生数目 P，各个维度自变量的取值范围 $[x_i^l, x_i^u]$。

Step2. 构建初始种群，并计算每个个体的适应度值，个体的初始化公式为

$$x_i = x_i^l + \text{rand}(0,1) \cdot (x_i^u - x_i^l) \qquad (4-8)$$

其中，$\text{rand}(0,1)$ 表示区间 $[0,1]$ 上的随机数。

Step3. 教学阶段。首先，计算当前种群中所有个体每一维的均值 m_i，进而得到平均个体，$x^m = \{m_1, m_2, \cdots, m_D\}$。其次，对于当前种群中的任一个体 x^{old}，利用个体更新公式得到新个体 x^{new}。最后，比较新旧个体 x^{new} 和 x^{old} 的适应度值，并采取贪婪保留策略，即保留适应度值较优的个体，放弃适应度值较劣的个体。教学阶段的个体公式归纳如下：

$$x^{\text{new}} = x^{\text{old}} + \text{rand}(0,1) \cdot (x^{\text{teacher}} - \kappa \cdot x^m) \qquad (4-9)$$

其中，x^{teacher} 为教师个体，即当前种群中的最优解，教学因子 κ 为随机整数，取值为 $κ = \text{round}(1 + \text{rand}(0,1))$，round( ) 表示就近取整函数。

Step4. 学习阶段。首先，随机从经历过教学阶段的种群中选择两个个体，分别记作 x^{r1} 和 x^{r2}。其次，选择 x^{r1} 和 x^{r2} 中较优秀的个体进行学习。以 $f(x)$ 表示个体的适应度函数，假定待优化的问题为最小化问题，则这一阶段的个体更新公式为

$$x^{\text{new}} = \begin{cases} x^{\text{old}} + \text{rand}(0,1) \cdot (x^{r1} - x^{\text{old}}), & \text{若 } f(x^{r1}) < f(x^{r2}) \\ x^{\text{old}} + \text{rand}(0,1) \cdot (x^{r2} - x^{\text{old}}), & \text{否则} \end{cases} \quad (4-10)$$

Step5. 算法终止条件判读。若满足算法终止条件（达到最大迭代次数或计算时间等），则终止 TLBO 算法，并输出当前最优解；否则，转 Step3。

4.3.2 编码与解码

标准 TLBO 算法采用实数编码方式，且其邻域搜索阶段（"教学阶段"和"学习阶段"）对应的变换公式也是基于实数编码而设计的。因此，标准的 TLBO 算法无法直接用于 MTVRP – TW – MC 问题求解。为此，本章结合 MTVRP – TW – MC 问题的性质，提出了基于随机键[135]的编码与解码方法。

编码过程：本章构建的 HTLBO 算法采用随机键对 MTVRP – TW – MC 问题进行编码，编码长度维度 $[N + (N-1) + (M-1)]$，各维度取值范围为 $[0,1]$。

解码过程：首先，进行随机键转化操作，即依据各维度编码数值的大小将 $[0,1]$ 上的小数转化为 $1 \sim [N + (N-1) + (M-1)]$ 的排列。其次，进行整数解码操作。整数编码中，$1 \sim N$ 为客户编号，$(N+1) \sim (2 \cdot N - 1)$ 为单个配送车辆行程分割符，$(2 \cdot N - 1) \sim |2 \cdot N + (M-2)|$ 为配送车辆总行程分割符。整数解码过程分为以下两步：第 1 步利用总行程符 $(2 \cdot N - 1) \sim |2 \cdot N + (M-2)|$ 确定每个配送车辆总的行程的编码；第 2 步利用单个配送车辆行程分割符 $(N+1) \sim (2 \cdot N - 1)$ 确定每个配送车辆的具体行程，针对同一行程出现不同类型客户配送序列的情况，直接在出现不同类型的节点处截断，分为不同的行程。

为了有效地说明上述编码及解码操作，给出如下算例：配送车辆总数 $M = 3$，客户总数 $N = 9$，共计两种货物类别。编解码过程如图 4-5 所示。据此可知，编码长度为 19。给出初始的随机键编码（0.10, 0.06, 0.03, 0.11, 0.18,

0.12，0.07，0.08，0.14，0.13，0.05，0.01，0.02，0.15，0.19，0.17，0.16，0.04，0.09），首先，利用随机键转化可得整数编码（10，6，3，11，18，12，7，8，14，13，5，1，2，15，19，17，16，4，9）。其次，进行整数解码，且由参数设置可知，10~17 为单个配送车辆行程分割符，18 和 19 为配送车辆总行程分割符。整数解码过程如下：

Step1. 利用总行程分割操作得到三辆配送车的总行程编码分别为：配送车1—（10，6，3，11）、配送车 2—（12，7，8，14，13，5，1，2，15）、配送车 3—（17，16，4，9）；

Step2. 利用单个配送车行程分割操作确定各个配送车的所有行程线：配送车1 包含 1 个行程，线路为：配送中心—客户 6—客户 3—配送中心；配送车 2 包含 2 个行程，线路 1 为：配送中心—客户 7—客户 8—配送中心，线路 2 为：配送中心—客户 5—客户 1—客户 2—配送中心；配送车 3 包含 2 个行程，线路为 1：配送中心—客户 4—配送中心，线路为 2：配送中心—客户 9—配送中心。

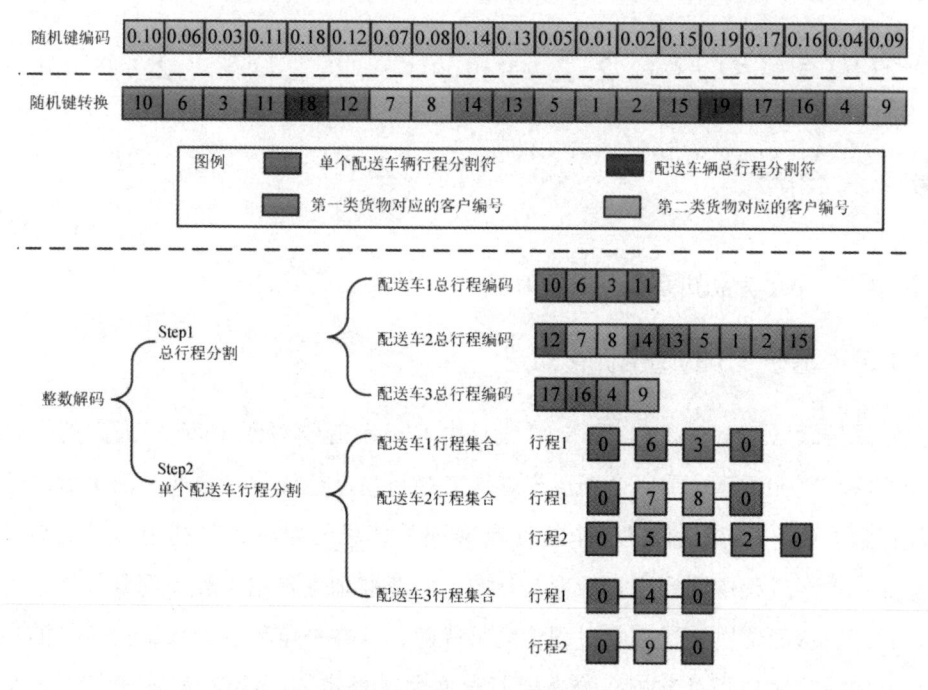

图 4-5 编码及解码示意图

在此，对解码过程中相关操作的复杂度分析如下：

- 在随机键转换过程中采用快速排序法,对应的时间复杂度为 $O((2 \cdot N + M - 2) \cdot \log(2 \cdot N + M - 2)_2)$。
- 在整数解码阶段包含总行程分割和单个配送车辆的行程划分两个阶段,相应过程的时间复杂度分别为:$O(M)$ 和 $O(N)$。

综上所述,本章提出的编码解码过程的时间复杂度相对较低,能够适用于较大规模问题的求解。

4.3.3 适应度计算

上述编码与解码方法简单有效、易于实现,能够快速实现编码连续变量空间与 MTVRP - TW - MC 这一离散问题解空间的全映射。同时,考虑到该编码方式并未考虑车辆的装载量约束、单边硬时间窗约束、各行程配送时间约束和各辆车总的行程时间约束。为了快速、有效地应对这一复杂约束,在此借助惩罚机制构造适应度函数 Fitness(H) 以评价调度方案 H:

$$\text{Fitness}(H) = F(H) + \partial_1 \cdot \sum_{k=1}^{M} \sum_{r=1}^{n_k} \max\{0, \chi(\sigma_r^k) - Q_{b(\sigma_r^k)}\} + \partial_2 \cdot \sum_{i=1}^{N} \max\{0, \mu_i - L_i\} + \partial_3 \cdot \sum_{k=1}^{M} \sum_{r=1}^{n_k} \max\{0, \varepsilon_r^k - ST_{b(\sigma_r^k)}\} + + \partial_4 \cdot \sum_{k=1}^{M} \max\{0, \tau_{n_k}^k + \varepsilon_{n_k}^k - ST\}$$

(4 - 11)

其中,$\partial_1 \sim \partial_4$ 为惩罚系数,取值为正。

4.3.4 基于 TS 的局部优化方法

禁忌搜索(tabu search,TS)算法是由 Glover 等学者于 1986 年提出的一种智能算法[136],TS 算法采用全局逐步寻优来对问题进行优化,隶属于改进型局部邻域搜索方法。TS 算法借助一个线性表来记录禁忌的对象,并利用禁忌准则来避免迭代搜索过程中迂回搜索情形。其中,藐视准则主要用于赦免部分被禁忌的优良状态,从而奖励迭代搜索过程中的最优解,这在一定程度上保证搜索解的多样化,使得算法自身具有较强的全局搜索能力。TS 算法的独特性在于可以记忆已搜索的局部最优解,并在后续几次迭代搜索中尽可能避开这些解(不是绝对禁止)。近年来,TS 算法已经在组合优化、神经网络预测、生产调度等方面获得了成功应用。许多学者将 TS 算法与其他群智能算法进行混合，充分发挥 TS 算法强大的局部寻优能力，达到强化其他群智能算法寻优能力的目的。

TS 算法的具体实施步骤可归纳如下：

Step1. 初始化 TS 算法的控制参数，包括禁忌表长、迭代次数等。

Step2. 随机产生初始解，将禁忌表设置为空集，即 ϕ。

Step3. 若算法满足收敛条件（达到最大迭代次数或最长计算时间），结束 TS 算法搜索流程并输出当前最优解；否则，转 Step3。

Step4. 依据当前解构造邻域，进而确定候选解集。

Step5. 判读当前的候选解是否满足准则。若满足，则转 Step6；否则，转 Step7；

Step6. 将候选解作为当前解，并禁忌其对应的邻域变换动作，若当前禁忌表已满，替换最早进入禁忌表的邻域变换动作，并更新最优状态，转 Step3。

Step7. 判断当前候选解的禁忌属性，将非禁忌邻域变换动作对应的最佳解作为当前解，并禁忌其对应的邻域变换动作，若禁忌表满，替换最早进入禁忌表的邻域变换动作，转 Step3。

TS 算法的核心在于邻域变换动作和候选解选取方式的设计，针对 MTVRP – TW – RD 问题，本章基于 TS 的局部优化方法部分利用交换、翻转和插入三种变异算子来构造当前解的邻域，并采用随机选取的方式构造候选解集。三种变异算子的具体操作步骤归纳如下：

● 交换：针对当前个体 x^{old}，随机选择该个体编码的两个位置 p_1 和 p_2，交换位置 p_1 和 p_2 上的编码数值，进而生产新的个体 x^{new}。

● 插入：针对当前个体 x^{old}，随机选择该个体编码的两个位置 p_1 和 p_2，将位置 p_2 上的编码数值插到位置 p_1 之前，进而生产新的个体 x^{new}。

● 翻转：针对当前个体 x^{old}，随机选择该个体编码的两个位置 p_1 和 p_2，翻转位置 $p_1 \sim p_2$ 上的编码数值，进而生产新的个体 x^{new}。

为了更清晰地说明上述三种算子的变异过程，基于编码与解码部分所给算例的参数，图 4 – 6 给出了各个算子的变异前后的示意图。此外，给定客户数目 N 和配送车辆数目 M，相应的编码长度为 $2 \cdot N + M - 2$，据此可知三种变异算子对应的变异解个数均达到 $C_{2 \cdot N+M-2}^2 = \frac{(2 \cdot N + M - 2) \cdot (2 \cdot N + M - 3)}{2}$，为了兼顾计算效率与求解精度。本章构建的基于 TS 局部优化方法采用随机选取 γ 个变异解的方式选取候选解集。

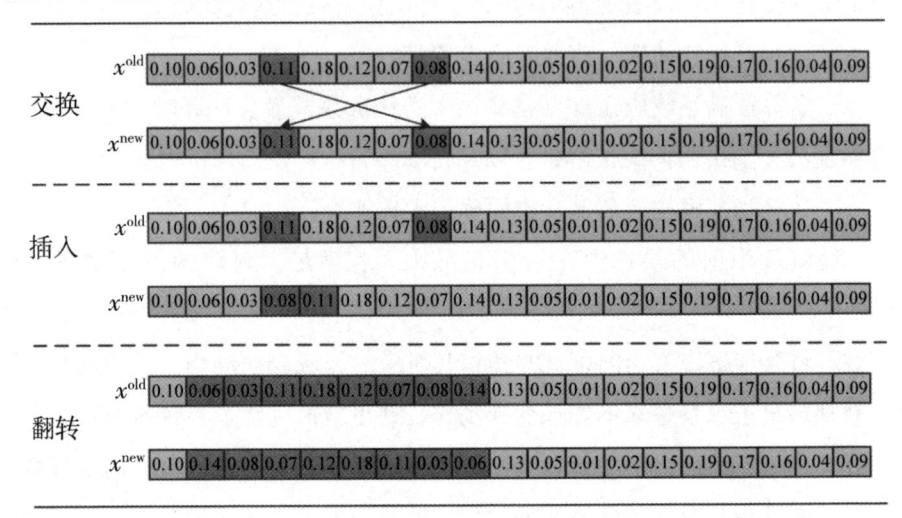

图 4-6 变异算子示意图

4.3.5 HTLBO 算法流程及复杂度分析

依据以上分析，本章在此给出求解 MTVRP – TW – MC 问题的 HTLBO 算法流程，归纳如下：

Step1. 初始化 HTLBO 算法的各个参数，包括算法最大迭代次数、种群规模、TS 局部优化控制参数。

Step2. 采用随机初始化方法构建初始种群，结合 MTVRP – TW – MC 问题的编码与解码方法计算相应的适应度值。

Step3. 选取当前种群的教师个体 $x^{teacher}$，并计算当前种群的平均个体 x^m；针对当前种群中的任一个体，依据"教学阶段"个体更新公式进行种群更新。

Step4. 针对当前种群中的任一个体 x^{old}，随机产生两个个体 x^{r1} 和 x^{r2}，并依据"学习阶段"个体更新公式进行种群更新。

Step5. 针对每个个体，基于 TS 局部优化方法进一步提升当前解的表现性能。

Step6. 若算法满足终止条件，则输出当前最优解并终止搜索过程；否则，转

Step3；

相比于标准 TLBO 算法，本书采用禁忌搜索算法进行局部搜索，禁忌搜索每次生成的新个体数目为 γ，假设种群规模为 P，最大迭代次数为 k，则 HTLBO 每次迭代耗费的时间复杂度为 $O(k \times \gamma \times P)$，这一时间复杂度为多项式时间复杂度，因而是可以接受的。

在该问题求解过程中，如果和其他算法进行时间复杂度对比，入侵杂草算法的时间复杂度为 $O(N \times D)$[137]，其中 N 为初始化的杂草个数，且每个个体维数是 D，在求解该问题时，它的算法时间复杂度和粒子群算法基本保持一致。这和本章介绍的 HTLBO 算法基本保持相同规模。而从第 3 章内容得知，人工蜂群算法的时间复杂度则略高于以上几种算法，但是远低于标准的遗传算法。

在空间复杂度方面，采用 Matlab 指令实测仿真程序占用内存的方法，对这四种算法的空间复杂度进行了测试。混合教与学算法运行时占用内存空间为 17M；人工蜂群算法运行时占用内存空间为 16M；粒子群算法运行时占用内存空间为 15M；入侵杂草算法运行时占用内存空间为 14M。从相关数据可以看出，各个算法空间复杂度相差不大，对算法的优劣没有明显影响。

4.4 仿 真 测 试

4.4.1 MTVRP – TW – MC 算例参数设置

由于 MTVRP – TW – MC 问题缺少标准的测试数据集，因此本章采用 Matlab 测试平台随机生成 MTVRP – TW – MC 测试算例。配送中心位置为（30，25），调度作业期为 [0，8]，单位为小时。借助 3 辆车对 20 个客户的进行配送作业，配送车辆行驶速度为 70km/h。客户的货物需求共计三大类别，各类货物对应的汽车装载量 Q_b 取值为：$Q_1 = 8$ t、$Q_2 = 9$ t、$Q_3 = 10$ t；各类货物对应的最大单个行程配送时间 ST_b 为：$ST_1 = 2$h 时、$ST_2 = 2$h、$ST_3 = 3$h；各类货物对应的单位时间的配送成本为：$C_1 = 60$ 元/h、$C_1 = 80$ 元/h、$C_1 = 80$ 元/h。此外，每辆车每天的固定行驶成本定义为 $\lambda = 500$ 元/天。

表 4-1 给出了客户的相关参数，包括位置坐标、需求 D_i、服务时间 S_i、时间窗参数（E_i 和 L_i）以及货物类别 b_i。

表 4-1 客户参数

编号	位置坐标 /h	需求 D_i /t	服务时间 S_i /min	时间窗 E_i /h	时间窗 L_i /h	货物类别 b_i
1	(43, 17)	2	9	1.48	4.37	3
2	(34, 41)	1	8	0.90	5.83	2
3	(32, 49)	1	8	1.24	4.53	2
4	(17, 7)	2	8	1.49	5.72	2
5	(33, 37)	3	5	1.41	4.25	2
6	(25, 46)	2	7	1.12	4.78	2
7	(31, 40)	1	9	1.09	4.64	1
8	(48, 39)	4	6	1.03	4.65	2
9	(21, 19)	1	7	0.51	4.50	2
10	(7, 41)	3	6	0.89	4.48	2
11	(5, 26)	3	8	0.64	5.93	2
12	(47, 22)	2	9	0.88	5.32	3
13	(4, 45)	2	8	1.32	4.36	2
14	(34, 15)	4	9	0.70	4.85	3
15	(43, 9)	3	7	0.55	4.52	2
16	(22, 26)	1	5	1.02	4.02	3
17	(15, 31)	3	7	0.87	4.08	2
18	(18, 43)	3	6	1.17	5.74	2
19	(12, 9)	2	6	0.78	4.67	3
20	(9, 31)	4	7	1.42	5.56	2

4.4.2 HTLBO 算法求解 MTVRP-TW-MC 参数校验

针对上述 MTVRP-TW-MC 测试算例，采用本章构建的 HTLBO 算法进行问题求解。HTLBO 的主要参数包括种群规模 P、迭代次数 G 和 TS 局部优化控制参数 γ，为了使得算法获得最佳的搜索性能，采用正交实验进行参数校验。如表 4-2 所示，每个参数设定 4 个水平，并根据正交表 $L_{16}(4^3)$ 设计仿真实验。针对表 4-3 中的每组参数组合，HTLBO 均独立运行 20 次，选取算法所得的均值 $\bar{F}$ 作为响应变量，测试结果表极差分析见表 4-4。

表 4-2 正交试验参数设置

水平	因素		
	P	G	γ
1	30	400	8
2	40	500	10
3	50	600	12
4	60	700	14

表 4-3 正交试验测试结果

水平	因素			$\bar{F}$
	P	G	γ	
1	1	1	1	37535
2	1	2	2	36 335
3	1	3	3	37 967
4	1	4	4	38 437
5	2	1	2	36 840
6	2	2	1	38 908
7	2	3	4	39 512
8	2	4	3	38 980
9	3	1	3	38 024
10	3	2	4	37 148
11	3	3	1	37 105
12	3	4	2	37 452
13	4	1	4	39 705
14	4	2	3	37 085
15	4	3	2	37 692
16	4	4	1	36 213

表4-4　正交试验极差分析

水平	因素		
	P	G	γ
1	37 568.5	38 026.0	37 440.3
2	38 560.0	37 369.0	37 079.8
3	37 432.3	38 069.0	38 014.0
4	37 673.8	37 770.5	38 700.5
极差	1127.8	700.0	1 620.8
等级	2	3	1
最佳水平	3	2	2

由正交实验测试结果可知，TS局部优化控制参数 γ 对HTLBO算法的影响最大；其次，种群规模 P 也对HTLBO算法的寻优性能具有重要影响。P 取值较大往往会破坏当前群体的优良模式，而 P 取值较小则会在一定程度上弱化HTLBO算法的群体进化能力。相对而言，迭代次数 G 对算法寻优性能的影响最小，但也需要进行合理地设置。综上所述，HTLBO算法参数设置如下：主要参数包括种群规模 P 为50，迭代次数 G 为500，TS局部优化控制参数 γ 为10。

4.4.3 MTVRP-TW-MC算例测试结果分析

首先，依据HTLBO算法参数校验结果，利用本章构建的HTLBO算法对MTVRP-TW-MC问题进行求解，图4-7给出了HTLBO算法优化结果的配送行程安排。表4-5对各配送车辆的行程安排进行详细说明，包含：各行程线路、各行程线路总长、各行程装载量和各车总配送时间。由优化结果可知：一共采用三辆车共进行8个行程的配送作业，总配送费用为35 166元。

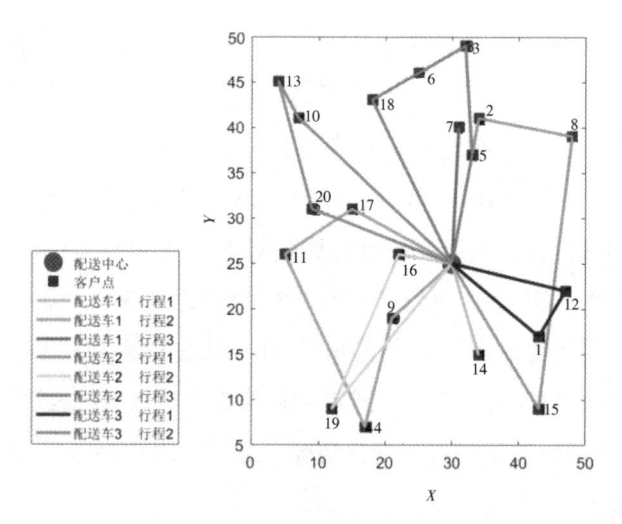

图 4-7 HTLBO 算法的配送线路图

表 4-5 基于 HTLBO 算法的行程安排情况

车辆编号	各行程线路	各行程线路总长/km	各行程装载量/t	各车总配送时间/h
配送车 1	行程 1：0-14-0	21.54	4	3.13
	行程 2：0-17-11-4-9-0	73.27	9	
	行程 3：0-7-0	30.07	1	
配送车 2	行程 1：0-15-8-2-0	81.66	8	3.99
	行程 2：0-19-16-0	51.87	3	
	行程 3：0-5-3-6-18-0	61.28	9	
配送车 3	行程 1：0-12-1-0	38.93	4	3.19
	行程 2：0-20-13-10-0	69.72	9	

其次，分别将标准粒子群算法（PSO）、人工蜂群算法（ABC）和入侵杂草优化算法（TLBO）应用于 MTVRP-TW-MC 问题的求解。考虑到对比的公平性，三种对比算法的种群规模和迭代次数设置为与本章构建的 HTLBO 算法相同，分别取值 50 和 500，剩余参数采用与上述 HTLBO 算法相同的正交实验进行参数校验，三种对比算法的剩余控制参数取值如下：

●PSO 算法参数：最大飞行速度为 0.1，权重为 1，惯性权重阻尼比为 0.95，个人学习参数为 1.5，全局学习参数为 2；

第4章 考虑货物兼容性的带时间窗的多行程车辆路径问题

●ABC算法参数：侦查蜂步数为20，加速度系数上限为1，惯性权重阻尼比为0.90；

●IWO参数设置为：初始种群数目为10，最大种群数目为50，最小种子数目为2，最大种子数目为10，初始标准差为0.5，最终标准差为0.05。

依据以上参数设置，采用三种对比算法对本书构建的 MTVRP-TW-MC 问题进行求解。其中，图4-8给出了PSO算法的配送线路图，表4-6给出了基于PSO算法的行程安排情况；图4-9给出了ABC算法的配送线路图，表4-7给出了基于ABC算法的行程安排情况；图4-10给出了IWO算法的配送线路图，表4-8给出了基于IWO算法的行程安排情况。最后，表4-9对四种算法的优化结果进行的对比分析。

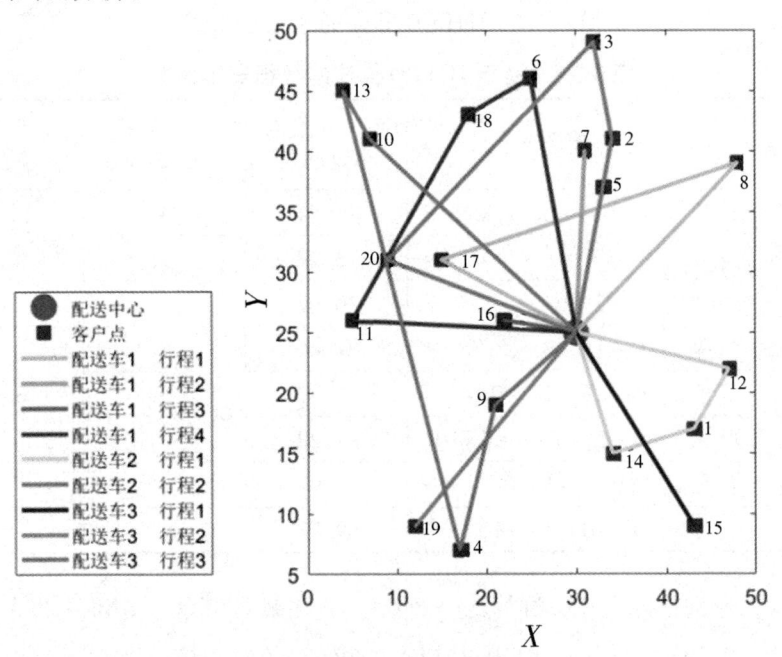

图4-8　PSO算法的配送线路图

表 4-6　基于 PSO 算法的行程安排情况

车辆编号	各行程线路	各行程线路总长/km	各行程装载量/t	各车总配送时间/h
配送车 1	行程 1：0-8-17-0	72.91	7	4.27
	行程 2：0-7-0	30.07	1	
	行程 3：0-16-0	16.12	1	
	行程 4：0-11-18-6-0	75.62	8	
配送车 2	行程 1：0-12-1-14-0	43.66	8	3.61
	行程 2：0-20-3-2-5-0	75.79	9	
配送车 3	行程 1：0-15-0	41.23	3	3.61
	行程 2：0-19-0	48.17	2	
	行程 3：0-9-4-13-10-0	96.65	8	

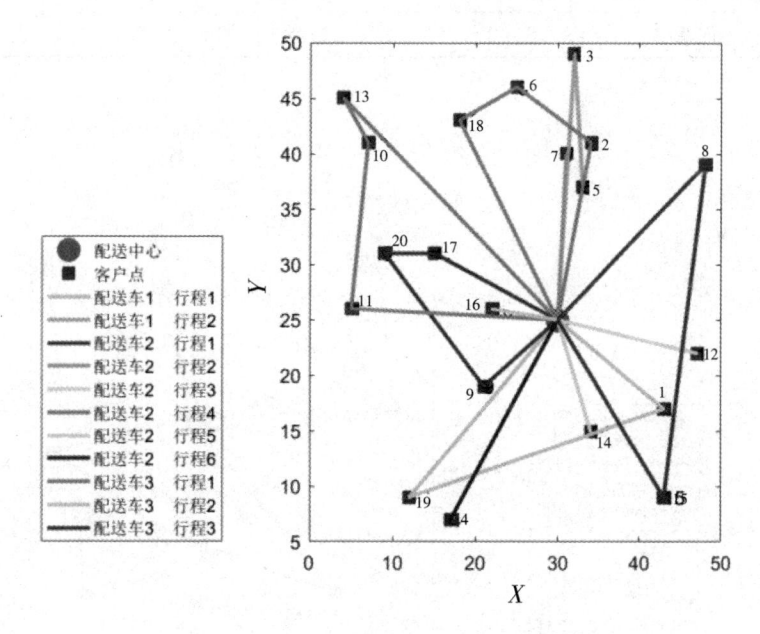

图 4-9　ABC 算法的配送线路图

表4-7 基于ABC算法的行程安排情况

车辆编号	各行程线路	各行程线路总长/km	各行程装载量/t	各车总配送时间/h
配送车1	行程1：0-1-19-0	71.36	4	3.44
	行程2：0-5-3-0	48.49	4	
配送车2	行程1：0-9-20-17-0	49.94	8	5.55
	行程2：0-7-0	30.07	1	
	行程3：0-12-0	34.53	2	
	行程4：0-18-6-2-0	56.04	6	
	行程5：0-14-0	21.54	4	
	行程6：0-4-0	44.41	2	
配送车3	行程1：0-11-10-13-0	77.96	8	3.51
	行程2：0-16-0	16.12	1	
	行程3：0-15-8-0	73.83	7	

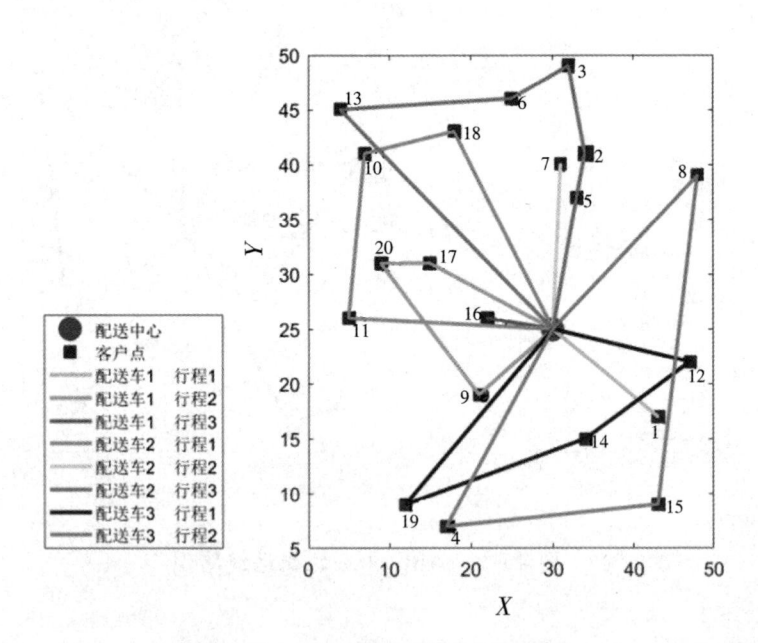

图4-10 IWO算法的配送线路图

表4-8 基于IWO算法的行程安排情况

车辆编号	各行程线路	各行程线路总长/（千米）	各行程装载量/（吨）	各车总配送时间/（小时）
配送车1	行程1：0-1-0	30.53	2	3.22
	行程2：0-9-20-17-0	49.94	8	
	行程3：0-16-0	16.12	1	
配送车2	行程1：0-11-10-18-0	72.97	9	4.05
	行程2：0-7-0	30.07	1	
	行程3：0-13-6-3-2-5-0	86.18	9	
配送车3	行程1：0-19-14-12-0	78.91	8	3.77
	行程2：0-8-15-4-0	101.50	9	

表4-9 测试结果对比

算法	总行程数目	总配送时间/h	目标函数值/元
HTLBO	8	10.31	35 166
PSO	9	11.50	40 916
ABC	11	12.50	42 842
IWO	8	11.04	38 196

由测试结果可知，在四种算法中，HTLBO表现值最好，总行程数目最少（取值为8），耗费的总配送时间最小（取值为10.31h），目标函数值最小，为35166元。其次，PSO算法和IWO算法表现次之，PSO算法的优化结果归纳如下：总行程数目为9，耗费的总配送时间为11.50h，目标函数值为40 916元；IWO算法的优化结果归纳如下：总行程数目为8，耗费的总配送时间为11.04小时，目标函数值为38 196元。ABC算法表现较差，总行程数目为11，耗费的总配送时间为12.50h，目标函数值为42 842元。同时，从图4-11可以看出，TLBO算法具有较快的收敛特性和较低的适应度值。据此可知，本章构建的HTLBO在求解MTVRP-TW-MC问题方面可以获得最少的行程数、最短的配送时间和最低的运输成本。

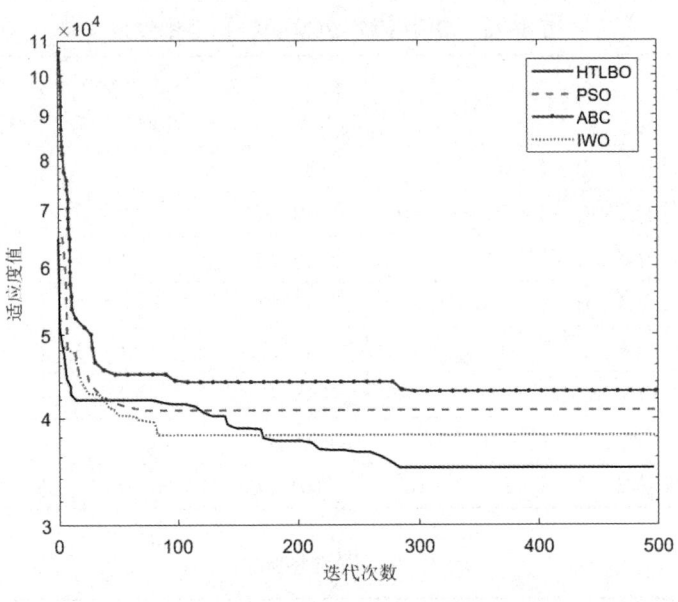

图 4-11　四种算法的收敛曲线图

4.5 本 章 小 结

本章以多行程车辆路径问题为基本模型,综合考虑货物的兼容性约束和客户需求末端的时效要求,构建了考虑货物兼容性的带时间窗的多行程车辆路径调度模型。

在算法部分,提出 HTLBO 优化算法来进行求解。该算法通过借助随机键编码机制,克服了标准 TLBO 算法无法适用于离散问题的缺点;同时,构造了基于禁忌搜索算法的局部优化方法,进一步强化标准 TLBO 算法的寻优能力。

在仿真实验部分,基于 Matlab 测试平台,生成了本书的 MTVRP-TW-MC 算例的参数。随后,借助正交实验,进行了 HTLBO 求解 MTVRP-TW-MC 问题的参数校验。最后,将本章构建的 HTLBO 算法运用于 MTVRP-TW-MC 问题的求解,并将测试结果与标准 PSO 算法、ABC 算法和 IWO 算法的测试结果进行对比分析以验证。实验表明,本章构建的 HTLBO 算法能够快速、有效地获得考虑货物兼容性的带时间窗的多行程车辆路径问题的满意解,获得最少的行程数、最短的配送时间和最低的运输成本。

第5章　集成配送中心选址的多行程车辆路径问题

本章提出了集成配送中心选址的多行程车辆路径问题（joint distribution center location and multi-trip vehicle routing problem，JDCL-MTVRP），并给出了求解该问题的新型混合蛙跳算法（novel shuffled frog leaping algorithm，NSFLA）。在算法设计方面，设计了 JDCL-MTVRP 问题的编码与解码方法，使得标准蛙跳算法能够适用于该问题的求解；进一步借鉴入侵杂草优化算法（invasive weed optimization，IWO）的邻域搜索模型，对各个青蛙子群体中的最优解进行局部搜索，强化了算法的进化能力，以此构建了求解 JDCL-MTVRP 问题的新型蛙跳算法。最后通过仿真实验验证了本章构建的 NSFLA 算法可以最低的目标函数成本和最少的配送中心数量获得最优的结果，相比其他三种算法实用性更强，寻优效率更高。

5.1 引　言

能源价格的提高对交通行业和公共交通系统产生了巨大的影响。对于大部分物流配送中心而言，降低成本成为在这个恶劣环境下生存的亟等解决的问题。本研究的目的之一是开发一个有效的路线调度方法来降低运输成本。此外，配送中心的位置选择也是一个体现决策管理水平的关键和长期的因素。一个合理的选址决策可以减少客户需求点和仓库的距离，并通过提供一组带固定载货量和固定目的地的需求点做出合理的位置选择。这是本书研究的第二个目的。一个多行程车辆路线规划策略可以充分利用在给定期限内的所有工作时间，降低车辆的固定成本，这是一个有效减少启动车辆总数的方法。基于以上研究目的，本书提供了一个集成的方法来同时解决多行程车辆路径问题（multi‐trip vehicle routing problem, MTVRP）和配送中心的选址定位问题（distribution center location problem, DCLP）。图 5-1 所示的是一个典型的关于配送中心选址定位和多行程车辆路径问题的示意图。

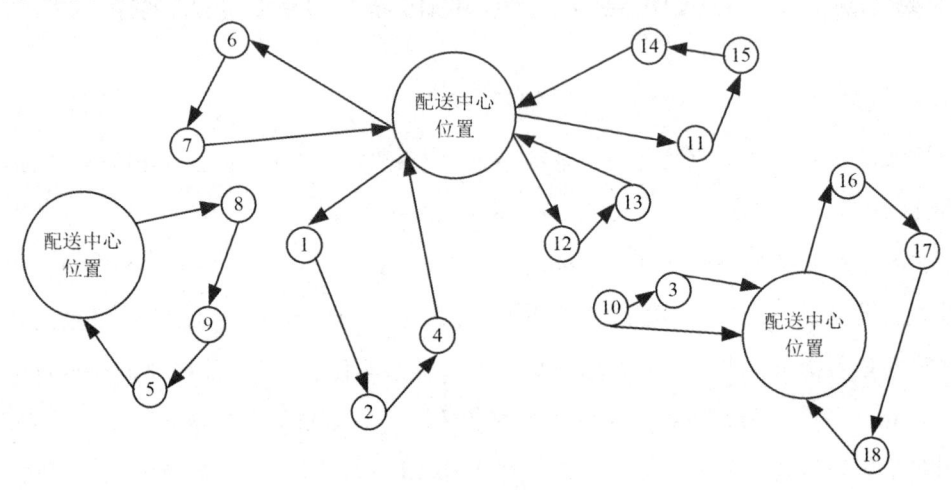

图 5-1　配送中心选址和多行程 VRP 问题示意图

在图 5-1 中，共有三个配送中心的位置供选址，若干客户群分布在这三个配送中心位置附近。每个配送中心的车辆都会在固定的服务时间内分别完成各自的运作流程，装载—运送—卸载，并按照行程规划行驶各自的路线，如此循环往复，直至服务时间结束。由于配送中心设施构建和配送车辆都需要较大成本，如何利用较少的配送中心和车辆数在规定时间内行驶较短路径完成一定要求的货物配送额，就成为这个问题的研究焦点。

车辆路径问题是从有装载能力限制的车辆旅行商问题（travelling salesman problem, TSP）扩展来的。由于 VRP 问题的复杂性，当问题规模增加时它就演变成为一个 NP‐hard 问题。Bodin 和 Golden[138]提出了解决问题的 7 个策略，分别是：(1) 集群第一，路线第二；(2) 路线第一，集群第二；(3) 节约或插入；(4) 改进或交换；(5) 具体程序；(6) 交互式优化；(7) 数学规划。

多行程 VRP 的概念是 Fleischmann 在 1990 年首次提出来的[86]。Olivera 和 Viera[139]发现单行程 VRP 不适合于较低的车辆容量或较长的送货服务时间。针对多行程车辆路径问题，Taillard 等[140]，Brandao 和 Mercer[141]，Salhi 和 Petch[142]，

Lin 和 Kwok[143]分别提出了几个启发式算法，包括禁忌搜索、分支定价、遗传算法和模拟退火等。在国内，对多行程 VRP 的研究成果较少，杨娟[144]，梁文博[144]，张媛媛[94]，许争争[95]等都提出了各自的求解算法。

对于车辆路径问题的配送中心的选址，Tuzun 和 Bruke[145]提出了目标函数中的设施启动成本、车辆启动成本和路线成本的概念，解决方法包括：（1）随机地启动车辆；（2）采用节约方法来生成初始路线；（3）使用插入和交换的方法来改进路线。Barreto 等人[146]提出了决定每个设施和服务区域位置的方法步骤。罗耀波等人[147]提出了一种结合模拟退火算法的混合遗传算法，从全局优化的角度同时解决了多约束选址－路径问题，实现了模拟退火算法良好的局部搜索能力和遗传算法的全局搜索能力的有效结合。王海军[148]针对突发事件背景下的应急物流选址－路径问题，采用遗传算法对建立的时间和成本最小化的双目标随机规划模型进行求解。宋颂颂[149]建立了系统总成本和碳排放总量最小的双目标模型，采用标准蛙跳算法对选址－路径问题进行求解。石兆[150]采用设计的遗传算法对选址－多车型运输路径优化问题进行求解。汤雅连[151]结合遗传算法全局搜索的优点，采用混沌蚁群搜索算法对选址－路径问题进行求解。熊瑞琦[152]设计一种三段式编码的多目标遗传算法，针对多配送中心的危险货物配送路径优化进行求解。赵韦[153]运用粒子群算法进行了求解多配送中心选址问题，建立了混合整数非线性规划模型。李艳冰[154]设计了改进的蚁群算法，在蚂蚁的选择规则里加入了代价引导函数来求解多配送中心选址问题。宋强[155]采用模拟退火方法同时解决了配送中心选址和多行程车辆路径问题，并指出了配送中心选址、配送方式、配送车辆数量、载重量和服务时间之间的关系。

在以上文献提供的实例中，从单行程和多行程两种策略、装载能力和服务时间三个方面进行比较，可以获得明确的结果：（1）采用单行程还是多行程来进行配送，取决于每辆车的启动成本和单位距离的运输成本；（2）具有较高装载能力的车辆可以减少运输距离；（3）增加服务时间可以减少车辆的使用数量。这三个结论对于集成多行程车辆路径问题和配送中心选址定位问题的管理决策都具有一定的实用价值。

在求解车辆路径问题的方法中，针对这种集成配送中心选址的多行程车辆路径问题，由于计算规模较大，同时兼顾启发式搜索和社会群体行为的特征，本书采用了新型的混合蛙跳算法来寻找满意解。混合蛙跳算法主要用于求解多目标优化问题，例如车间作业流程安排、水资源分配、船舶维修等工程实际应用问题。

为了有效利用青蛙子群体中的优秀个体，借鉴了入侵杂草优化算法的邻域搜索模型，这样既能够避免陷入局部最优，还克服了收敛速度慢的特点，兼顾了全局搜索和局部搜索，并能根据迭代次数的不同对两者强度进行调节。

在本书的研究中，路线调度的改进方法采用了新型蛙跳算法的逻辑，由于配送中心属于非紧急和非排斥设施的选址，因此该选址方式接近于 P – 中位问题（也称为 P – 中值问题）[156]，目标函数中将采用最小距离作为评价标准，该新型混合蛙跳方法将选址和路径作为一个整体，同时解决了配送中心选址问题和多行程车辆路径问题。

本章研究的对象是配送中心选址与多行程车辆路径调度的优化问题，包含两个方面的子问题：（1）配送中心的选址；（2）多行程车辆路径优化。由于配送中心的设施选址和客户位置、配送路线、配给调度之间都存在一定的相互依赖关系。现代集成化的物流配送体系必须同时考虑这两个问题，如果在配送中心选址时忽略路径规划，会导致局部最优；反过来，如果单纯强调路径规划而不考虑配送中心的位置，也显著增加配送成本。因此如何有效解决物流企业在配送环节的细节问题，以最低的服务成本来达到客户的最佳满意度，具有重要的现实意义。

5.2 问题模型

本章研究的决策目标是如何从潜在的地理位置确定最佳的配送中心仓库的位置，并对从仓库到客户的车辆行驶路线进行优化，在满足车载能力和配送中心容量的前提下，减少整个物流配送系统的运营和配送成本，使得整个物流网络的总成本最低，达到系统优化的目的。

该问题和数学模型都是基于以下假设：

（1）多个候选配送中心负责向客户（需求点）交付货物，不考虑装卸货时间。

（2）在一个服务时期给出的固定时间段内每辆车都可以进行多行程运送货物。

（3）整个物流系统的车辆数目为定值，且规定各个配送车的所有行程均只能够选取一个候选配送中心作为出发点和终止点。

（4）对于每一条路线，车辆从某一候选配送中心出发并返回该候选配送中心。

（5）不考虑候选配送中心的容量约束。

（6）只考虑一种类型的车辆，给出的装载量是固定的。每辆车的启动成本都是已知和固定的，不接受超载的车辆。

（7）车辆的速度是已知和固定的，因而整个物流运输网络中任意两点之间的运输时间为已知量。

（8）各个配送车辆单位时间的运输成本为固定值，且已知。

（9）在每一个周期（天）内，每个需求点应该只由一辆车服务一次。

根据上节中提出的假设，开发了一个数学模型，它主要研究基于动态需求的带多行程运作策略的带配送中心选址定位的车辆路径问题。在这个模型中，客户位置节点和客户需求量都是不确定因素，其他参数和变量定义如下：

N：需求点（客户）总数；

i,j：需求点的下标，$i,j = 1,2,3,\cdots,N$；

W：候选配送中心；

u,v：候选配送中心，$u,v = 1,2,\cdots,W$；

SC：单个配送中心的建设成本；

k：车辆的下标，$k = 1,2,3,\cdots,K$，K是启动车辆的总数；

r：行程的下标，$r = 1,2,3,\cdots,R_k$，R_k表示车辆k行程总数量；

q_j：一个周期内给需求点j的送货数量；

Q：车辆的最大装载量；

VC：给定每个周期的车辆启动成本；

TC：单位时间的车辆运输成本；

t_{ij}：从需求点 i 到需求点 j 的行驶时间；

t_{ui}：从候选配送中心 u 到需求点 i 的行驶时间；

T：单个配送车的最大服务时间；

M：一个任意的大正整数。

决策变量定义如下：

X_{ijk}^r：如果在行程 r 中车辆 k 为需求点 i 到需求点 j 提供送货服务，那么 $X_{ijk}^r = 1$，否则，$X_{ijk}^r = 0$。

V_{kui}^r：如果车辆 k 从配送中心 u 出发到达需求点 i，那么 $V_{kui}^r = 1$，否则，$V_{kui}^r = 0$。

U_{kvj}^r：如果车辆 k 从需求点 j 返回配送中心 v，那么 $U_{kui}^r = 1$，否则，$U_{kui}^r = 0$。

Y_u：如果候选配送中心 u 被选中，则 $Y_u = 1$；否则，$Y_u = 0$。

模型采用下面的目标函数和限制条件，目标是最小化下列数值。

$$Z = SC \cdot \sum_{u=1}^{W} Y_u + VC \cdot \sum_{k=1}^{K}\sum_{u=1}^{W}\sum_{i=1}^{N}\sum_{r=1}^{1} V_{kui}^r$$

$$+ TC \cdot \sum_{k=1}^{K}\sum_{r=1}^{R_k}(\sum_{u=1}^{W}\sum_{i=1}^{N} t_{ui} \cdot V_{kui}^r + \sum_{i=1}^{N}\sum_{j=1}^{N} t_{ij} \cdot X_{ijk}^r + \sum_{v=1}^{W}\sum_{j=1}^{N} U_{kvj}^r) \quad (5-1)$$

限制条件：

$$\sum_{i=1}^{N}\sum_{k=1}^{K}\sum_{r=1}^{R_k} X_{ijk}^r = 1, j = 1,2,\cdots,N, i \neq j \quad (5-2)$$

$$\sum_{j=1}^{N}\sum_{k=1}^{K}\sum_{r=1}^{R_k} X_{ijk}^r = 1, i = 0,1,\cdots,N, i \neq j \quad (5-3)$$

$$\sum_{u=1}^{W}\sum_{i=1}^{N} V_{kui}^r = \sum_{v=1}^{W}\sum_{j=1}^{N} V_{kvj}^r, r = 1,2,\cdots,R_k, k = 1,2,\cdots,K \quad (5-4)$$

$$\sum_{i=1}^{N} X_{ihk}^r - \sum_{j=1}^{N} X_{hjk}^r = 0, h = 1,2,\cdots,N,$$
$$r = 1,2,\cdots,R_k, k = 1,2,\cdots,K, i \neq j \neq h \quad (5-5)$$

$$\sum_{u=1}^{W}\left(\sum_{i=1}^{N}V_{kui}^{r}-\sum_{j=1}^{N}V_{kuj}^{r}\right)=0, r=1,2,\cdots,R_{k}, k=1,2,\cdots,K \quad (5-6)$$

$$\sum_{u=1}^{W}\sum_{i=1}^{N}(V_{kui}^{1}-V_{kui}^{r})=0, r=2,\cdots,R_{k}, k=1,2,\cdots,K \quad (5-7)$$

$$\sum_{i=1}^{N}\sum_{j=1}^{N}q_{j}\cdot X_{ijk}^{r}\leqslant Q, r=1,2,\cdots,R_{k}, k=1,2,\cdots,K, i\neq j \quad (5-8)$$

$$\sum_{i=1}^{N}\sum_{j=1}^{N}\sum_{r=1}^{R_{k}}X_{ijk}^{r}\leqslant M\cdot\sum_{i=1}^{N}\sum_{r=1}^{R_{k}}\sum_{u=1}^{W}V_{kui}^{r}, k=1,2,\cdots,K, i\neq j \quad (5-9)$$

$$\sum_{i=1}^{N}\sum_{j=1}^{N}\sum_{r=1}^{R_{k}}t_{ij}\cdot X_{ijk}^{r}\leqslant T, k=1,2,\cdots,K, i\neq j \quad (5-10)$$

$$X_{ijk}^{r}\in\{0,1\}\quad i,j=1,2,\cdots,N\quad k=1,2,\cdots,K, i\neq j$$

$$V_{kui}^{r}\in\{0,1\}, u=1,2,\cdots,W, r=1,2,\cdots,R_{k}, i=1,2,\cdots,N$$

$$U_{kvj}^{r}\in\{0,1\}, v=1,2,\cdots,W, r=1,2,\cdots,R_{k}, j=1,2,\cdots,N$$

$$Y_{u}\in\{0,1\}, u=1,2,\cdots,W \quad (5-11)$$

其中，式（5-1）为目标函数，表示最小化总的物流系统成本费用，具体包括配送中心建设成本、车辆启动成本和运输成本三项。式（5-2）和式（5-3）保证只有一辆车服务每个需求点。任何行程中对于任意一台启动的车辆，在配送中心进出的行驶次数应该是相同的，如式（5-4）所示。在式（5-5）中，车辆的流入数量和流出数量在任何需求点都应保持相同。式（6）表示每辆车从配送中心出发和返回配送中心的各个行程数量相同。式（5-7）则表示每辆配送车所有行程均从同一配送中心出发。式（5-8）确保在任意路线任何车辆都没有超载。式（5-9）表示只有启动的车辆才可以运送货物。式（5-10）表示在一个周期内任何车辆的总的运作时间应小于最大服务时间，在此不考虑装卸货时间。式（5-11）定义了决策变量的取值范围。

5.3 新型混合蛙跳算法

5.3.1 标准蛙跳算法

标准蛙跳算法（shuffeld froy-leaping algorithm，SFLA）是 Eusuff 和 Lansey 最先于 2003 年为解决组合优化问题提出的一种方法[157]。作为一种新型的仿生学群体智能优化算法，SFLA 结合了以遗传为基础的文化基因演算法（memetic algorithm，MA）和以社会群体行为为基础的粒子群算法（particle swarm optimization，PSO）的优点。该算法的特点是易于实现，调整的参数少，计算速度快，全局搜索寻优能力强。

SFLA 算法受启发于青蛙群体在栖息地中寻找食物的过程，通过模拟青蛙种群间的信息交流更新候选解。假设某片池塘中存在一群青蛙，同时池塘中分布着许多大小不同的石头，青蛙通过在各石头间的跳跃寻找到食物充足的目的地，其中食物最充足的地方被定义为最优食物源。如图 5-2 所示，所有青蛙组成一个族群，每只青蛙自身均携带一定信息（信息指各青蛙当前所在位置），每只青蛙均能够判断自身距最优食物源的远近，且能通过跳跃改善自身与最优食物源的间距。为获得更优的食物源，不同青蛙个体间进行信息交流，分享自身的位置，并吸收借鉴优秀青蛙个体的长度，通过改变自身在石头间的跳跃方式提升自身对食物的寻找能力，力求到达最优食物源。青蛙间的信息交流过程描述如下：为寻找最优食物源，整个种群按离最优食物源的距离进行排序，随后依据一定规则划分为多个子种群；在每个子种群内部，青蛙个体通过局部搜索机制进行种群内的位置信息交流，从而寻找最优食物源。局部搜索阶段着力改善各子种群中表现最劣的青蛙个体，该阶段的信息交流机制包括以下三部分：（1）子种群中表现最劣的青蛙和当前子种群中最优的青蛙个体进行信息交流，通过借鉴较好青蛙的经验来改善自身与最优食物源的距离；（2）若借鉴之后该青蛙个体的性能未获得改善，则向整个青蛙族群中的最优个体进行学习，借鉴其位置信息以期改善自身与最优食物源的距离；（3）若上述两次借鉴行为均未能改善该青蛙个体的表现性能，则该青蛙采用随机的方式跳向其他的石头以改变自身位置。

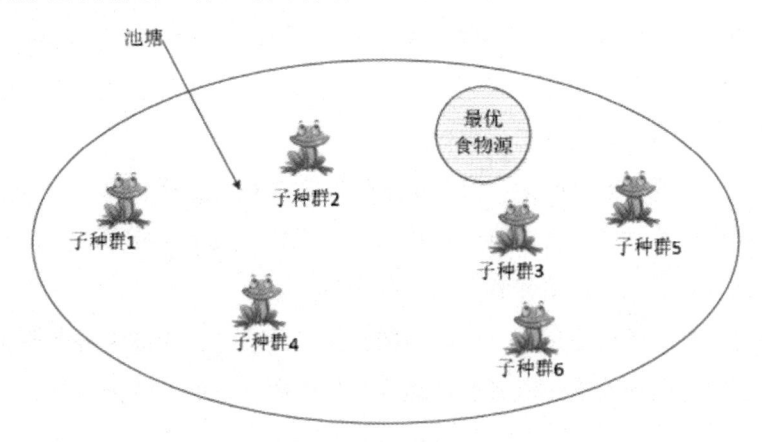

图 5-2 SFLA 算法示意图

基于以上描述，SFLA 算法的工作过程描述如下：

Step1. 已知待求解的问题的维度为 D，首先随机生成由 S 只青蛙个体组成的群体，记作 $P = \{X_1, \cdots, X_S\}$，其中第 i 只青蛙的位置 $X_i = (x_{i1}, x_{i2}, \cdots, x_{iD})$。

Step2. 计算各只青蛙个体的适应度值 $f(X_i)$，并根据适应度值升序对所有青蛙个体进行排列。

Step3. 将上述 S 只青蛙分配到 m 个子群体中，每个子群体有 n 只青蛙个体，即满足 $S = m \cdot n$。青蛙子群体所包含点青蛙个体为

$$H_k = \{X_{k+m(l-1)} \in P \mid l = 1, 2, \cdots, n\} \tag{5-12}$$

其中，H_k 表示第 k 个子群体，$k = 1, 2, \cdots, m$。

Step4. 对于每个子群体 H_k，按式（5-13）更新当前子种群中的适应度值最差的青蛙个体。

$$X_{k,w}(t+1) = X_{k,w}(t) + r \cdot (X_{k,c}(t) - X_{k,w}(t)) \tag{5-13}$$

其中，t 表述当前迭代次数，$X_{k,c}(t)$ 和 $X_{k,w}(t)$ 分别表示当前迭代过程中第 k 个子群体 H_k 中的最好的青蛙个体和最差的青蛙个体，参数 r 为区间 $[0,1]$ 上均匀分布的随机数。若式（5-13）更新所得的青蛙个体 $X_{k,w}(t+1)$ 优于 $X_{k,w}(t)$，则用 $X_{k,w}(t+1)$ 取代 $X_{k,w}(t)$；否则，进行第二次子群体 H_k 中最差的青蛙个体 $H_{k,w}(t)$ 的更新，更新公式为

$$X_{k,w}(t+1) = X_{k,w}(t) + r \cdot (X_b - X_{k,w}(t)) \tag{5-14}$$

其中，X_b 表示整个青蛙种群迭代到当前所得的最优解青蛙个体。若公式（5-14）更新所得的青蛙个体 $X_{k,w}(t+1)$ 优于 $X_{k,w}(t)$，则用 $X_{k,w}(t+1)$ 取代 $X_{k,w}(t)$；否则，随机生成一个新的解取代 $X_{k,w}(t)$。在子群体 H_k 中重复上述最差青蛙个体的更新过程，直到达到设定的迭代次数为止。

Step5. 当所有青蛙子群体完成指定迭代搜索之后，将重新混合所有青蛙并排序，并更新全局最优解。若此时满足算法终止条件，则 SFLA 算法运行并输出所得到的最优解，否则，重复步骤 Step3~Step5。

在这里该算法的终止条件一般设为两种控制策略，全局最优解在多次迭代更新后，没有取得明显改进；或者已经达到迭代次数，就可以终止执行。

5.3.2 编码与解码

SFLA 算法最初为了解决连续变量优化问题而设计，因而采用实数编码机制。为了克服 SFLA 算法无法直接适用于离散问题的缺点，结合 JDCL-MTVRP 问题的性质，构建了基于轮盘赌的编码与解码方法。JDCL-MTVRP 问题包含两个子问题，即配送中心选址问题（distribution center location problem，DCLP）和多行程车辆路径问题（multi-trip vehicle routing problem，MTVRP）。其中，MTVRP 问题的编码与解码过程与第 2 章相同，在此基础上，本书仅对 DCLP 问题的编码与解码过程加以说明。

DCLP 问题编码过程：配送车辆总数 K，候选配送中心的数目为 W，则 DCLP 问题编码长度维度为 K，各维度取值范围为 $(0,1)$，第 k 位编码对应配送车辆 k。

DCLP 问题编码过程：对于编码的第 k 位数值，若该数值属于区间 $\left(0, \frac{1}{W}\right]$，则该配送车辆属于候选配送中心 1；若该数值属于区间 $\left(\frac{1}{W}, \frac{2}{W}\right]$，则该配送车辆属于候选配送中心 2；若该数值属于区间 $\left(\frac{2}{W}, \frac{3}{W}\right]$，则该配送车辆属于候选配送中心 3。以此类推，进而可确定每个配送车辆对应的候选中心，进而得到 DCLP 问题结果。在此基础上结合 MTVRP 的解码结果，即可得到 JDCL-MTVRP 问题的解码结果。

给出如下算例：配送车辆总数 $K=2$，客户总数 $N=6$，候选配送中心为 W

=2。据此可知，MTVRP 问题编码长度为 6，取值范围为 [1,3)，DCLP 问题编码的长度为 2，取值范围为 (0,1)。给定初始编码（1.9，2.3，1.6，2.4，2.7，2.6，0.3，0.9），其中 MTVRP 问题部分的编码为（1.9，2.3，1.6，2.4，2.7，2.6），DCLP 问题部分的编码为（0.3，0.9），其解码过程如图 5-3 所示。

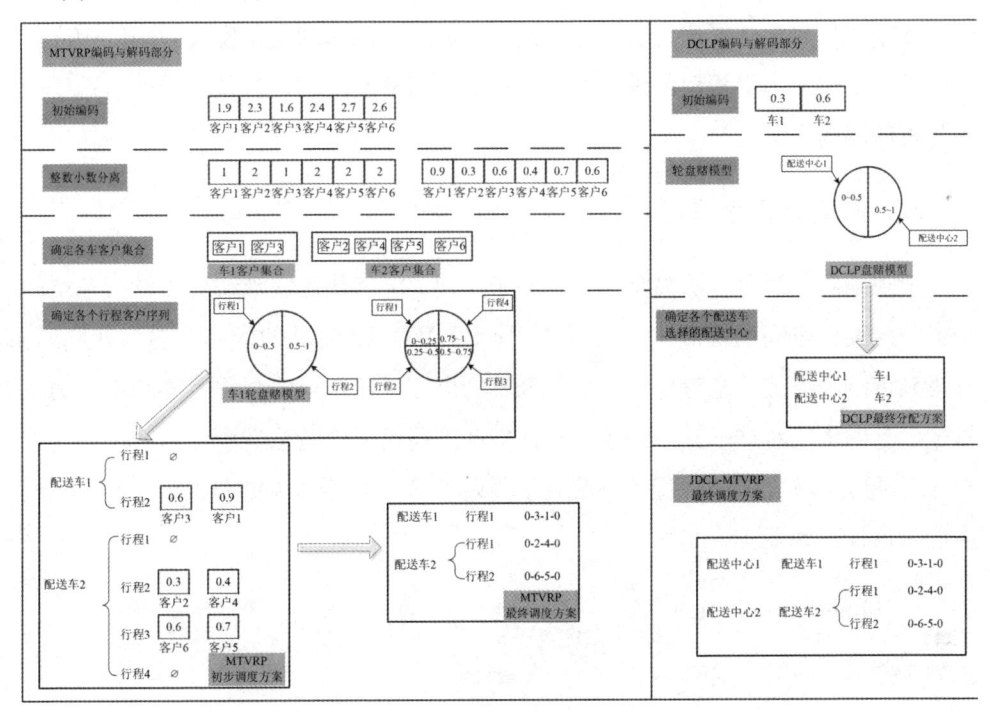

图 5-3 编码及解码示意图

由图 5-3 可知，候选配送中心 1 和 2 都被选中。其中，配送车辆 1 以候选配送中心 1 为出发点和返回点，共进行一个行程的配送，配送线路为：候选配送中心 1—需求点 3—需求点 1—候选配送中心 1；配送车辆 2 以候选配送中心 2 为出发点和返回点，共进行两个行程的配送，行程 1 配送线路为：候选配送中心 2—需求点 2—需求点 4—候选配送中心 2；行程 2 配送线路为：候选配送中心 2—需求点 6—需求点 5—候选配送中心 2。

在此，对解码过程中相关操作的时间复杂度分析如下。

1. MTVRP 部分复杂度分析

- 整数小数分离的时间复杂度为 $O(N)$；
- 确定各车服务客户集合的时间复杂度为 $O(N+M)$；

● 在确定各个行程客户序列的过程中，轮盘赌选择部分的时间复杂度为 $O(N^2 \cdot M)$，确定各个行程的配送顺序采用快速排序法，相应的时间复杂度为 $O(N \cdot \log_2 N)$。

2. DCLP 部分复杂度分析

● 采用轮盘赌选择确定各个车的配送中心对应的时间复杂度为 $O(M^2 \cdot K)$。

综上所述，本书提出的编码解码过程的时间复杂度相对较低，能够适用于较大规模问题的求解。

5.3.3 适应度计算

上述编码与解码方法简单有效、易于实现，能够快速实现编码连续变量空间与离散问题解空间的全映射，有助于 JDCL – MTVRP 问题的求解。但与此同时，考虑到该编码方式并未考虑车辆的装载量约束和各辆车总的行程时间约束。为了快速、有效地应对这一复杂约束，在此借助惩罚机制构造适应度函数 Fitness，以 γ_{kr} 表示配送车 k 第 r 个行程的总装载量，以 τ_k 表示配送车 k 的总配送时间，则适应度函数计算如下：

$$\text{Fitness} = Z + \lambda \cdot \left(\sum_{k=1}^{K} \sum_{r=1}^{R_k} \max\{0, \gamma_{kr} - Q\} + \sum_{k=1}^{K} \max\{0, \tau_k - T\} \right)$$

(5 – 15)

其中，λ 为惩罚系数，取值为正。

5.3.4 局部搜索

标准的 SFLA 算法将当前种群划分为多个子群体，并对各个子群体中较差的解进行更新；当子群体进化到一定阶段以后，各个子群体之间再进行思想的交流（全局信息交换）实现子群体间的混合运算，这有利于促进整个种群的进化。但是，这一做法在一定程度上忽略了对子群体中优秀个体的有效利用；与此同时，对优秀个体进行合理的变异通常有利于算法的快速收敛，并提高算法的搜索性能。本节从这一角度出发，借鉴入侵杂草优化算法的邻域搜索模型，对各个青蛙子群体中的最优解进行局部搜索，借此强化算法的进化能力。

入侵杂草优化算法（invasive weed optimization，IWO）是伊朗德黑兰大学的两位学者 R. Mehrabian 和 C. Lucas 最早于 2006 年提出的，具有鲁棒性、随机性和适应性的特点[158]。它是一种模拟杂草入侵过程、基于种群数值优化的计算方法，相比其他算法在搜索广度上有很大改进。在杂草的入侵过程中，植物的生长会受到种群、植物群和植株密度的适应性的影响。相邻植株会由于生长年限、相对距离和植株大小而相互影响。IWO 算法采用高斯变异对当前种群进行更新，具体过程包含以下两个重要步骤：

首先，对于第 i 个杂草（解）个体，确定该杂草个体生成的种子数目 $weed_i$：

$$\text{weed}_n = \frac{f - f_{\min}}{f_{\max} - f_{\min}}(s_{\max} - s_{\min}) + s_{\min} \qquad (5-16)$$

其中，f 表示当前杂草的适应度值；$f_{\max}$ 和 $f_{\min}$ 表示当前种群中杂草个体对应的最大和最小适应度值。$s_{\max}$ 和 $s_{\min}$ 分别为单个植株产生种子的最大个数和最小个数，一般取值范围为 [1, 5]。

其次，对于第 i 个杂草（解）个体，采用高斯变异生成种子，高斯变异均值为 0，标准差 σ_i 的计算公式如下：

$$\sigma_i = (\sigma_{\text{ini}} - \sigma_{\text{fin}}) \cdot (t_{\max} - t)^n / t_{\max}^n + \sigma_{\text{fin}} \qquad (5-17)$$

其中，这里假定 $t_{\max}$ 为最大迭代次数；t 为算法当前迭代次数；σ_{ini} 和 σ_{fin} 分别表示标准差的初始值和最终值；n 为非线性调整参数，通常取值为 3。

将所有的杂草个体与种子个体合并，选取适应度值较优个体进入下一次迭代。在标准 SFLA 算法完成自身的个体更新之后，将当前 m 个子群体中相应的最优个体 $X_{k,c}(t)$ 构成一个子种群，并采用上述 IWO 算法的邻域更新过程生成相应的种子。进一步地，所有的种子与当前种群进行合并，选取 S 个最优的个体保留到下一次迭代。

5.3.5 NSFLA 算法流程及复杂度分析

基于以上描述，给出求解 JDCL - MTVRP 问题的 NSFLA 算法，流程如下。

Step1. 初始化各个参数，包括 NSFLA 算法的种群规模、子群体规模、子种群数目、最大迭代次数等。

Step2. 随机生成由 S 个青蛙个体组成的群体，计算每个青蛙个体的适应度值，并按适应度值大小对所有青蛙个体升序排列。

Step3. 将上述 S 个青蛙分配到 m 个子群体中,每个子群体有 n 只青蛙个体。

Step4. 对于每个子群体,采用标准 SFLA 中的个体更新方式更新各个子群体中的最差解。

Step5. 所有青蛙子群体完成指定迭代搜索之后,将所有青蛙重新混合并排序。

Step6. 对于每个子群体,采用标准 IWO 中的个体更新方式生成各个子群体中最优解的种子。

Step7. 将所有的青蛙个体和各个子群体中最优解的种子进行合并,选取适应度值最优的 S 个青蛙个体进入下一次迭代。

Step8. 若算法满足终止条件,则输出当前最优解并终止搜索过程;否则,转 Step3。

相比于标准 SFLA 算法,本书采用 IWO 进行局部搜索,考虑到改进算法在每次迭代搜索之后仅对 m 个子种群的最优个体进行搜索,因而一次迭代过程中 IWO 的时间复杂度为 $O(m \cdot s_{max})$,在此之后采用快速排序法对新种群进行排序耗费的时间复杂度为 $O((S+m \cdot s_{max}) \cdot \log_2(S+m \cdot s_{max}))$,以上操作的复杂度为多项式时间复杂度,因而是可以接受的。

在解决这一问题时,相比第 2 章介绍的 PSO 算法的时间复杂度 $O(N \times m)$、ABC 算法的时间复杂度为 $O(tnd)$、平均计算时间复杂度是问题规模的指数次方的 GA 算法,该 NSFLA 算法的时间复杂度处于一个中间水平,在求解 NP-hard 问题时仍远低于 GA 算法。

在空间复杂度方面,采用 Matlab 指令实测仿真程序占用内存的方法,对这四种算法的空间复杂度进行了测试。新型混合蛙跳算法运行时占用内存空间为 15M;人工蜂群算法运行时占用内存空间为 16M;粒子群算法运行时占用内存空间为 16M;遗传算法运行时占用内存空间为 14M。从相关数据可以看出,各个算法空间复杂度相差不大,遗传算法相对比较简单,占用内存较少。

5.4 仿真测试

5.4.1 JDCL-MTVRP 算例参数设置

由于 JDCL-MTVRP 问题缺少标准的测试数据集，因此本书采用 Matlab 测试平台随机生成 JDCL-MTVRP 测试算例。

为此，假定配送中心的数目为3，位置分别为（22，68）、（5，93）、（68，38），各配送中心点的建设成本为2000元。客户数目为20，表5-1给出了客户参数，包括各个维护的位置坐标和需求量。配送车辆共计10辆，行驶速度设定为60km/h，载重量为10t，最大行驶时间规定为5h，车辆的启动成本取值为200，单位时间的配送成本规定为1200元/h。

表 5-1 客户参数

编号	位置坐标/km	需求 q_j/t	编号	位置坐标/km	需求 q_j/t
1	(67，63)	2	11	(9，63)	3
2	(1，76)	2	12	(65，88)	3
3	(38，99)	2	13	(42，27)	2
4	(7，37)	2	14	(70，44)	4
5	(42，25)	1	15	(91，77)	2
6	(69，98)	2	16	(67，63)	2
7	(59，72)	4	17	(1，76)	1
8	(93，75)	4	18	(38，99)	4
9	(85，65)	1	19	(7，37)	1
10	(53，7)	4	20	(42，25)	3

5.4.2 NSFLA 求解 JDCL-MTVRP 的参数校验

针对上述 JDCL-MTVRP 测试算例，采用本书构建的 NSFLA 算法进行问题求解。NSFLA 算法的参数包括：子群体规模为 n，子群体个数为 m，迭代次数 t_{max}，子群迭代次数，杂草种子数目参数 s_{max} 和 s_{min}，高斯变异参数 σ_{ini}、σ_{fin} 和 n。依据实际测试效果可知，子群体规模为 n、子群体个数为 m 和迭代次数 t_{max} 对 NSFLA 算法的影响较大。为此，采用正交实验对上述三个参数进行校验以使得 NSFLA 算法获得最佳的搜索性能。

首先，依据相关现有研究和实际测试效果对其他参数取值如下：子群迭代次数为 5，杂草种子数目参数 s_{max} 和 s_{min} 分别取 1 和 5，高斯变异参数 σ_{ini}、σ_{fin} 和 n 分别取 0.5、0.01 和 2。其次，对其余三个重要参数进行水平设置，如表 5-2 所示，每个参数设定 4 个水平，并根据正交表 $L_{16}(4^3)$ 设计仿真实验。针对表 5-3 中的每组参数组合，NSFLA 均独立运行 20 次，选取算法所得的均值 $\bar{Z}$ 作为响应变量，测试结果的极差分析见表 5-4。

表 5-2 正交试验参数设置

水平	因素		
	n	m	t_{max}
1	10	3	400
2	15	4	500
3	20	5	600
4	25	6	700

表 5-3 正交试验测试结果

水平	因素			$\bar{Z}$
	n	m	t_{max}	
1	1	1	1	20220
2	1	2	2	19 434
3	1	3	3	19 519
4	1	4	4	19 542
5	2	1	2	18 332
6	2	2	1	19 208
7	2	3	4	18 190

续表

水平	因素 n	因素 m	因素 t_{max}	$\bar{Z}$
8	2	4	3	19 225
9	3	1	3	18 971
10	3	2	4	19 927
11	3	3	1	17 514
12	3	4	2	17 640
13	4	1	4	17 625
14	4	2	3	20 259
15	4	3	2	19 878
16	4	4	1	18 716

表 5-4 正交试验极差分析

水平	因素 n	因素 m	因素 t_{max}
1	19 679	18 787	18915
2	18 739	19 707	18 821
3	18 513	18 775	19 494
4	19 120	18 781	18 821
极差	1 166	932	673
等级	1	2	3
最佳水平	3	3	2

由正交实验测试结果可知，子群体规模 n 对 NSFLA 算法的影响最大；其次，子群体个数 m 也对 NSFLA 算法的寻优性能具有重要影响。子群体规模 n 取值较大往往会破坏当前群体的优良模式，而 n 取值较小则会在一定程度上弱化 NSFLA 算法的群体进化能力。相对而言，迭代次数 t_{max} 对算法寻优性能的影响最小，但也需要进行合理的设置。综上所述，NSFLA 算法参数设置如下：子群体规模 n 为 20，子群体个数 m 为 5，子群迭代次数 t_{max} 为 500，杂草种子数目参数 s_{max} 和 s_{min} 分别取 1 和 5，高斯变异参数 σ_{ini}、σ_{fin} 和 n 分别取 0.5、0.01 和 2。

5.4.3 JDCL-MTVRP 问题测试及结果分析

首先，依据 NSFLA 算法参数校验结果，利用本书构建的 NSFLA 算法对 JDCL-MTVRP 问题进行求解，图 5-4 给出了 NSFLA 算法的优化结果的线路安排。

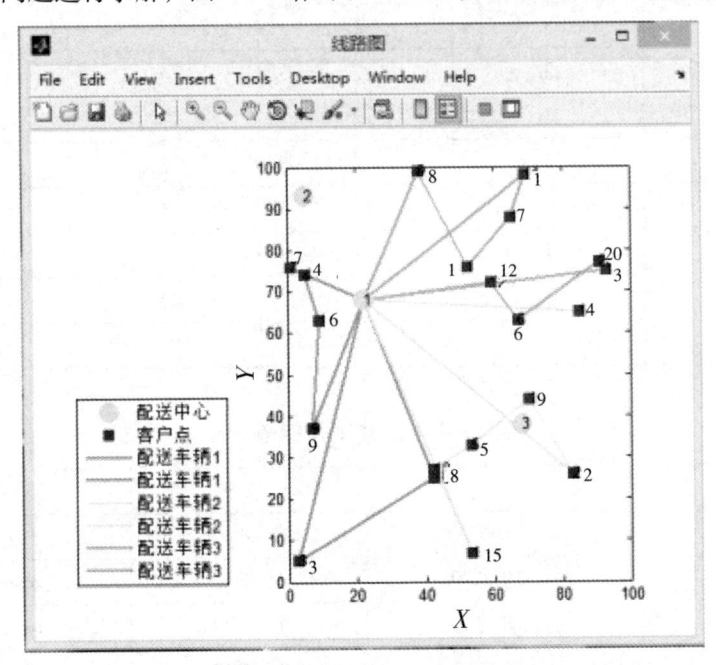

图 5-4　NSFLA 算法优化的配送中心选址与路线

进一步地，将标准 PSO 算法、ABC 算法和 GA 算法应用于 JDCL-MTVRP 问题的求解，考虑到对比的公平性，三种对比算法的种群规模和迭代次数设置为与本书构建的 NSFLA 算法相同，分别取值 100 和 500，剩余参数采用与上述 NSFLA 算法相同的正交实验进行参数校验，三种对比算法的剩余控制参数取值如下：

●PSO 算法参数：最大飞行速度为 0.1，权重为 1，惯性权重阻尼比为 0.95，个人学习参数为 1.5，全局学习参数为 2。

●ABC 算法参数：侦查蜂步数为 20，加速度系数上限为 1，惯性权重阻尼比为 0.90。

●GA 算法参数：交叉概率为 0.8，变异概率为 0.2。

依据以上参数设置，采用三种对比算法对本书构建的 JDCL-MTVRP 问题进行求解。其中，图 5-5 给出了 PSO 算法的配送中心选址和配送线路图，图 5-6

给出了 ABC 算法优化的配送中心选址和线路图，图 5-7 给出了基于 GA 算法优化的配送中心选址和线路图。最后，表 5-5 所示为对四种算法的优化结果进行的对比分析。

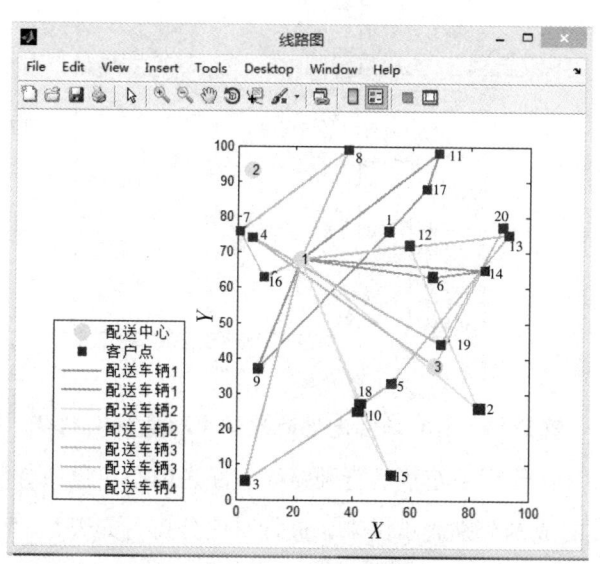

图 5-5　PSO 算法优化的配送中心选址与路线

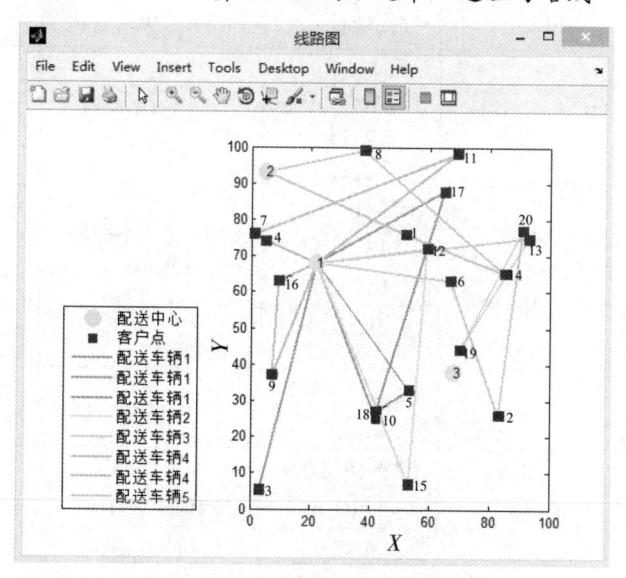

图 5-6　ABC 算法优化的配送中心选址与路线

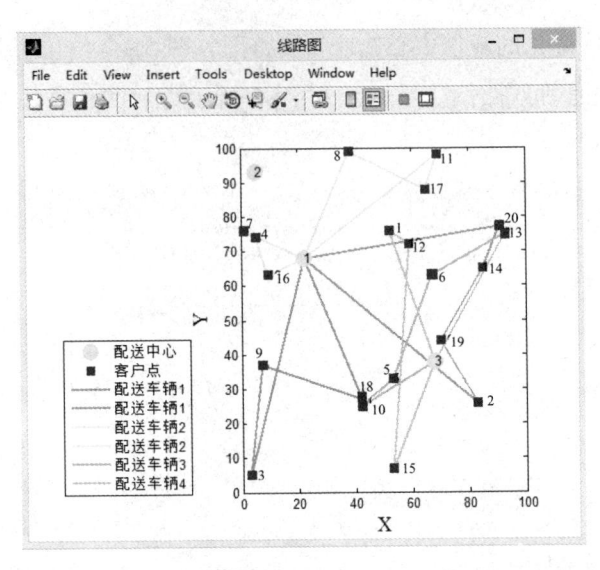

图 5-7　GA 算法优化的配送中心选址与路线

把上述四种算法作用下车辆的行驶路线、配送中心、负载数量、配送车辆数和最优目标函数的成本分别表示出来，进行对比分析，如表 5-5 所示。

表 5-5　四种优化算法产生最优解的比较

算法	NSFLA	PSO	ABC	GA
行驶路线和客户顺序	[7,4,16,9] [10,3] [2,19,5,18,15] [14] [11,17,1,8] [12,6,20,13]	[11,17,1,9] [6,14] [2,12] [15,10,18] [13,5,3] [8,7,16] [20,19,4]	[10] [17,18,5] [3] [15,12] [13,19,20,2,6] [9,16] [11,7,4] [8,14,1]	[2,19,14,20] [18,9,3] [7,4,16] [11,17,8] [13,6,5,10] [1,12,15]
选中的配送中心	[1]	[1,3]	[1,2]	[1,3]
对应车辆负载数量	9,6,10,4,10,10	7,6,5,10,5,10,6	4,6,2,5,10,3,9,10	10,7,8,8,9,7
配送车辆编号	1,1,2,2,3,3	1,1,2,2,3,3,4	1,1,1,2,3,4,4,5	1,1,2,2,3,4
总目标函数成本	15 890	25 086	28 556	22 697

从表 5-5 中可以看出，采用不同优化算法分别独立运行若干次直到曲线收敛为止，获得的目标函数的总成本分别是：NSFLA 为 15 890，PSO 为 22 697，ABC 为 28 556，GA 为 25 086，所以 NSFLA 的解是最优的。其中，NSFLA 选中了 1 个配送中心和 3 辆车来完成 20 个客户的配送任务，而其他三种优化算法分别选中了 2 个配送中心和 4~5 辆车来完成配送任务，表明 NSFLA 算法可以最低的目标函数成本和最少的配送中心数量获得最优的结果。同时，从图 5-8 可以看出，NSFLA 算法具有较强的收敛特性和较高的收敛速度，相比其他三种算法实用性更强，寻优效率更高。

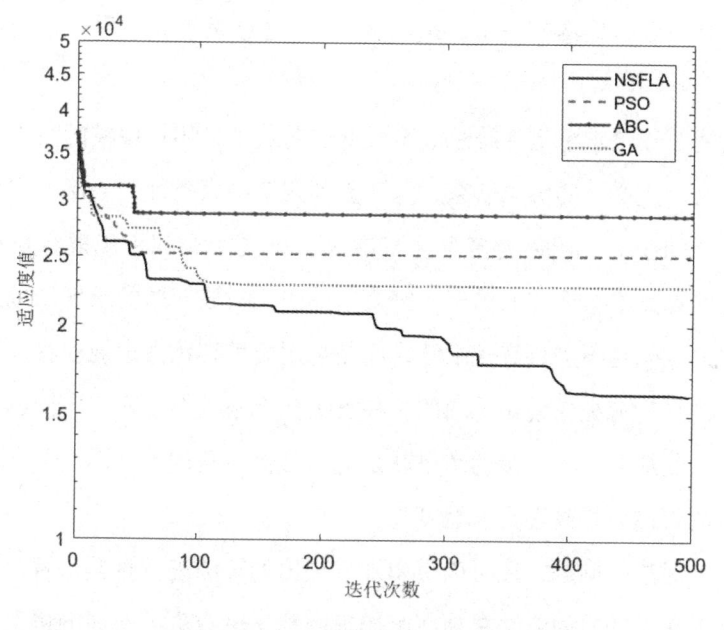

图 5-8　四种算法的收敛曲线图

5.5　大规模客户点问题的求解

在当前配送环境下，如果客户服务点大规模增加，即在同一个工作日内客户数量骤然增加，在配送中心数量、车辆数量、车载重量、行驶速度等因素基本不变的情况下，必然会导致配送行程数量的大幅增加，同时也导致运输总成本和运输时间的大幅增加。为了降低运输总成本的增加量，往往物流配送公司会采用增加配送中心数量、增加配送车辆数量、扩大配送车载重量等相关手段来平衡可能导致的行程数的增加，在有限的工作日时间内达到减少总的配送成本的目的。所以由于客户数量增加而单纯地增加行程数并不是解决问题的最佳办法。

另外，由于一个工作日时间和配送车辆载重量的限制，一辆车跑几十趟（行程）去给几百个客户点送货必然受到行驶时间等约束条件的限制。如果客户分布区域较广，配送公司会采用增加配送中心和车辆数量的手段来弥补可能造成的配送时间的延误和总配送成本的增加；如果客户分布区域比较集中，增加配送车辆的载重量是减少配送成本的一个关键因素[155]。这也是不会产生大量的行程数的原因。

综上所述，在追求配送系统总成本最低的前提下，用户规模的大小和总的行程数之间不会产生必然的因果联系，但会受到多个约束条件的限制。当用户规模较大时，这个问题就会转化为多个（多层次）配送中心和小规模客户点的配送问题，而这些都是本章研究的内容，符合当前研究对该问题的求解结果。所以针对大规模客户点问题不进行直接求解，而是采用分解转化为小规模客户点的方法进行求解，这是物流配送公司采取的一种解决无上限大规模客户点问题的有效途径，这种方法的最有效最直接的结果就是能够降低运营成本，满足配送过程的各项约束条件的限制，提高客户满意度。

同时，针对这一问题，还可以采用本章提出的算法进行直接求解，但是前提是需要满足工作日的时间窗要求。在配送中心和车辆数量不增加的情况下，客户点增加导致行驶时间的增加，同时也会导致配送费用和成本的增加。所以这种直接求解的方法就受到了工作时间等因素的限制，不适合于求解无限增加的客户点数量问题。

为了进一步验证本书构建的求解算法的有效性，采用 Matlab 测试平台随机生成 7 组 JDCL－MTVRP 测试算例，客户数目取值为 {30，40，50，60，70，80，90，100}，客户坐标在区间 [0，100] 上随机生成，随机数种子取值为 0。此外，问题的其他参数设置如下：配送中心的数目为 3，位置分别为 （22，68）、

(5,93)、(68,38)，各配送中心点的建设成本为2000元；配送车辆共计10辆，行驶速度设定为100km/h，载重量为20t，最大行驶时间规定为8h，车辆的启动成本取值200，单位时间的配送成本规定为1 200元/h。

考虑到对比的公平性，四种对比算法的种群规模和迭代次数分别设置为100和1 000，剩余参数采用正交实验进行参数校验，相应的参数取值如下：

● NSFLA算法参数：子群体规模n为20，子群体个数m为5，子群迭代次数t_{max}为500，杂草种子数目参数s_{max}和s_{min}分别取1和6，高斯变异参数σ_{ini}、σ_{fin}和n分别取0.5、0.01和2。

● PSO算法参数：最大飞行速度为0.2，权重为1，惯性权重阻尼比为0.98，个人学习参数为1.5，全局学习参数为2。

● ABC算法参数：侦查蜂步数为30，加速度系数上限为1，惯性权重阻尼比为0.90。

● GA算法参数：交叉概率为0.7，变异概率为0.2。

当客户点数量分别取30，40，50，60，70，80，90，100的时候，可以分别计算出对应的仿真结果列在表5-6至表5-13中。这些表分别列出了在当前客户点规模情况下，实际的行驶路线和客户顺序、配送中心的编号、对应车辆的负载数量、配送车辆编号以及最终的总目标函数成本。表5-14是对这8个仿真实例的结果总结。从这些表中数据可以看出，当客户点数量为 {30，40，50，60，70，80，90} 的时候，NSFLA在这4种算法中表现最优，获得了最低的目标函数成本值分别是 {2 1452，27 159，38 420，58 901，78 374，81 751，91 265}。但是当客户点数量上升为100个时，总的目标函数值为89 496，NSFLA算法的目标函数成本反而高于PSO算法的运算结果。这说明，在相关约束条件下，不同算法的优化性能和具体的客户数量有一定关系。

表5-6 客户数目为30的求解结果

算法	NSFLA	PSO	ABC	GA
行驶路线和客户顺序	30,[11,27,19],[29,13,21,12],[5,23,10,17,18,16],[28,24,22,14,6],9,[26,2,20,3],[7,8,1,25,4,15]	30,[11,27],[12,21,13,29],[8,7,5,1,25,4,15],[14,6,24,19,22,28],9,26,[3,20,2],[18,16,17,10,23]	30,[11,27,19],[29,13,21,12],[15,4,5,23,10,17,18,16],[24,22,14,6,28],9,[26,2,20,3],[7,25,1,8]	30,[19,27,11],[12,21,13,29],[7,8,1,5,25,4,15],[22,24,28,14,6],9,26,[3,20,2],[16,18,17,10,23]
各个行程出发的起始配送中心编号	1,1,1,1,3,3,3,3	1,1,1,1,3,3,3,3	1,1,1,1,3,3,3,3	1,1,1,1,3,3,3,3
对应车辆负载数量	4,8,11,13,15,2,6,17	4,6,11,18,17,2,2,4,12	4,8,11,17,15,2,6,13	4,8,11,18,15,2,2,4,12
配送车辆编号	1,1,1,1,2,2,2,2	1,1,1,1,2,2,2,2	1,1,1,1,2,2,2,2	1,1,1,1,2,2,2,2
总目标函数成本	21 452	22 054	22 411	21 762

表 5-7 客户数目为 40 的求解结果

算法	NSFLA	PSO	ABC	GA
行驶路线和客户顺序	[39,27],[31,8],[10,25],23,2,[19,20,22],[26,15],[38,24,32,4],17,12,[3,28,37,33,13],[21,29,40,16,35,11],7,[9,1,6,34,5,14,36,18,30]	[31,8],[39,27],[25,10],23,2,[26,20,22],[21,29],[4,38],17,36,12,[3,28,37,33,13],[19,15,40,16,11,35],[7,24,32],[6,1,9,30,18,14,5,34]	[31,8,39,27],25,10,23,[28,3],2,21,[35,16,19,15,40,29],11,17,[1,30,9,32,14,18],[5,34,36],[37,33,13],26,[22,20],[7,6,4,24,38],12	10,23,31,25,[27,39,20,8],37,[33,13],4,6,[19,40,21],[17,35],7,[30,1],32,[14,18,12,5,34],[28,3],2,[16,26,15,11],[24,38,29,22],[9,36]
各个行程出发的起始配送中心编号	1,1,1,1,1,1,1,1,1,1,3,3,3,3	1,1,1,1,1,1,1,1,1,1,3,3,3,3	1,1,1,1,1,1,1,1,1,1,1,3,3,3,3	1,1,1,1,1,1,1,1,1,1,1,1,3,3,3,3
对应车辆负载数量	2,5,6,2,3,7,5,14,3,2,10,15,2,20	5,2,6,2,3,9,8,7,3,2,2,10,10,9,18	7,2,4,2,5,3,4,12,2,3,16,7,5,4,5,13,2	4,2,2,2,7,2,3,3,1,7,5,2,6,4,10,5,3,9,14,5
配送车辆编号	1,1,1,1,1,1,1,1,1,1,2,2,2,3	1,1,1,1,1,1,1,1,1,1,2,2,2,3	1,1,1,1,1,1,1,1,1,2,2,3,3,3,3,4	1,1,1,1,1,1,1,1,1,1,2,2,2,2,3,3,3,3,3
总目标函数成本	27 159	28 810	30 662	31 058

表 5-8 客户数目为 50 的求解结果

算法	NSFLA	PSO	ABC	GA
行驶路线和客户顺序	13,[27,24,29,4,1,6,32,28],8,[47,31,48,2,25],[36,10,39,38,49,45,35,18],[46,5,33,40,14,19,26,34,11],21,[12,41,20,37,50],[9,42,15,23,16],[7,3,30,43,22,44,17]	13,4,[24,29,27,1,32,6],[28,8],[47,31,48,2,25],[36,10,39,38,45,49,35,18],[40,5,33],[19,26,46,34,14,11,21],[12,41,37,20,50],[15,42,9,23,16],[17,22,3,7,30,44,43]	13,4,[24,29,27,1,6,32,28],8,[31,47,48,2,25],[36,10,39,38,45,49,35,18],[40,5,33],[46,19,26,34,11,14,21],[12,41,20,37,50],[9,42,15,23,16],[17,30,22,7,3,43,44]	13,[24,27,29,4,1,6,32,28],8,[47,31,48,2,25],[36,10,39,38,49,45,18,35],[46,5,33,14,40,19,26,34,11],21,[12,41,20,37,50],[15,42,9,23,16],[3,7,30,43,22,44,17]
各个行程出发的起始配送中心编号	1,1,1,1,1,1,1,1,1,1	1,1,1,1,1,1,1,1,1,1	1,1,1,1,1,1,1,1,1,1	1,1,1,1,1,1,1,1,1,1
对应车辆负载数量	2,20,3,15,16,19,3,14,12,16	2,3,14,6,15,16,7,15,14,12,16	2,3,17,3,15,16,7,15,14,12,16	2,20,3,15,16,19,3,14,12,16
配送车辆编号	1,1,1,1,2,2,2,2,3,3	1,1,1,1,2,2,2,2,3,3	1,1,1,1,2,2,2,2,3,3	1,1,1,1,2,2,2,2,3,3
总目标函数成本	38 420	40 515	41 336	38 859

表 5-9 客户数目为 60 的求解结果

算法	NSFLA	PSO	ABC	GA
行驶路线和客户顺序	[37,54],[30,44,14],49,[31,28,58,33,34,51,26,29,4,43],[19,2,46],[24,23,22,32,48,45],[57,59,53,21],[9,35],52,[7,1,11,47],[42,8,25,6,40,60,18,3],[50,15,41,10,16,38,12],[20,13,27,17,5,39,55,36,56]	[54,37],[30,44,14],49,[33,28,58,31,26,51,34,29,4,43],[19,46,2],[24,22,23,32,48,45],[57,59,53,21],[35,9],52,[7,1,11,47],[42,8,25,60,6,40,18,3],[50,15,41,10,16,38,12],[20,13,27,55,17,5,39,56,36]	[54,37],[30,44,14],49,[28,58,33,34,31,26,51,29,4,43],19,[2,46],24,[22,23,32,48,45],[59,57,53,21],[20,5,17,27,13],[55,39],[36,56],[7,1,47,11],[25,8,42,60,40,6,18,3],[41,10,50,12,16,38,15],[9,35,52]	[54,37],[30,44,14],49,[28,33,58,31,34,26,51,29,4,43],19,[46,2],[24,22,23,32,48,45],[59,57,53,21],[35,9],[20,5,13,17,27],[55,36,39,56],[7,1,11,47],[8,42,25,60,6,40,18,3],[50,41,10,38,16,15,12],52
各个行程出发的起始配送中心编号	1,1,1,1,1,1,1,1,1,1,1,1,3	1,1,1,1,1,1,1,1,1,1,1,3	1,1,1,1,1,1,1,1,1,1,1,1,1,3	1,1,1,1,1,1,1,1,1,1,1,1,3
对应车辆负载数量	4,7,2,19,5,12,16,8,3,9,17,19,20	4,7,2,19,5,12,16,8,3,9,17,19,20	4,7,2,19,2,3,2,10,16,11,4,5,9,17,19,11	4,7,2,19,2,3,12,16,8,11,9,9,17,19,3
配送车辆编号	1,1,1,1,2,2,2,3,3,3,3,4,5	1,1,1,1,2,2,2,3,3,3,3,4,5	1,1,1,1,1,2,2,2,2,3,3,3,3,4,4,5	1,1,1,1,2,2,2,2,3,3,3,3,4,4,5
总目标函数成本	58 901	61 058	65 965	64 748

表 5–10 客户数目为 70 的求解结果

算法	NSFLA	PSO	ABC	GA
行驶路线和客户顺序	[38, 45, 7, 35], [42, 44, 18, 41, 69], [61, 31, 36, 39, 55], [10, 67, 53, 30, 4, 49], [47, 37, 68, 6], [23, 22, 5, 52, 40, 24, 11], [56, 43, 57, 16, 9, 8], [48, 58, 14, 26, 29, 63], [12, 46, 17, 33, 50, 13, 66], [15, 62, 34, 21], [3, 51], [2, 65, 60, 32, 20], [27, 54, 28, 70, 19, 64], [59, 25, 1]	[38, 45, 7, 35], [42,44,41,18,51, 69], [61, 31, 36, 39, 55], [10, 67, 53,30,4,49], [47, 37,68,6], [23, 22, 5, 52, 24, 40, 11], [56, 43, 16, 57, 9, 8], [48, 58, 14, 26, 29, 63], [12, 17, 46,50,33,66,13], [15,62,21,34],3, [2,60,65,32,20], [27,54,28,70,19, 64],[1,25,59]	[66, 45, 38, 7], [15, 21, 51, 41, 18], [55, 36, 39, 31,61], [32, 20, 10, 67, 53, 60, 4, 30],[70,64],[5, 47, 11, 68], [6, 37,40,19,56,23, 22], [1, 25, 59], [29, 14, 58], 26, 63, [50, 13, 12, 33, 17, 46, 35], [42, 44, 62, 34, 69], 3, [2, 65], [49, 27, 54, 28], [24,52,57,43,8, 16,9],48	[38, 45, 7, 35], [42,44,18,41,51, 69], [61, 31, 36, 39, 55], [10, 67, 53,30,4,49], [47, 68,37,6], [23, 22, 5, 52, 40, 24, 11], [56, 43, 57, 16, 9, 8], [48, 58, 14, 26, 29, 63], [12, 17, 46, 50, 33, 13, 66], [15,62,21,34],3, [2, 65, 60, 32, 20], [27, 54, 28, 70, 19, 64],[1,25,59]
各个行程出发的起始配送中心编号	1,1,1,1,1,1,1,1, 3,3,3,3,3,3	1,1,1,1,1,1,1,1, 3,3,3,3,3,3	1,1,1,1,1,1,1,1, 1,1,1,1,3,3,3, 3,3,3,3	1,1,1,1,1,1,1,1, 3,3,3,3,3,3
对应车辆负载数量	9,14,15,16,11,14, 17,11,19,13,5,11, 18,8	9,17,15,16,11,14, 17,11,19,13,2,11, 18,8	10, 18, 15, 20, 8, 11, 14, 8, 4, 2, 3, 18, 12, 2, 4, 11, 19,2	9,17,15,16,11,14, 17,11,19,13,2,11, 18,8

117

续表

算法	NSFLA	PSO	ABC	GA
配送车辆编号	1,1,1,2,2,2,3,3,4,4,4,5,5,5	1,1,1,2,2,2,3,3,4,4,4,5,5,5	1,1,2,2,3,3,3,4,4,4,4,5,5,5,6,6,7,7	1,1,1,2,2,3,3,4,5,5,5,6,6,6
总目标函数成本	78 374	80 246	94 962	79 143

表 5-11 客户数目为 80 的求解结果

算法	NSFLA	PSO	ABC	GA
行驶路线和客户顺序	29,[59,39,55,68],[62,71,49,7,36,69,21,11],[60,33,77,74,66,13,63,58],[26,73,20],[45,15,41,16,72,53,32],[30,8,1,10,65,79],[52,2,70,47],[12,80,42,27,37],[4,19,40,75,51,24],[3,25],[50,17],[34,64,6,18,23],[57,56,38,22,46,76],[28,48,31,14],5,[35,54,78],[43,67,9,44,61]	29,[59,39,55,68],[62,49,7,71,36,69,21,11],[60,33,13,66,63,58,73],[26,20],[41,15,45,72,16,53,32],[1,8,30,10,65,79],[52,2,70,47,35],[42,80,27,12,37],[4,51,40,19,24,75],[25,3],[50,17],[34,64,6,18,23],[57,38,56,46,22,76],[28,48,31,74,77,14],5,[54,78],[43,67,9,44,61]	29,[39,55,68,59],[62,49,7,69,36,21,11,71],[77,66,14,74,63,13,26],[73,58,20],[15,41,16,45,72,53,32],[30,1,79,65,10],[8,52,47,70,2],[80,42,12,37,27],[4,75,40,51,19,24],[3,25,50],17,[34,6,18,23],[56,38,57,46,76,22],[33,48,28,31,60],5,[35,54,78],[61,67,9,43,44,64]	29,[59,39,55,68],[62,71,7,49,36,69,21,11],[77,74,66,13,58,63],[26,73,20],[41,15,45,72,16,53,32],[30,8,1,10,65,79],[52,2,70,47],[12,80,42,27,37],[4,19,40,75,51,24],[3,25],[50,17],[34,6,64,18,23],[57,56,38,46,76,22],[28,48,14,31,33,60],5,[35,54,78],[43,67,9,44,61]

118

续表

算法	NSFLA	PSO	ABC	GA
各个行程出发的起始配送中心编号	1,1,1,1,1,1,1,1,1,1,1,1,1,3,3,3,3,3	1,1,1,1,1,1,1,1,1,1,1,1,1,3,3,3,3,3	1,1,1,1,1,1,1,1,1,1,1,1,1,3,3,3,3,3	1,1,1,1,1,1,1,1,1,1,1,1,1,3,3,3,3,3
对应车辆负载数量	3, 10, 18, 20, 9, 19,19,10,12,16, 3,8,13,17,11,2, 8,15	3, 10, 18, 20, 6, 19,19,12,12,16, 3,8,13,17,14,2, 6,15	3,10,18,17,7, 19, 16, 13, 12, 16,7,4,11,17, 16,2,8,17	3, 10, 18, 12, 9, 19,19,10,12,16, 3,8,13,17,19,2, 8,15
配送车辆编号	1,1,1,1,2,2,2, 3,3,3,3,4,4,5, 5,5,6,6	1,1,1,2,2,2,3, 3,3,4,4,4,4,5, 5,5,5,6	1,1,1,2,2,2,3, 3,3,4,4,4,4,5, 5,5,6,6	1,1,1,1,2,2,2, 3,3,3,3,4,4,5, 5,5,6,6
总目标函数成本	81 751	84 352	86 457	82 656

表 5-12　客户数目为 90 的求解结果

算法	NSFLA	PSO	ABC	GA
行驶路线和客户顺序	[40, 85, 64], [57, 8, 86, 5, 62],[76,34,75, 53,80], 28, [41, 39,90,73,72,67, 35],[60,29,1, 36, 79, 47, 58, 68],[78,11], [54, 77, 43], [44, 55], [21, 19,52],[50,66, 32],[69,14,	[64,85,40],[8, 86,57,62,5,48, 63],[37,56,42, 34,76,75],[80, 53],28,[41,39, 90, 73, 67, 72, 35],[36, 1, 29, 60, 79, 47, 58, 68], 11, [20, 17],[55, 44], [83, 33, 25, 24, 88,22,70],[50,	[57, 89], [40, 85], [26, 45, 18, 51, 49, 46, 15], 87, 82, [56, 2], [34, 76, 37], [53, 42, 80, 75], [73, 28], [41, 39, 35, 90], [36, 1, 60, 29, 68, 47, 11, 58, 79],[54,78,	[61,40,85], 64, 87,82,[2,37,56, 76,34,42],[53, 75,80],28,[72, 39,41,90],[36, 1, 60, 29, 79, 68, 11,47,58],[78, 54,77,43],[52, 21,19,33],[83, 25, 24, 70, 22, 88],[50,66,14, 31,69,32],[7,

续表

算法	NSFLA	PSO	ABC	GA
行驶路线和客户顺序	31],[7,4,3,23,84],16,74,[12,30,71,59,9],[38,81,61,89,27],[63,48,13,6,65,10],[49,45,26,51,18,46,15],87,[82,2,37,56,42],[17,20],[83,33,25,88,22,24,70]	66],[32,69,14,31],[7,3,4,23,84],16,[12,59,9,38,81,71],[30,89,61,27],[6,10,65,13],[45,51,26,49,18,46,15],87,[2,82],[78,54,77,43],[21,52,19],74	77,43],17,20,[44,55],[83,25,24,22,88,70],50,[32,69,66,31,14],[7,3,4,23,84],[74,16],[12,81,9],[38,59,71,30,61,27],64,[8,62,5,86,10,65],[63,48],[13,6],72,67,[33,21,19,52]	3,4,23],84,74,[81,12,38],[9,71,59,30,89,27],57,[86,8,5,62],[63,48,65,10,6,13],[45,51,26,18,46,49,15],[73,35,67],[17,20,55,44],16
各个行程出发的起始配送中心编号	1,1,1,1,1,1,1,1,1,1,1,1,1,1,1,3,3,3,3,3,3,3	1,1,1,1,1,1,1,1,1,1,1,1,1,1,1,3,3,3,3,3,3,3	1,1,1,1,1,1,1,1,1,1,1,1,1,1,1,1,1,1,1,1,3,3,3,3,3,3,3,3	1,1,1,1,1,1,1,1,1,1,1,1,1,1,1,3,3,3,3,3,3,3
对应车辆负载数量	8,11,15,3,17,17,4,5,4,8,9,11,15,3,3,17,12,18,17,3,15,6,17	8,16,18,7,3,17,17,3,6,4,17,7,13,15,3,19,10,13,17,3,5,6,8,3	3,6,17,3,2,7,8,13,4,12,20,6,3,3,4,16,4,16,15,6,11,16,2,15,5,8,1,3,9	7,2,3,2,18,10,3,11,20,6,9,16,20,12,3,3,10,18,1,10,18,17,6,10,3

续表

算法	NSFLA	PSO	ABC	GA
配送车辆编号	1,1,1,1,1,2,2,2,2,2,2,3,3,3,3,4,4,4,5,5,6,6,7	1,1,1,1,2,2,2,2,2,3,3,3,3,4,4,5,5,5,6,6,6,7,7,7	1,1,1,1,1,2,2,2,2,3,3,3,3,4,4,4,4,5,5,6,6,6,7,7,7,7,8,8	1,1,1,1,1,1,2,2,2,2,3,3,3,3,4,4,5,5,5,6,6,7,7,8,8
总目标函数成本	91 265	99 594	105 141	100 965

表5–13 客户数目为100的求解结果

算法	NSFLA	PSO	ABC	GA
行驶路线和客户顺序	[100,34,91,92],[50,65,4],[31,2,78,66,63,70],[59,61],[39,32],[29,80],[84,79,90,57],[35,88,95,98,85,52,22,9],[93,1],[38,8,3],[7,72,49,30],[48,47,76,21],[62,97,45,81,83,27],[15,36,10,18,71,99,96,24],[46,75,11,6,28,37,41,5],[74,14,53,67,23,16],[19,	[100,34,91,92],[50,65,4],[31,2,78,63,66,70],61,[59,39,32],[80,29],[79,84,90,57],[35,88,95,85,52,98,22,9],[1,93],[3,8,38],[7,49,72],30,[48,47,21,76],[97,62,81,45,83,27],[15,10,18,36,71,99,96,24],[11,75,46,6,28,37,5,41],[74,14,53,23,67],16,[19,	[100,91,34,92],[50,65,4],[31,2,63,66,78,70],[59,61],[39,32],[80,29],[84,79,90,57],[35,88,95,98,85,52,22,9],[93,1],[38,8,3],[7,49,72,30],[48,47,21,76],[62,97,45,81,83,27],[15,36,18,10,71,99,24,96],[46,75,11,6,	[92,91,4],100,34,[65,63,50,66,31,78,70,2],61,59,[32,39,80],29,[84,90,79],[57,35,88,95,85,52,22,98,9],[1,93,3],[38,8],7,[30,72,49],[21,47,48],[83,76,45,97,81],62,27,[71,15,18,10,36,24,99,96],11,[46,6,75,28,37],[41,5,74,67,53,23],14,[19,44,82,25,

121

续表

算法	NSFLA	PSO	ABC	GA
行驶路线和客户顺序	25，44，43，82］，［73，77］，［64，12］，［89，56，42］，［51，40，58］，94，［20，86，55，17］，［87，13，69，26，68］，［60，33，54］	25，82，44，43］，［73，77］，89，［64，12］，［56，42］，［51，40］，［94，20］，［33，54］，［60，13，26，68，87，69］，58，［86，55，17］	28，37，41，5］，［74，14，53，67，23，16］，［19，25，44，43，82］，［73，77］，［64，12］，［89，56，42］，［51，40，58］，［94，20］，［86，55，17］，［87，13，69，26，68］，［60，33，54］	43］，［73，77，89］，58，40，51，［55，94，86，20，17，54］，［13，60，87，33，69，68，26］，16，［12，64，42，56］
各个行程出发的起始配送中心编号	1,1,1,1,1,1,1,1,1,1,1,1,1,1,1,1,1,1,1,1,1,1,1,3	1,1,1,1,1,1,1,1,1,1,1,1,1,1,1,1,1,1,1,1,1,1,1,3,3	1,1,1,1,1,1,1,1,1,1,1,1,1,1,1,1,1,1,1,1,1,1,1,3	1,1,1,1,1,1,1,1,1,1,1,1,1,1,1,1,1,1,1,1,1,1,1,1,3,3
对应车辆负载数量	11,9,14,6,5,6,9,17,7,9,13,10,11,18,19,13,17,6,5,8,5,1,12,10,10	11,9,14,4,7,6,9,17,7,9,9,4,10,11,18,19,10,3,17,6,3,5,5,4,5,6,14,1,8	11,9,14,6,5,6,9,17,7,9,13,10,11,18,19,13,17,6,5,8,5,5,8,10,10	10,3,2,19,4,2,8,3,7,19,10,6,3,10,9,8,2,2,18,3,12,11,3,17,9,1,3,16,17,3,10
配送车辆编号	1,1,1,1,1,2,2,2,2,3,3,3,3,4,4,4,5,5,5,5,5,5,6,6,7	1,1,1,1,1,2,2,2,2,2,3,3,3,3,4,4,4,5,5,5,5,5,6,6,6,6,6,7,7	1,1,1,1,1,2,2,2,2,2,3,3,3,3,4,4,4,5,5,5,5,5,6,6,6	1,1,1,1,1,1,2,2,2,2,2,3,3,3,3,3,3,4,4,4,5,5,5,5,5,5,5,5,6,7,7
总目标函数成本	89 496	25 086	90 098	97 655

表 5-14 "四种算法求解结果对比

测试算例	客户数目	NSFLA	PSO	ABC	GA
1	30	21 452	22 054	22 411	21 762
2	40	27 159	28 810	30 662	31 058
3	50	38 420	40 515	41 336	38 859
4	60	58 901	61 058	65 965	64 748
5	70	78 374	80 246	94 962	79 143
6	80	81 751	84 352	86 457	82 656
7	90	91 265	99 594	105 141	100 965
8	100	89 496	25 086	90 098	97 655

5.6 本章小结

本章以集成配送中心选址与多行程车辆路径问题为研究对象，构建了以物流系统总成本最小化为目标的数学规划模型。

在算法设计部分，提出 NSFLA 优化算法来进行求解。该算法通过借助基于轮盘赌的编码解码方法，克服了标准 SFLA 算法无法适用于离散问题的缺点；同时，构造了基于 IWO 算法的局部搜索操作，强化了对各代种群中优秀解的利用，进一步强化标准 NSFLA 算法的寻优能力。

在仿真测试部分，基于 Matlab 测试平台，生成了本书的 JDCL-MTVRP 算例的参数。随后，借助正交实验，进行了 NSFLA 求解 JDCL-MTVRP 问题的参数校验，将本书构建的 NSFLA 算法运用于 JDCL-MTVRP 问题的求解，并将测试结果与标准 PSO 算法、ABC 算法和 GA 算法的测试结果进行对比分析。为了求解大规模客户点问题，本章不仅从理论上进行了探讨，还通过仿真实验进行了验证大规模客户点问题的求解方法。数值实验表明：本书构建的 NSFLA 算法能够快速、有效地获得集成配送中心选址与多行程车辆路径问题的满意解，即最低的总运输成本和最少的配送中心数量。

大规模车辆路径问题（单行程多客户点）不是本书研究的重点，该问题已经有很多学者进行了深入的研究[159-165]。针对大规模客户点问题不仅仅可以进行直接求解，还可以采用分解方法，将大规模客户点转化为小规模客户点以后再进行优化求解，这两种方法本章都进行了探讨和研究。本章主要以多行程车辆路径问题为研究重点，探讨配送中心、配送车辆、载重量、客户数量等相互之间的平衡关系，以期获得最低的配送总成本和最短的配送时间。

第6章 基于动态需求的车辆调度与路径优化平台

本章介绍的基于动态需求的车辆调度与路径优化平台，有效集成了本书所介绍的改进烟花算法、混合 Beam–PSO 优化算法、HTLBO 优化算法和新型混合蛙跳算法，并将它们作为优化种子通过 GIS 接口植入系统的 SDK 算法包中。通过对配送车辆行驶路径的实时智能规划，提供一种成本最低、路径最短、时间最少的行车方案供客户选择，以达到节约车辆行驶成本、降低燃油消耗和噪声、实现环境保护的目标。针对调度过程中出现的不确定因素，该平台采用实时更新输入平台的数据并重新优化的策略，并把优化后的路径结果由调度人员选择决策后，通过短信把行驶路线发送给司机，实现动态调度。

6.1 引　　言

为了能够更好地展示和验证本书研究的内容，和安阳市某快递公司进行合作，将本书的路径优化算法集成到了该公司的车辆调度与路径优化平台中进行了二次开发，并将配送车辆的调度结果在网页上进行显示。同时，该系统还提供了停靠点管理、车辆管理、订单管理、车辆类型管理、距离和时间矩阵管理、数据交换、优化互动等基本功能，将客户订单和车辆进行合理匹配，规划合理的行车计划，满足各种复杂业务规则和约束条件，最大限度地提升车辆满载率和减少运输成本。

为了满足用户使用，整个系统中：前台采用 HTML + Javascript 作为静态页面展示工具，Asp. net 作为动态显示工具，后台采用 Java WebService 技术来连接模型库、数据库和算法库等。. net 用来实现页面控制和业务逻辑。数据库采用 SQL

Server 2008 作为数据库服务器，网页服务器采用 IIS。调度员根据收到的客户订单将车辆各个停靠点的动态优化路线信息通过手机发送给配送车辆的司机，实现车辆的实时调度。平台结构关系如图 6-1 所示。

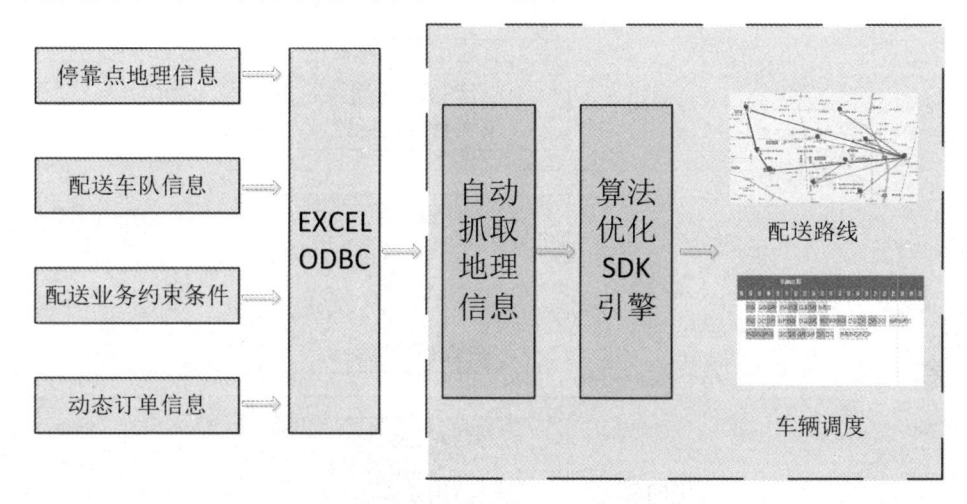

图 6-1　车辆调度与路径优化平台关系

该平台不同于百度、高德等导航软件，因为它们提供的是已知两点（起点和终点）之间的路线选择，完成的是一次驾驶任务的规划，获得的是一次驾驶过程中最佳的绩效指标（最少时间、最短距离等）。而该平台是基于两点之间已有最佳路线，对多个仓库和客户之间庞大的组合关系进行规划，建立仓库、客户、车辆、时间之间最佳的匹配关系，完成多次配送任务的连续安排，获得多次配送任务之后整体绩效指标的最优化。进行任何路线规划之前，都需要首先建立仓库和客户任意两点之间的最佳路线，这是后续决策的基础和依据。如果有 3 个仓库和 10 个客户点，如果任何一点和其他另外一点之间存在行车的可能，那么可能存在的行车关系就是 13×12=156 条路线。我们需要采集这 156 条路线的距离和行车时间。往往这些信息可以通过从已有地理信息系统（例如百度地图、高德地图等）提取出来，以点到点的距离和时间矩阵的形式保存下来。

任意两点的距离和时间未必表明这条路线必然会发生，只是提供了一个可能性。该平台在这些可能性之中进行筛选，根据时间窗口、车辆运能、业务约束关系等，最终确定一个合理的路线安排和车辆调度。

该平台以城市两级物流配送为例来进行说明，平台结构如图 6-2 所示。第

第6章 基于动态需求的车辆调度与路径优化平台

一级为位于郊区的物流配送中心和市区的多个配送点组成，第二级为多个市区内配送点和具有动态需求的客户组成。车辆停靠点包括但不限于配送中心、市区配送点、客户位置等。所以这两级配送都具有进行动态路径优化的相似性。

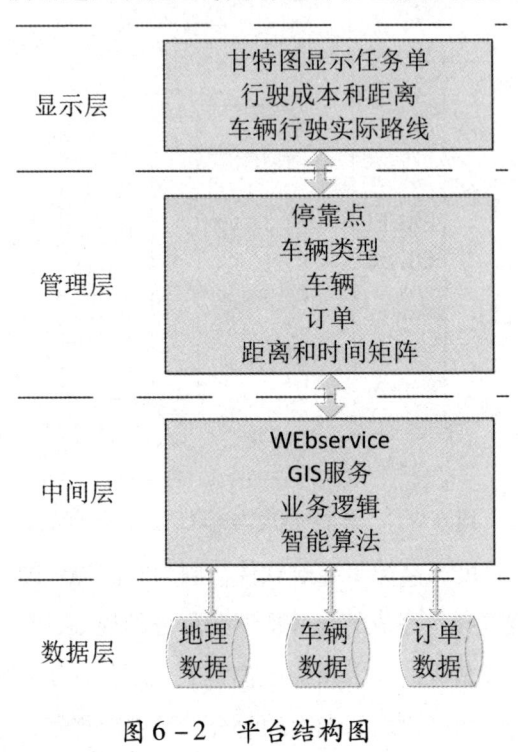

图6-2 平台结构图

6.2 实例应用过程

在使用该平台时，调度人员首先进行预调度，在离线的EXCEL模板文件中输入当前的停靠点信息、车辆类型、车辆参数和订单参数等数据，如图6-3所示。通过平台的数据交换菜单，导入EXCEL数据。

图 6-3 数据导入

对于停靠点，在读取数据时，系统会自动根据中文地址获取经纬度信息，在百度电子地图上自动显示导入的所有停靠点位置。为了对平台功能进行说明，我们分别选择了 3 辆车，18 个订单和 10 个停靠点进行说明。数据表分别如表 6-1 至表 6-4 所示，数据表的所有数据在实际应用中可以根据需要进行动态修改。

表 6-1 停靠点列表

停靠点 ID	地 址
W1	河南省安阳市文明大道与海兴路交叉口高铁站
C1	河南省安阳市开发区银杏大街街道长江大道东段朝霞路 100 号
C2	河南省安阳市龙安区梅东路龙安区政府
C3	河南省安阳市北关区邺城大道双塔学校
C4	河南省安阳市北关区平原路与邺城大道交叉路口向北 130 米路西
C5	河南省安阳市龙安区广顺街 1 号元泰清华园
C6	河南省安阳市北关区红旗路 150 号
C7	河南省安阳市文峰区曙光路南段 73 号
C8	河南省安阳市龙安区文峰大道西段 588 号
C9	河南省安阳市文峰区人民大道东段 656 号

表6-2 车辆基本参数

车辆类型ID	固定成本/元	单位距离成本（元）	单位行驶时间成本/元	单位等待时间成本/元	单位服务时间成本/元	单位距离容量成本/元	装载量/t	速度（km·h^{-1}）
vehicle-25	40	7	0	0	0	0	25	30.00
vehicle-20	30	6	0	0	0	0	20	30.00
vehicle-10	20	5	0	0	0	0	10	30.00

表6-3 车辆行驶约束条件

车辆ID	车辆类型ID	起始停靠点	结束停靠点	最早开始时间	最晚结束时间	最大行驶距离/km	最大行驶时间/h	匹配关系	休息时间窗
v25	vehicle-25	W1	W1	2017/1/6 7:00	2017/1/7 5:00	600	20	a	
v20	vehicle-20	W1	W1	2017/1/6 7:00	2017/1/7 5:00	600	20	a	
v10	vehicle-10	W1	W1	2017/1/6 7:00	2017/1/7 5:00	600	20	a, b	

表6-4 订单参数表

订单ID	订单名称	订单类型	优先级	匹配关系	订单量	提货地点	提货服务时间	提货时间窗	送货地点	送货服务时间	送货时间窗
O1	O1	2	1	A	20	W1	60	[2017/1/6—2017/1/6] [8:00—15:00]	C1	60	[2017/1/6—2017/1/6] [9:00—18:00]
O2	O2	2	1	A	4	W1	60	[2017/1/6—2017/1/6] [8:00—15:00]	C2	60	[2017/1/6—2017/1/6] [9:00—18:00]

续表

订单ID	订单名称	订单类型	优先级	匹配关系	订单量	提货地点	提货服务时间	提货时间窗	送货地点	送货服务时间	送货时间窗
O3	O3	2	1	A	10	W1	60	[2017/1/6—2017/1/6] [8:00—15:00]	C3	60	[2017/1/6—2017/1/6] [9:00—18:00]
O4	O4	2	1	B	10	W1	60	[2017/1/6—2017/1/6] [8:00—15:00]	C4	60	[2017/1/6—2017/1/6] [9:00—18:00]
O5	O5	2	1	A	10	W1	60	[2017/1/6—2017/1/6] [8:00—15:00]	C5	60	[2017/1/6—2017/1/6] [9:00—18:00]
O6	O6	2	1	A	20	W1	60	[2017/1/6—2017/1/6] [8:00—15:00]	C6	60	[2017/1/6—2017/1/6] [9:00—18:00]
O7	O7	2	1	A	10	W1	60	[2017/1/6—2017/1/6] [8:00—15:00]	C7	60	[2017/1/6—2017/1/6] [9:00—18:00]
O8	O8	2	1	A	10	W1	60	[2017/1/6—2017/1/6] [8:00—15:00]	C8	60	[2017/1/6—2017/1/6] [9:00—18:00]
O9	O9	2	1	A	10	W1	60	[2017/1/6—2017/1/6] [8:00—15:00]	C9	60	[2017/1/6—2017/1/6] [9:00—18:00]
P1	P1	2	1	A	2	C1	60	[2017/1/6—2017/1/6] [8:00—15:00]	W1	60	[2017/1/6—2017/1/6] [9:00—18:00]
P2	P2	2	1	A	4	C2	60	[2017/1/6—2017/1/6] [8:00—15:00]	W1	60	[2017/1/6—2017/1/6] [9:00—18:00]

续表

订单ID	订单名称	订单类型	优先级	匹配关系	订单量	提货地点	提货服务时间	提货时间窗	送货地点	送货服务时间	送货时间窗
P3	P3	2	1	A	1	C3	60	[2017/1/6—2017/1/6] [8:00—15:00]	W1	60	[2017/1/6—2017/1/6] [9:00—18:00]
P4	P4	2	1	A	1	C4	60	[2017/1/6—2017/1/6] [8:00—15:00]	W1	60	[2017/1/6—2017/1/6] [9:00—18:00]
P5	P5	2	1	A	5	C5	60	[2017/1/6—2017/1/6] [8:00—15:00]	W1	60	[2017/1/6—2017/1/6] [9:00—18:00]
P6	P6	2	1	A	2	C6	60	[2017/1/6—2017/1/6] [8:00—15:00]	W1	60	[2017/1/6—2017/1/6] [9:00—18:00]
P7	P7	2	1	a	1	C7	60	[2017/1/6—2017/1/6] [8:00—15:00]	W1	60	[2017/1/6—2017/1/6] [9:00—18:00]
P8	P8	2	1	A	1	C8	60	[2017/1/6—2017/1/6] [8:00—15:00]	W1	60	[2017/1/6—2017/1/6] [9:00—18:00]
P9	P9	2	1	A	1	C9	60	[2017/1/6—2017/1/6] [8:00—15:00]	W1	60	[2017/1/6—2017/1/6] [9:00—18:00]

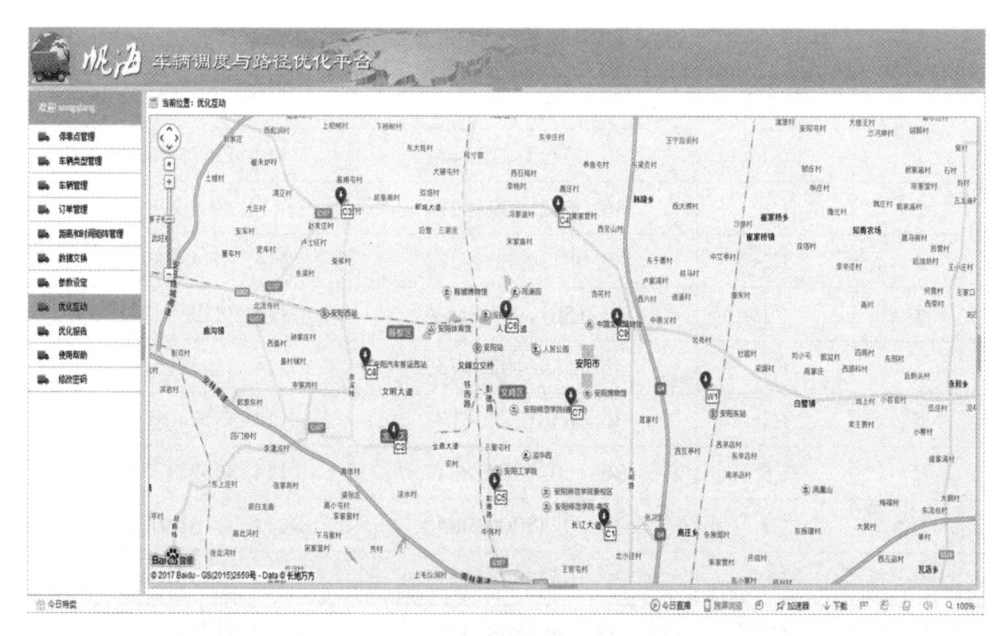

图6-4　停靠点位置

在上述订单参数表中，订单类型用0代表送货单；1代表取货单；2代表取送货单。优先级为1~100，数值越小优先级越高。匹配关系用于限定可以处理的车辆。车辆只能处理字符串匹配的订单；多个匹配字符串用逗号分隔。订单量需要和车辆装载量保持相同的维度。提货地点指的是提货的停靠点的ID。时间窗允许输入多个时间窗，允许采用简洁形式输入多日相同时间窗。时间窗之间不能重叠，否则优化会报错。

成功导入EXCEL数据后，就可以进入到停靠点管理、车辆类型管理、订单管理菜单中去查阅记录。在读入停靠点的数据时，系统会自动根据中文地址获取经纬度信息，如表6-5所示。读入数据之后，在百度地图上可以显示停靠点的地理位置，如图6-4所示。该系统还可以直接利用导入的客户节点的经纬度信息进行一键路径优化操作。打开并进入"优化互动"菜单，点击"自动优化"按钮，启动优化程序。根据选择的相应优化种子，优化路线显示在百度电子地图上，任务分配以及时间安排出现在甘特图上，同时系统也会将计算出的每辆车的行驶路程和行驶成本显示出来，如图6-5所示。

第6章 基于动态需求的车辆调度与路径优化平台

表6-5 停靠点经纬度坐标值

序 号	停靠点	维 度	经 度
1	W1	36.0979382222411	114.456719663877
2	C1	36.0542563936279	114.40762953508
3	C2	36.0817428686223	114.307483876657
4	C3	36.1561799340026	114.281969432816
5	C4	36.1535619234753	114.385319011027
6	C5	36.0656138254173	114.355240909298
7	C6	36.1203532728047	114.360231355728
8	C7	36.0927300019858	114.391614076431
9	C8	36.1053882821371	114.293557444539
10	C9	36.1180588934967	114.413747341451

(a) 优化后的直线路线图

图6-5 优化后结果

(b) 优化后的行驶路线图(最短距离)

图 6-5 优化后结果(续)

平台采用了以下两点间距离和时间策略:

任何两个停靠点之间较真实的行驶距离和时间是路线规划的重要基础数据。这些数据往往由地理信息系统提供。百度地图在提供两点之间行驶数据时有三个选项,即"最小时间"、"最短距离"、"避开高速"。这三个选项只有用户在抓取距离和时间矩阵时才有效。

用户可以到"参数设定"—"地理信息参数设置"中选择,这个选项也会影响到最终结果地图显示的行车路线,如图 6-6 所示。

图 6-6 行驶策略设置

在图6-6中，用户须将申请到百度地图密钥输入到这里，只有具备百度地图密钥，才能使用百度地图的距离和时间矩阵抓取功能。当采用"经纬度和平均车速"时，可以快速将根据经纬度计算的距离乘以距离浮动系数，用于矫正经纬度计算距离，其中距离浮动系数默认为1。

平台支持以下两种方法进行距离和时间的计算：

（1）经纬度和平均车速

通过地理信息系统抓取每个仓库和客户点的经纬度，然后通过一个内部距离转换公式算出两点之间的行驶距离，加上用户输入的车辆平均行驶速度，得出两点之间的行驶时间。这个方法快速，但是准确度较差，只需要经纬度就可以运行。每个停靠点都是根据调度员输入的EXCEL表中的中文地址由百度地图自动采集经纬度。

（2）距离和时间矩阵

根据经纬度信息，通过地理信息系统抓取任何两点之间的较真实行驶距离和时间，形成一个距离和时间矩阵（非对称）。然后采用这个矩阵进行计算。这个方法较方法（1）更准确。

参数设置如图6-7所示。

图6-7 距离和时间计算方式选择

当停靠点达上百个时，抓取矩阵可能需要较长时间。大数据量的用户离线获取距离时间矩阵后导入。矩阵抓取采用的是累积增加方式，无论什么原因造成抓取中断，系统都会保存已有的数据，等下次抓取时只抓取缺失的数据。

当采用距离和时间矩阵计算行驶距离和时间时，原来设计的行驶速度30km/h将不起作用。图6-8所示为系统自动计算的车辆行驶的相关参数。

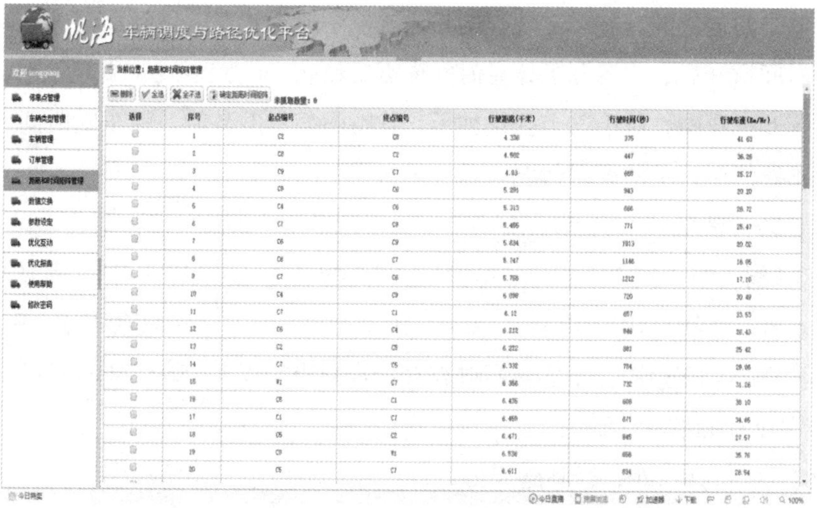

图 6-8 车辆行驶的相关参数

根据业务约束条件和订单情况，平台调度员可以选择不同的优化种子对车辆的配送路线进行优化处理。这里优化种子的取值范围为 0~3，分别对应本书研究的 4 种不同算法。其中优化种子 0 对应改进烟花算法，优化种子 1 对应混合 Beam-PSO 优化算法，优化种子 2 对应 HTLBO 优化算法，优化种子 3 对应新型混合蛙跳算法。总的优化运行时间默认为 60 秒，如图 6-9 所示。

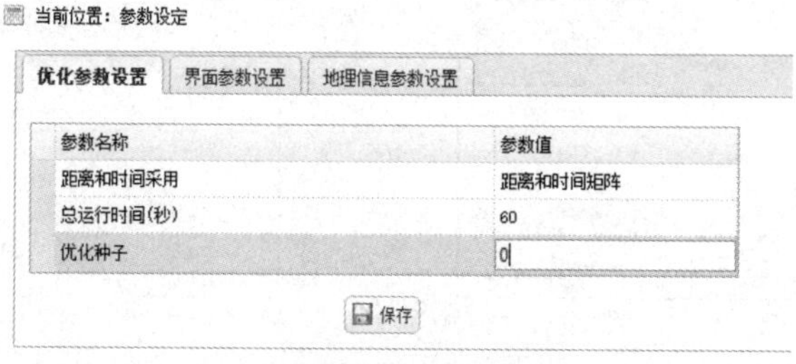

图 6-9 优化种子的选择

在"优化互动"界面的电子地图上，平台给出了车辆的停靠点和行驶路线图，并可切换显示当前调度策略下的真实的行驶路线和直线路线。平台也可以通过下滑式操作来隐藏或者显示优化的结果。在下拉式菜单中，左边给出的是当前路线的行驶成本，右边给出的是车辆调度随时间变化的甘特图。用户将光标放在任务条上，就可以看到具体活动信息。这些信息和优化报告中的信息一致。绿色任务条表示提货单，或者提送货单中的提货部分。黄色任务条表示送货单，或者提送货单中的送货部分。对于较长的任务条,一般意味着车辆到达该客户时,需要等待时间窗开启,或者到了休息时间窗需要休息。

在图 6-10 中,对于某个优化种子,甘特图显示出当前三辆车随时间变化行驶的基本路线和订单的配送情况。

对于第一辆车 v10,行驶路线为:

W1(配送中心)、W1-09(提货)、C9-09(送货)、C9-P9(提货)、W1-P9(送货)、W1-04(提货)、C4-04(送货)、C4-P4(提货)、W1-P4(送货)、W1(配送中心);实际行驶路线的停靠点为 W1-C9-W1 和 W1-C4-W1,共计 2 个行程。

对于第二辆车 v20,行驶路线为:

W1(配送中心)、W1-06(提货)、C6-06(送货)、C6-P6(提货)、W1-P6(送货)、W1-01(提货)、C1-01(送货)、C1-P1(提货)、W1-08(提货)、W1-P1(送货)、W1-03(提货)、C8-08(送货)、C8-P8(提货)、C3-P3(提货)、C3-03(送货)、W1-P8(送货)、W1-P3(送货)、W1(配送中心);实际行驶路线的停靠点为 W1-C6-W1、W1-C1-W1、W1-C8-C3-W1,共计 3 个行程。

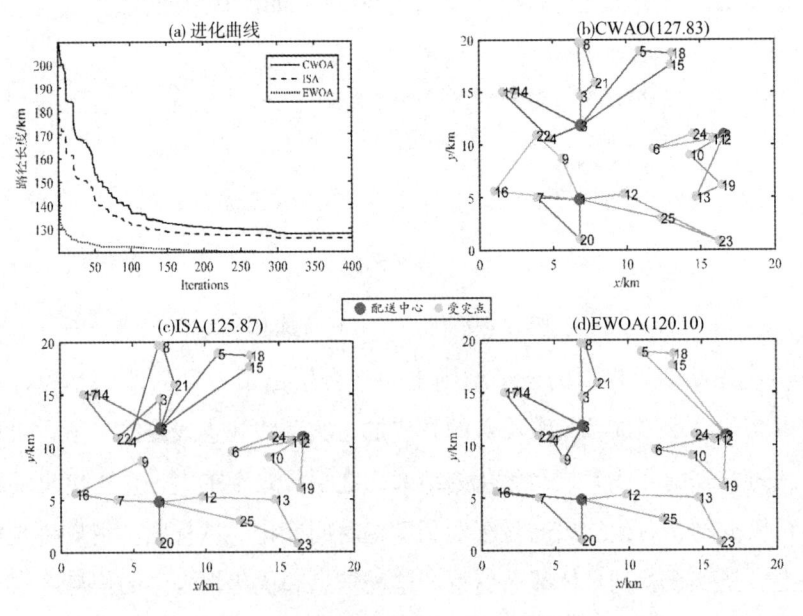

图 6-10 平台针对不同优化算法的调度结果

对于第三辆车 v25，行驶路线为：

W1（配送中心）、W1-07（提货）、W1-05（提货）、W1-02（提货）、C7-P7（提货）、C7-07（送货）、C5-05（送货）、C5-P5（提货）、C2-P2（提货）、C2-02（送货）、W1-P7（送货）、W1-P5（送货）、W1-P2（送货）、W1（配送中心）；实际行驶路线的停靠点为 W1-C7-C5-C2-W1，共计 1 个行程。

同时，在平台的"优化报告"菜单，对于每个优化种子，会分别显示三个不同的优化后的评价指标，即绩效指标（图6-11）、路线汇总（图6-12）和具体路线（图6-13），供平台调度员进行选择和决策。例如，对于上述同一个问题，采用优化种子0和优化种子1会分别得到以下两种不同的优化结果。

(a) 优化种子0

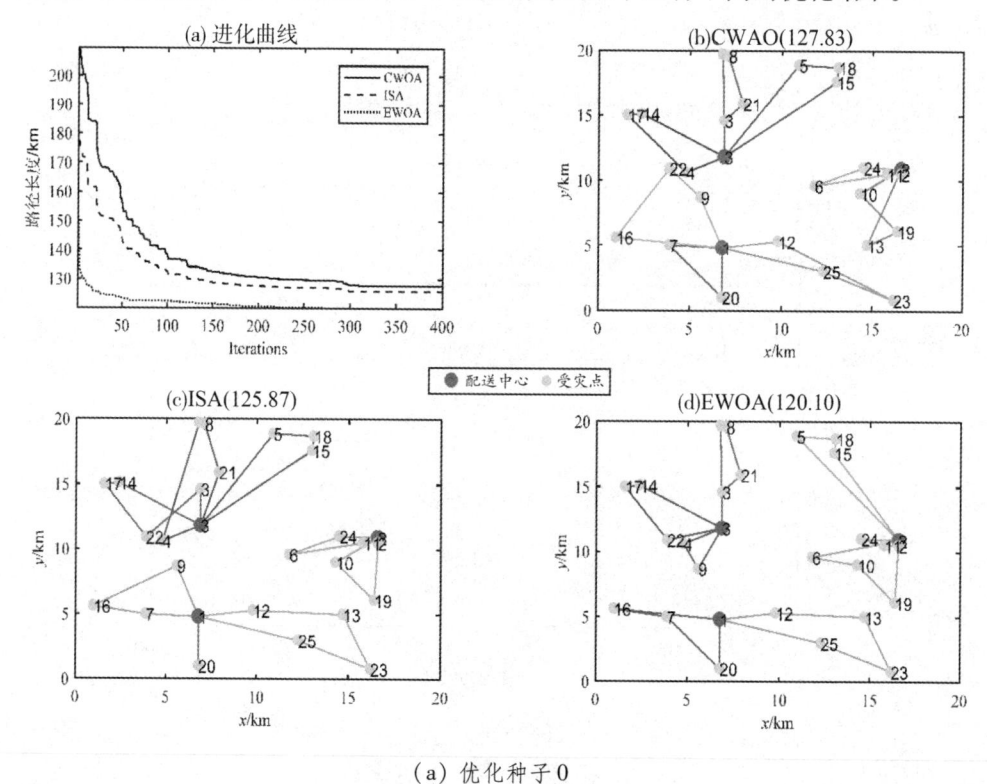

图6-11 绩效指标

第6章 基于动态需求的车辆调度与路径优化平台

(b) 优化种子1

图6-11 绩效指标(续)

(a) 优化种子0

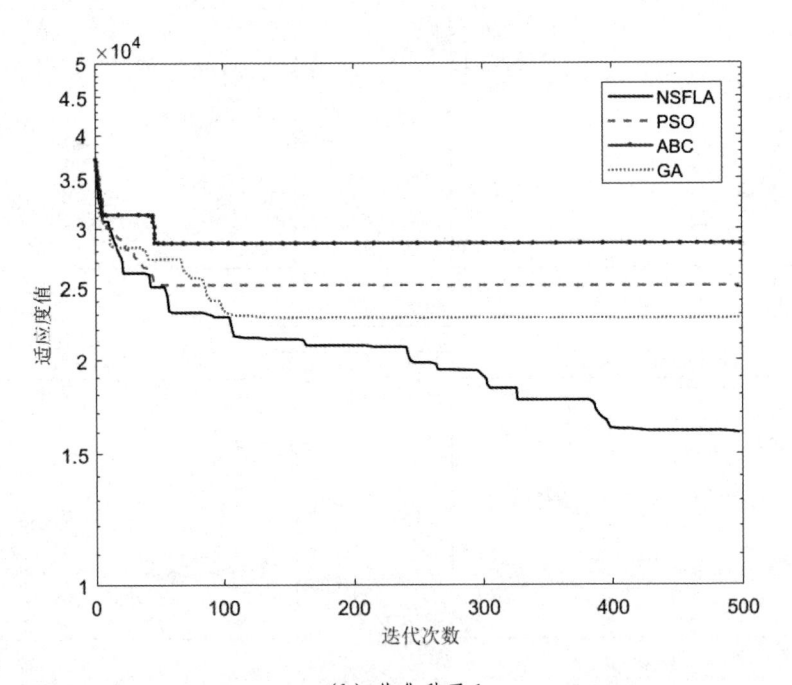

(b) 优化种子1

图6-12 路线汇总

当前位置：优化报告

绩效指标 路线汇总 具体路线

车辆名称	序号	地点	订单编号	订单类型	装载量（单位）	卸载量（单位）	行程（千米）	行驶时间（分钟）	到达时间	等待和休息时间(分钟)	停留时间（分钟）	离开时间
v10	0	W1		其他	0.0	0.0	0.00	0.00	2017/1/6 7:00:00	0.00	0.00	2017/1/6 7:00:00
	1	W1	09	取送货单_取货单	10.0	0.0	0.00	0.00	2017/1/6 7:00:00	0.00	60.00	2017/1/6 8:00:00
	2	C9	09	取送货单_送货单	0.0	10.0	6.40	9.42	2017/1/6 8:09:00	0.00	60.00	2017/1/6 9:09:00
	3	C9	P9	取送货单_取货单	1.0	0.0	0.00	0.00	2017/1/6 9:09:00	0.00	60.00	2017/1/6 10:09:00
	4	W1	P9	取送货单_送货单	0.0	1.0	6.54	10.47	2017/1/6 10:19:00	0.00	60.00	2017/1/6 11:19:00
	5	W1	04	取送货单_取货单	10.0	0.0	0.00	0.00	2017/1/6 11:19:00	0.00	60.00	2017/1/6 12:19:00
	6	C4	04	取送货单_送货单	0.0	10.0	11.48	18.57	2017/1/6 12:38:00	0.00	60.00	2017/1/6 13:38:00
	7	C4	P4	取送货单_取货单	1.0	0.0	0.00	0.00	2017/1/6 13:38:00	0.00	60.00	2017/1/6 14:38:00
	8	W1	P4	取送货单_送货单	0.0	1.0	11.01	21.00	2017/1/6 14:59:00	0.00	60.00	2017/1/6 15:59:00
	9	W1		其他	0.0	0.0	0.00	0.00	2017/1/6 15:59:00	0.00	0.00	2017/1/6 15:59:00
v20	0	W1		其他	0.0	0.0	0.00	0.00	2017/1/6 7:00:00	0.00	0.00	2017/1/6 7:00:00
	1	W1	06	取送货单_取货单	20.0	0.0	0.00	0.00	2017/1/6 7:00:00	0.00	60.00	2017/1/6 8:00:00
	2	C6	06	取送货单_送货单	0.0	20.0	11.40	24.58	2017/1/6 8:24:00	0.00	60.00	2017/1/6 9:24:00
	3	C6	P6	取送货单_取货单	2.0	0.0	0.00	0.00	2017/1/6 9:24:00	0.00	60.00	2017/1/6 10:24:00
	4	W1	P6	取送货单_送货单	0.0	2.0	11.27	29.07	2017/1/6 10:53:00	0.00	60.00	2017/1/6 11:53:00
	5	W1	01	取送货单_取货单	20.0	0.0	0.00	0.00	2017/1/6 11:53:00	0.00	60.00	2017/1/6 12:53:00
	6	C1	01	取送货单_送货单	0.0	20.0	9.65	14.32	2017/1/6 13:07:00	0.00	60.00	2017/1/6 14:07:00
	7	C1	P1	取送货单_取货单	2.0	0.0	0.00	0.00	2017/1/6 14:07:00	0.00	60.00	2017/1/6 15:07:00
	8	W1	03	取送货单_取货单	10.0	0.0	9.74	13.75	2017/1/6 15:21:00	0.00	60.00	2017/1/6 16:21:00

（a）优化种子 0

当前位置：优化报告

绩效指标 路线汇总 具体路线

车辆名称	序号	地点	订单编号	订单类型	装载量（单位）	卸载量（单位）	行程（千米）	行驶时间（分钟）	到达时间	等待和休息时间(分钟)	停留时间（分钟）	离开时间
v10	0	W1		其他	0.0	0.0	0.00	0.00	2017/1/6 7:00:00	0.00	0.00	2017/1/6 7:00:00
	1	W1	09	取送货单_取货单	10.0	0.0	0.00	0.00	2017/1/6 7:00:00	0.00	60.00	2017/1/6 8:00:00
	2	C9	09	取送货单_送货单	0.0	10.0	6.40	9.42	2017/1/6 8:09:00	0.00	60.00	2017/1/6 9:09:00
	3	C9	P9	取送货单_取货单	1.0	0.0	0.00	0.00	2017/1/6 9:09:00	0.00	60.00	2017/1/6 10:09:00
	4	W1	P9	取送货单_送货单	0.0	1.0	6.54	10.47	2017/1/6 10:19:00	0.00	60.00	2017/1/6 11:19:00
	5	W1	04	取送货单_取货单	10.0	0.0	0.00	0.00	2017/1/6 11:19:00	0.00	60.00	2017/1/6 12:19:00
	6	C4	04	取送货单_送货单	0.0	10.0	11.48	18.57	2017/1/6 12:38:00	0.00	60.00	2017/1/6 13:38:00
	7	C4	P4	取送货单_取货单	1.0	0.0	0.00	0.00	2017/1/6 13:38:00	0.00	60.00	2017/1/6 14:38:00
	8	W1	P4	取送货单_送货单	0.0	1.0	11.01	21.00	2017/1/6 14:59:00	0.00	60.00	2017/1/6 15:59:00
	9	W1		其他	0.0	0.0	0.00	0.00	2017/1/6 15:59:00	0.00	0.00	2017/1/6 15:59:00
v20	0	W1		其他	0.0	0.0	0.00	0.00	2017/1/6 7:00:00	0.00	0.00	2017/1/6 7:00:00
	1	W1	06	取送货单_取货单	20.0	0.0	0.00	0.00	2017/1/6 7:00:00	0.00	60.00	2017/1/6 8:00:00
	2	C6	06	取送货单_送货单	0.0	20.0	11.40	24.58	2017/1/6 8:24:00	0.00	60.00	2017/1/6 9:24:00
	3	C6	P6	取送货单_取货单	2.0	0.0	0.00	0.00	2017/1/6 9:24:00	0.00	60.00	2017/1/6 10:24:00
	4	W1	P6	取送货单_送货单	0.0	2.0	11.27	29.07	2017/1/6 10:53:00	0.00	60.00	2017/1/6 11:53:00
	5	W1	01	取送货单_取货单	20.0	0.0	0.00	0.00	2017/1/6 11:53:00	0.00	60.00	2017/1/6 12:53:00
	6	C1	01	取送货单_送货单	0.0	20.0	9.65	14.32	2017/1/6 13:07:00	0.00	60.00	2017/1/6 14:07:00
	7	C1	P1	取送货单_取货单	2.0	0.0	0.00	0.00	2017/1/6 14:07:00	0.00	60.00	2017/1/6 15:07:00
	8	W1	05	取送货单_取货单	10.0	0.0	9.74	13.75	2017/1/6 15:21:00	0.00	60.00	2017/1/6 16:21:00

（b）优化种子 1

图 6－13　具体线路

在图 6－12 和图 6－13 中，不同的优化种子在不同约束条件下可以对优化结果产生了显著的影响，调度员在系统有足够运行时间的条件下，可以选择不同的优化种子，对当前的配送路线进行多次自动优化，以求获得最好的结果。

6.3 本章小结

本章在前文理论研究的基础上，为了更好地验证这四种优化算法在动态需求的物流配送环境下对多行程车辆调度问题的有效性，与安阳市某快递公司合作搭建了一个基于 GIS 的车辆调度与路径优化平台，在该平台上展示了基于群体智能优化算法的车辆路径优化的调度结果，并嵌入到 Web 页面展示出来。同时给出了该调度平台的结构框图，详细说明了该平台的各个功能模块，最后以三辆车的当前配送行驶路线为例进行优化，通过实际路网的一组优化实例的数据进行了验证，结果证明了本书研究的算法具有较高的实用性，可以广泛应用于多行程车辆路径问题的优化调度和配送中心的选址定位等方面。

第7章　基于混合灰狼算法的设施布局优化问题

7.1 引　　言

设施布局是指在预先设定的区域内按照一定的原则将所需设备、功能区等进行合理地组织与布置,以达到最优设计目标(例如:成本最低、物流强度最小等)[166]。良好的设施布局方案对于加快物流效率、降低在制品库存以及提升企业生产效率等具有积极作用[167]。基于此,进行设施布局优化相关的研究具有重要价值。

从理论上而言,本书所研究的课题可归结为具有复杂特征的设施布局优化问题。相较于经典的设施布局优化而言,当前课题增加了三种特征:(1)问题引入功能区出入口位置特征,物流强度的计算依照发出/到达功能区的出口/入口位置而定;(2)决策变量引入布局角度因素,综合考虑不同方向布局对于物流强度的影响;(3)约束设置引入安全距离阈值,旨在更契合生产安全规范。设施布局优化问题被证明为 NP – hard 问题,而以上特征的引入尽管能更细致地刻画实际场景,但也加大了求解难度[168]。鉴于设施布局优化问题的重要研究价值,开展相关规划算法的设计研发具有极其重要的意义。

设施布局优化问题的求解算法分为精确算法、启发式规则和进化算法三大类[169]。精确算法包括混合整数规划建模、动态规划和分支定价等,例如:Bukchin 等学者针对一类包含矩形及 L/T 形的复杂设备布局问题进行了研究,定义了新型约束表达式以确保 L/T 形状设备的正确布局[170]。作者构建了以最小化物流强度为目标的混合整数规划模型,并给出实例分析以验证模型的有效性。启

第7章 基于混合灰狼算法的设施布局优化问题

发式规则通过组合经验式规则生成布局方案，尽管能够快速获得布局问题的解决方案，但经验式规则对问题设置的依赖性较高，算法通用性较差[171]。近年来，进化算法的快速发展为求解复杂的设施布局优化问题提供了新思路。Liu 等学者针对单排设备布局问题进行了研究，构建了最小化搬运成本为目标的数学模型，提出了改进烟花算法，作者通过基准测试算例的仿真实验验证了模型和算法的有效性[172]。Wei 等学者针对车间动态设备布局问题提出了一种混沌遗传算法，该算法借助混沌映射提升初始阶段和进化环节中候选解的表现性能，作者通过算法对比实验展示了改进算法的有效性[173]。Biswas[174]提出了一种多目标进化算法，该算法可以获得多个可用风电场布局选项。Zhang[175]建立了一种新的代理模型来降低适应度评估的计算复杂度。针对传感器布局优化模型的这一局限性，Fasaee[176]创建了一个新的模型来确定传感器的最佳位置，以改进消火栓冲洗机制。

灰狼算法（grey wolf optimizer，GWO），是由 Mirjalili 等学者提出的一种高效的进化算法[177]。GWO 具有架构简洁、控制参数少、收敛速度快和优化精度高等优点，同时，相关研究表明 GWO 算法相比于遗传和粒子群等传统进化算法具有更加优质的寻优性能。目前，GWO 已经在诸多领域获得了成功应用，包括数值优化、图像处理和电力系统调度等[178-179]。例如：王永琦等学者构建了基于 GWO 算法的改进算法，并将其应用于机器人路径规划问题，作者通过各类地图环境中的模拟仿真证明了该算法的有效性[180]。鉴于 GWO 算法的优异性能，本书将其运用于当前所考虑的复杂设施布局优化问题。

由以上综述可知，尽管本书的研究课题在相关文献中有所涉猎，但综合考虑功能区出入口位置、布局方向和安全距离阈值等因素的布局优化研究相对较少，同时鲜有文章构建基于优质的 GWO 算法的布局规划方法。依据 No-Free-Lunch 理论可知，尚不存在一种规划方法能够完美求解所有设施布局优化问题[181]。鉴于设施布局规划问题的实际意义和相应决策算法的应用价值，本书针对一类复杂的设施布局优化问题进行建模，提出了混合灰狼算法（HGWO），通过算法对比实验和实际案例分析证明 HGWO 算法的优越性能。

7.2 问题模型

7.2.1 问题描述

为便于问题阐述和数学建模,在此梳理归纳当前课题所使用的数学符号。

表 7-1 数学符号

集合 & 索引:	
$\mathbf{N}$	功能区集合
i, j	功能区索引 i, j, $i, j \in \mathbf{N}$
$\mathbf{A}$	功能区布局角度集合,在此指定为 $\{0, \pi/2, \pi, 3\pi/2\}$
问题参数:	
L, H	待布局区域的长宽尺寸
l_i^x, l_i^y	功能区 i 的长宽尺寸,$i \in \mathbf{N}$
Δ_i	功能区 i 的安全距离阈值,$i \in \mathbf{N}$
$l_i^{x,\text{out}}, l_i^{y,\text{out}}$	功能区 i 的出口位置相对于其中心的长宽方向的坐标偏移量,,$i \in \mathbf{N}$
$l_i^{x,\text{in}}, l_i^{y,\text{in}}$	功能区 i 的入口位置相对于其中心的长宽方向的坐标偏移量,,$i \in \mathbf{N}$
μ_{ij}	功能区 i 去往 j 的物流量,$i, j \in \mathbf{N}$ 且 $i \neq j$
M	一个比较大的正数
决策变量:	
(x_i, y_i)	功能区 i 中心点的坐标,$i \in \mathbf{N}$
a_i	功能区 i 的布局角度,$i \in \mathbf{N}$, $a_i \in \mathbf{A}$
z_{ij}^x	功能区 i 和 j 在 x 轴方向满足最小距离约束,z_{ij}^x,否则取 0,$i, j \in \mathbf{N}$ 且 $i \neq j$

续表

z_{ij}^{y}	功能区 i 和 j 在 y 轴方向满足最小距离约束，$z_{ij}^{y}=1$，否则取 0，$i, j \in \mathbf{N}$ 且 $i \neq j$	
辅助变量：		
u_i^x, u_i^y	功能区 i 依照角度 a_i 布局后的横纵向尺寸值，$i \in \mathbf{N}$	
$(x_i^{\text{out}}, y_i^{\text{out}})$	功能区 i 出口位置的坐标，$i \in \mathbf{N}$	
$(x_i^{\text{in}}, y_i^{\text{in}})$	功能区 i 入口位置的坐标，$i \in \mathbf{N}$	
d_{ij}	功能区 i 的出口到功能区 j 的入口间的曼哈顿距离值，$i, j \in \mathbf{N}$ 且 $i \neq j$	

如图 7-1 所示，给出本书所研究的设施布局优化问题的示意图。为便于建模，将待布局区域置于直角坐标系、并简化成长宽尺寸分别为 L 和 H 的矩形，矩形左下角置于原点位置。所有待布局的功能区所构成的集合设为 N，各功能区以符号 i（或 j）表示。同时，每个功能区设有一个出口位置和一个入口位置，不同功能区存在一定规模的物料流通。$\forall i \in \mathbf{N}$，符号 l_i^x 和 l_i^y 表示功能区 i 的长宽尺寸，u_i^x 和 u_i^y 表示功能区 i 依照角度 a_i 布局后的横纵向尺寸值。

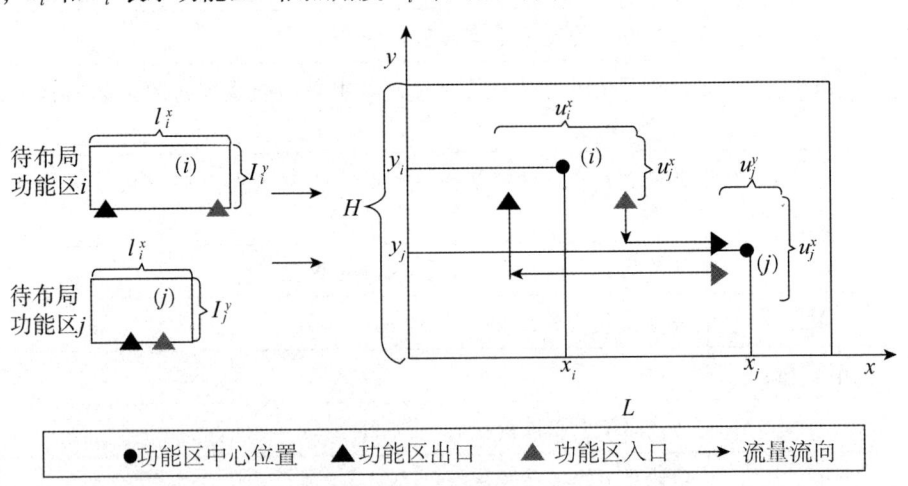

图 7-1 布局问题示意图

进一步地，当前模型考虑到待布局功能区的长宽尺寸差异和出入口位置特征，允许将功能区依照一定角度布局，角度值以符号 a_i 表示，其取值集合设为 $\{0, \pi/2, \pi, 3\pi/2\}$。如图 7-2 所示，给出了同一功能区依照不同角度布局所得结果。此外,图 7-3 给出了坐标轴旋转变换公式推导过程以辅助理解当前问题的数学建模过程。

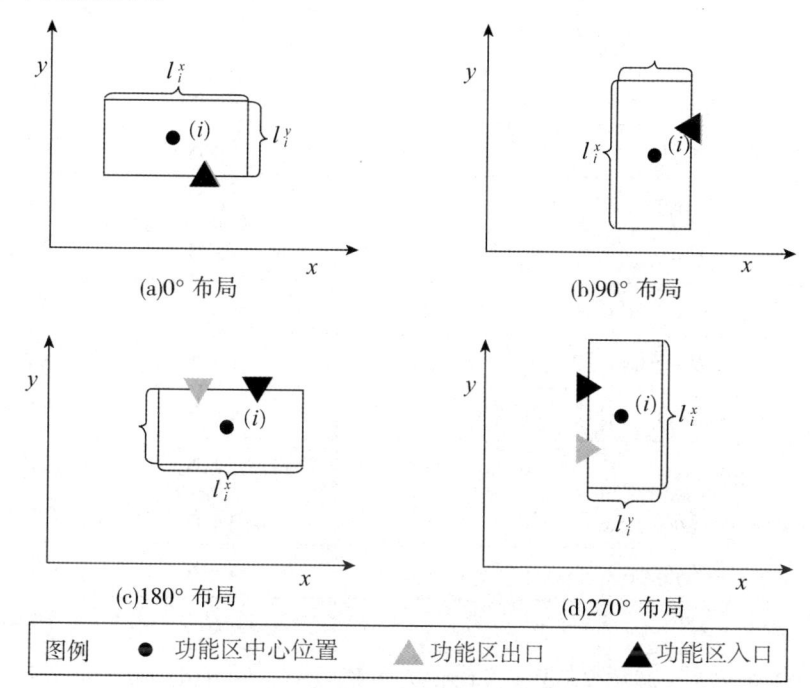

图 7-2 不同布局模式示意图

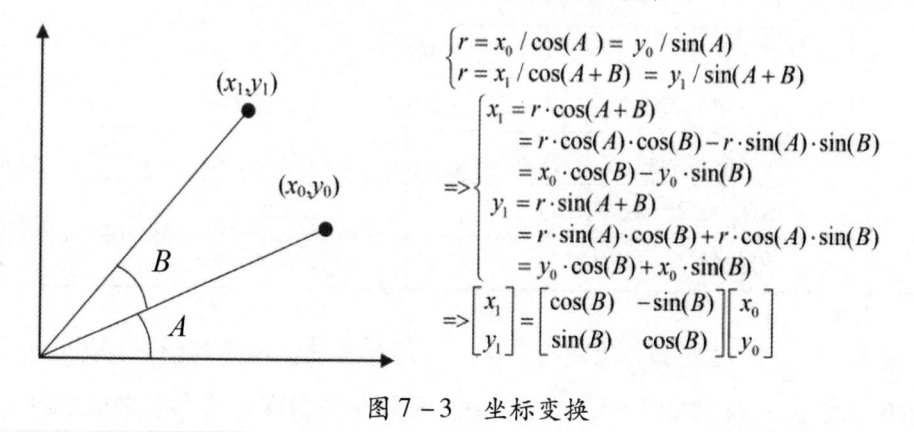

(a) 0° 布局
(b) 90° 布局
(c) 180° 布局
(d) 270° 布局

图例：● 功能区中心位置　▲(灰) 功能区出口　▲ 功能区入口

$$\begin{cases} r = x_0/\cos(A) = y_0/\sin(A) \\ r = x_1/\cos(A+B) = y_1/\sin(A+B) \end{cases}$$

$$\Rightarrow \begin{cases} x_1 = r \cdot \cos(A+B) \\ \quad = r \cdot \cos(A) \cdot \cos(B) - r \cdot \sin(A) \cdot \sin(B) \\ \quad = x_0 \cdot \cos(B) - y_0 \cdot \sin(B) \\ y_1 = r \cdot \sin(A+B) \\ \quad = r \cdot \sin(A) \cdot \cos(B) + r \cdot \cos(A) \cdot \sin(B) \\ \quad = y_0 \cdot \cos(B) + x_0 \cdot \sin(B) \end{cases}$$

$$\Rightarrow \begin{bmatrix} x_1 \\ y_1 \end{bmatrix} = \begin{bmatrix} \cos(B) & -\sin(B) \\ \sin(B) & \cos(B) \end{bmatrix} \begin{bmatrix} x_0 \\ y_0 \end{bmatrix}$$

图 7-3 坐标变换

7.2.2 数学模型

结合以上符号定义和问题描述构建数学模型,目标函数和约束条件梳理如表 7-2 所示。

表7-2 目标函数与约束条件

公式	范围	编号
$\min f = \sum_{i \in \mathbf{N}} \sum_{j \in \mathbf{N} \text{且} i \neq j} \mu_{ij} d_{ij}$	$i \in \mathbf{N}$	(7-1)
$u_i^x = \|\cos(a_i)\| \cdot l_i^x + \|\sin(a_i)\| \cdot l_i^y$	$i \in \mathbf{N}$	(7-2)
$u_i^y = \|\sin(a_i)\| \cdot l_i^x + \|\cos(a_i)\| \cdot l_i^y$	$i \in \mathbf{N}$	(7-3)
$x_i \geq u_i^x/2 + \Delta_i$	$i \in \mathbf{N}$	(7-4)
$L - x_i \geq u_i^x/2 + \Delta_i$	$i \in \mathbf{N}$	(7-5)
$y_i \geq u_i^y/2 + \Delta_i$	$i \in \mathbf{N}$	(7-6)
$H - y_i \geq u_i^y/2 + \Delta_i$	$i \in \mathbf{N}$	(7-7)
$x_i^{\text{out}} = x_i + \cos(a_i) \cdot l_i^{x,\text{out}} - \sin(a_i) \cdot l_i^{y,\text{out}}$	$i \in \mathbf{N}$	(7-8)
$y_i^{\text{out}} = y_i + \sin(a_i) \cdot l_i^{x,\text{out}} + \cos(a_i) \cdot l_i^{y,\text{out}}$	$i \in \mathbf{N}$	(7-9)
$x_i^{\text{in}} = x_i + \cos(a_i) \cdot l_i^{x,\text{in}} - \sin(a_i) \cdot l_i^{y,\text{in}}$	$i \in \mathbf{N}$	(7-10)
$y_i^{\text{in}} = y_i + \sin(a_i) \cdot l_i^{x,\text{in}} + \cos(a_i) \cdot l_i^{y,\text{in}}$	$i \in \mathbf{N}$	(7-11)
$d_{ij} = \|x_i^{\text{out}} - x_j^{\text{in}}\| + \|y_i^{\text{out}} - y_j^{\text{in}}\|$	$i, j \in \mathbf{N}$ 且 $i \neq j$	(7-12)
$\|x_i - x_j\| \geq (u_i^x + u_j^x)/2 + \Delta_i + (1 - z_{ij}^x) \cdot M$	$i, j \in \mathbf{N}$ 且 $i \neq j$	(7-13)
$\|x_i - x_j\| \geq (u_i^x + u_j^x)/2 + \Delta_j + (1 - z_{ij}^x) \cdot M$	$i, j \in \mathbf{N}$ 且 $i \neq j$	(7-14)
$\|y_i - y_j\| \geq (u_i^y + u_j^y)/2 + \Delta_i + (1 - z_{ij}^y) \cdot M$	$i, j \in \mathbf{N}$ 且 $i \neq j$	(7-15)
$\|y_i - y_j\| \geq (u_i^y + u_j^y)/2 + \Delta_j + (1 - z_{ij}^y) \cdot M$	$i, j \in \mathbf{N}$ 且 $i \neq j$	(7-16)
$z_{ij}^x + z_{ij}^y \geq 1$	$i, j \in \mathbf{N}$ 且 $i \neq j$	(7-17)
$a_i \in \{0, \pi/2, \pi, 3\pi/2\}$	$i \in \mathbf{N}$	(7-18)
$z_{ij}^x \in \{0, 1\}, z_{ij}^y \in \{0, 1\}$	$i, j \in \mathbf{N}$ 且 $i \neq j$	

其中,式(7-1)为目标函数,表示最小化各功能区间的物流强度总和。$\forall i \in \mathbf{N}$,式(7-2)和(7-3)计算了该功能区依照角度 a_i 布局后的横纵向尺寸。约束(7-4)～(7-7)要求每个功能区的中心位置必须位于待布局区域内,且满足安全距离约束。式(7-8)和(7-9)计算了每个功能区的出口位置,式(7-10)和(7-11)计算了每个功能区的入口位置。$\forall i, j \in \mathbf{N}$ 且 $i \neq j$,式(7-12)计算了功能区 i 的出口到功能区 j 的入口间的曼哈顿距离值,同时约

束（7-13）~（7-17）定义了功能区 i 和功能区 j 间的最小间隔距离约束。最后，约束（7-18）定义了各功能区的布局角度值的取值范围。

7.3 GWO 算法

GWO 算法以 D 维度实数编码表示候选问题的解，初始阶段通过随机方式构建候选解种群，随后以迭代进化的方式逐步更新种群位置分布以接近优质解。在此归纳 GWO 算法运行过程的核心公式，内容如下：

（1）构建初始种群

如前所述，待优化问题的候选解可由 D 维数组 $\boldsymbol{x}=(x_1,\cdots,x_d,\cdots)$ 表示。$\forall d \in (1,2,\cdots,D)$，依据问题特征和相关编解码规则，维度 d 上的编码取值设定为 $[x_d^l, x_d^u]$。初始阶段，x_d 的数值通过随机方式生成，公式为

$$x_d = x_d^l + \text{rand}(0,1) \cdot (x_d^u - x_d^l) \tag{7-19}$$

其中，rand 表示 [0,1] 范围的随机数。

（2）更新位置信息

GWO 算法利用候选解和优质解位置信息的差分量生成子代解。给定解 $\boldsymbol{x}=(x_1,\cdots,x_d,\cdots)$，$\forall d \in (1,2,\cdots,D)$，子代解生成的核心过程归纳如下：

$$x_d \leftarrow x_d^p - c_d \cdot \Delta_d \tag{7-20}$$

$$\Delta_d = |\text{rand}(0,2) \cdot x_d^p - x_d| \tag{7-21}$$

$$c_d = a \cdot \left(1 - \frac{g}{G}\right) \cdot \text{rand}(-1,1) \tag{7-22}$$

其中，参数 a 用于控制搜索半径，其建议取值为 2。g 表示当前迭代次数，G 为算法的最大迭代次数。x_d 为父代解 $\boldsymbol{x}$ 在维度 d 上的编码取值，x_d^p 为猎物解向量 $\boldsymbol{x}^p$ 在维度 d 上的编码取值，$\boldsymbol{x}^p$ 以当前种群中排名靠前的优质解表示。由以上公式描述可知，式（7-22）计算了父代候选解 $\boldsymbol{x}$ 同优质解 $\boldsymbol{x}^p$ 在维度 d 编码数值的差分量，式（7-21）依据迭代状态生成了位置偏移量调节系数，据此，式（7-20）计算了所得子代解在维度 d 上的编码数值。

GWO 算法中的灰狼个体遵循严格的等级制度，整个狼群被划分为四个类别：

表现最优的解被称为 α 狼，位于二、三位优秀的解被称为 β 和 δ 狼，剩余其他解被称为 ω 狼。在迭代寻优过程中，α、β 和 δ 狼牵引所有 ω 狼的实现位置变动，公式描述如下：

$$\Delta_d^\alpha = |\,\text{rand}\,(0,2)\cdot x_d^\alpha - x_d\,| \quad (7-23)$$

$$\Delta_d^\beta = |\,\text{rand}\,(0,2)\cdot x_d^\beta - x_d\,| \quad (7-24)$$

$$\Delta_d^\delta = |\,\text{rand}\,(0,2)\cdot x_d^\delta - x_d\,| \quad (7-25)$$

$$\tilde{x}_d^\alpha \leftarrow x_d^\alpha - c_d^\alpha \cdot \Delta_d^\alpha \quad (7-26)$$

$$\tilde{x}_d^\beta \leftarrow x_d^\beta - c_d^\beta \cdot \Delta_d^\beta \quad (7-27)$$

$$\tilde{x}_d^\delta \leftarrow x_d^\delta - c_d^\delta \cdot \Delta_d^\delta \quad (7-28)$$

$$x_d \leftarrow \frac{\tilde{x}_d^\alpha + \tilde{x}_d^\beta + \tilde{x}_d^\delta}{3} \quad (7-29)$$

其中，对于 α 狼，x_d^α 表示解 x^α 在维度 d 上的编码数值，式（7-23）计算了父代候选解 x 同优质解 x^α 在维度 d 编码数值的差分量，式（7-26）计算了参照 α 狼位置信息所得子代解在维度 d 上的编码数值。对于 β 和 δ 狼，上述过程类似。最后，公式（7-29）取平均位置作为子代解的最终值。

基于上述内容，绘制的 GWO 算法的运行框架图如图 7-4。

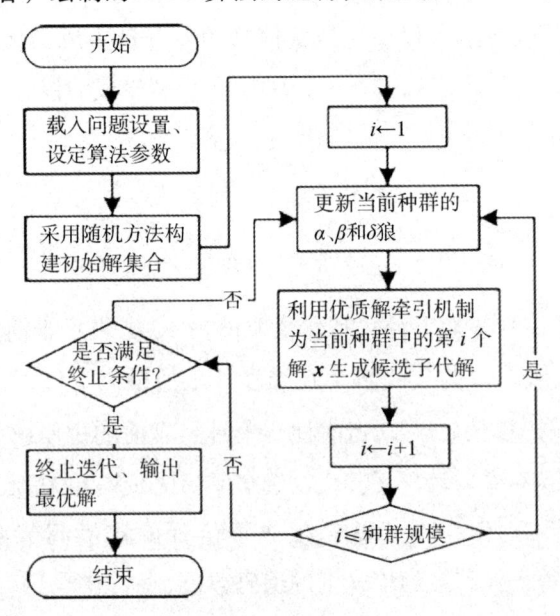

图 7-4 GWO 算法流程

7.4 HGWO 算法

7.4.1 编码与解码

编码：以三层实数编码表示当前布局问题的候选解，各层编码长度均取待布局的功能区总数（即 $|N|$），编码取值范围设为 $[0,1]$。$\forall i \in N$，第 1 层编码的第 i 位数值用于确定功能区 i 的布局角度 a_i，第 2、3 层编码的第 i 位数值用于确定功能区 i 的中心位置坐标 (x_i, y_i)。

解码：$\forall i \in N$，功能区 i 的布局结果由两个阶段确定，首先确定布局角度 α_i，其次确定中心位置坐标值 (x_i, y_i)，实现过程梳理如下：

● 以符号 c_i^1 表示第 1 层编码中第 i 位的数值，布局角度 a_i 计算如下：

$$a_i = \min(\text{floor}(4 \cdot y_i^1), 3) \cdot \frac{\pi}{2} \tag{30}$$

其中，floor（·）为向下取整函数，上述公式实现 $[0,1]$ 区间的小数向集合 $\{0, \pi/2, \pi, 3\pi/2\}$ 中所有元素均匀映射，据此可计算功能区 i 依照角度 a_i 布局后的横纵向尺寸值 u_i^x 和 u_i^y。

● 以符号 c_i^2 和 c_i^3 分别表示第 2、3 层编码中第 i 位的数值，依照前一阶段解码结果以及待布局区域的尺寸参数 L 和 H，功能区 i 的中心位置坐标 (x_i, y_i) 计算如下：

$$x_i = (L - 2 \cdot \Delta_i) \cdot c_i^2 + u_i^x/2 + \Delta_i \tag{31}$$

$$y_i = (H - 2 \cdot \Delta_i) \cdot c_i^3 + u_i^y/2 + \Delta_i \tag{32}$$

为清晰阐明以上公式，以 x 轴坐标计算过程为例，在此给出图示说明（见图 7-5）。整个待布局区域的横向尺寸为 L，考虑到安全距离阈值 Δ_i 和功能区的横向尺寸 u_i^x，功能区 i 可布局的范围为 $[(u_i^x/2 + \Delta_i), L - (u_i^x/2 + \Delta_i)]$，在此基础上实现 $[0,1]$ 范围的小数 c_i^2 到此范围的映射即可。

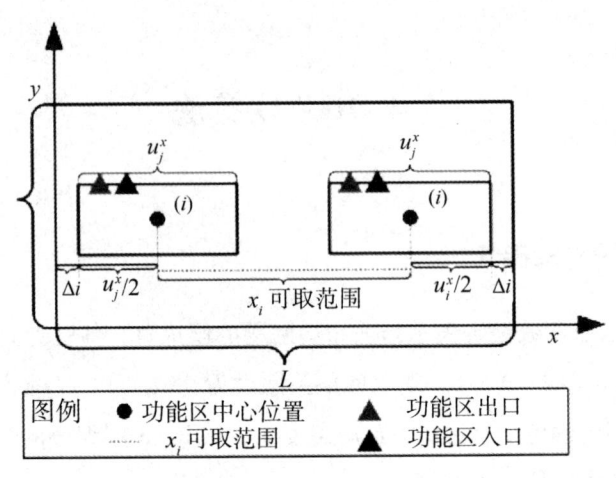

图 7 – 5　坐标计算示意图

7.4.2 个体评估方法

以上编解码综合考虑了待布局区域尺寸约束、功能区依照不同角度布局的问题特征以及功能区和待布局区域边界的距离约束等，过程简洁高效，并能较好地耦合当前问题模型与算法框架。同时，上述过程无法处理不同功能区间的最小间隔距离约束。鉴于此，本书借助惩罚函数构造个体评估方法[182]，旨在协助种群进化、淘汰不可行解，数学公式定义如下：

$$F \leftarrow f + \lambda \sum_{i \in N} \sum_{j \in N \text{且} i \neq j} \max\left\{0, \max(\Delta_i, \Delta_j) + \frac{(u_i^x + u_j^x)}{2} - \max(|x_i - x_j|, |y_i - y_j|)\right\} \tag{7-33}$$

其中，f 为解码结果的目标函数值，F 为相应的评价函数值，式 7-33 右边的累加项表示不同功能区间最小间隔距离约束的违反量总和，惩罚系数 λ 为较大的正数。

7.4.3 混沌初始化

如前所述，GWO 算法为基于种群的进化算法，其搜索结果的优劣一定程度上依赖于初始解的性能。同时，GWO 算法依托随机方式构建初始解集合，一定程度上弱化了初始解的性能。鉴于此，本章将混沌机制嵌入 GWO 算法的初始解构造过程，旨在提升初始解的性能。

混沌映射具备随机性和遍历性特征，对于提升种群的多样性效果显著[183]。同时，Fuch 混沌映射具备收敛快和遍历均衡等优点，其总体表现性能较为突出，其表达式为

$$\theta_{i+1} = \cos\left(\frac{1}{\theta_i^2}\right) \tag{7-34}$$

其中，初始值 θ_0 取区间 [0, 1] 上不为 0 的随机数。据此，式（7-19）所刻画的初始解生成公式可调整为以下形式。

$$x_d = x_d^i + \mathrm{mod}(\theta_{i+1}, 1) \cdot (x_d^u - x_d^l) \tag{7-35}$$

其中，mod（·）为取余函数，用于将 θ_{i+1} 映射到区间 [0, 1] 上。

7.4.4 混合进化机制

由算法原理阐述可知，GWO 算法以优质解（即 α、β 和 δ 狼）牵引种群进化、在优质解位置信息的基础上生成新的种群个体，随着迭代搜索的开展，以上进化机制将产生以下两方面的困境：（1）所有解均以优质解为蓝图生成子代个体，种群基因多样性匮乏；（2）若 α、β 和 δ 狼在搜索空间的位置相互靠近，整个搜索过程将停滞、陷入局部最优。

鉴于此，本章对 GWO 算法的种群进化公式加以调整，构建以优质解牵引和邻居学习为特征的 HGWO 算法的混合进化机制。针对待更新的候选解 x，其更新过程实现如下：

步骤 1　采用公式（22）~（28）生成子代候选解 $x^{\mathrm{offspring,GWO}}$。

步骤 2　生成 x 的邻居解集合 Neighbor (x)，公式为

$$\mathrm{Neighbor}(x) = \{\tilde{x} \mid R(\tilde{x}, x^{\mathrm{offspring,GWO}}) \leqslant R(x, x^{\mathrm{offspring,GWO}}), \tilde{x} \in \mathrm{Pop}\} \tag{7-36}$$

$$R(\tilde{x}, x^{\mathrm{offspring,GWO}}) = \| x - x^{\mathrm{offspring,GWO}} \| \tag{7-37}$$

其中，$R(x, x^{\mathrm{offspring,GWO}})$ 为 x 和子代候选解 $x^{\mathrm{offspring,GWO}}$ 的距离，特别地，若集合 Neighbor (x) 为空，采用随机方式从 Pop 中选择一个解构建集合 Neighbor (x)。

步骤 3　邻居学习，从邻居解集合 Neighbor (x) 中随机选择一个候选解 $\tilde{x}$，并据此生成 x 另一个子代候选解 $x^{\mathrm{offspring,Neighbor}}$，$\forall d \in \{1, 2, \cdots, D\}$，更新公

式为

$$x_d^{\text{offspring,Neighbor}} = x_d^l + \text{rand}(0,1) \cdot (x_d^l - \tilde{x}_d^1) \tag{38}$$

步骤4　贪婪选择，选择 $x^{\text{offspring,GWO}}$ 和 $x^{\text{offspring,Neighbor}}$ 中的优胜者替换 x。

由上述内容可知，HGWO 的混合进化机制充分借鉴了 GWO 算法的基础架构，利用当前种群的优质解生成候选子代解 $x^{\text{offspring,GWO}}$，同时引入邻居解集合概念，并据此构建随机扰动生成候选子代解 $x^{\text{offspring,Neighbor}}$，最终基于贪婪策略选择二者的优胜者作为子代候选解。综合而言，混合进化机制对增加种群多样性、强化算法收敛速度和克服搜索停滞具有积极作用。

7.4.5 HGWO 算法流程

综合以上描述，本章给出了 HGWO 算法求解设施布局优化问题的完整模型如图 7-6 所示。

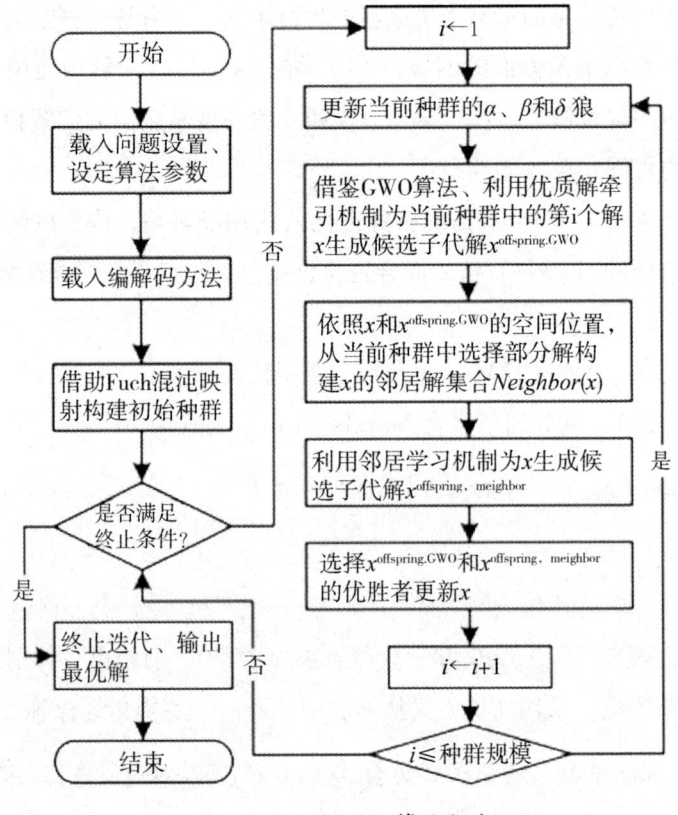

图 7-6　HGWO 算法框架

7.5 仿真实验

为验证模型及算法的有效性，进行数值实验。利用 Matlab2018b 编写代码，计算机处理器参数规格为 2.4GHz、内存 4GB、Intel（R）Core（TM）i5 -2430M。

7.5.1 算法性能验证

7.5.1.1 算例参数

为评估 HGWO 算法的搜索性能，依照相关文献研究选取 5 个基准测试函数算例进行仿真[184]。表 7 -3 归纳了测试函数的表达式、取值范围和最优解等信息，其中参数 n 表示待优化问题的维度。同时，F1 ~ F3 为复杂单峰函数、F4、F5 为复杂多峰特性，所选测试函数解空间极其复杂，在进化算法的性能评估中具有较强的代表性。

表 7 -3　基准测试函数

标记	函数名	表达式	取值范围	最优解
F1	Tablet	$f(x) = 10^6 x_1^2 + \sum_{i=2}^{n} x_i^2$	(-100, 100)	0
F2	Sphere	$f(x) = \sum_{i=1}^{n} x_i^2$	(-100, 100)	0
F3	Rosenbrock	$f(x) = \sum_{i=1}^{n-1} (100(x_{i+1} - x_i^2)^2 + (x_i - 1)^2)$	(-50, 50)	0
F4	Rastrigin	$f(x) = \sum_{i=1}^{n-1} (x_i^2 - 10\cos(2\pi x_i) + 10)$	(-5.12, 5.12)	0
F5	Griewank	$f(x) = \frac{1}{4000} \sum_{i=1}^{n} \left(-\prod_{i=1}^{n} \cos\left(\frac{x_i}{\sqrt{i}}\right) \right)$	(-100, 100)	0

7.5.1.2 结果分析

首先开展 GWO 和 HGWO 算法的对比实验，旨在证明改进措施的有效性。针对每个测试函数,设定维度为 20 和 40 进行模拟仿真。同时,依据相关文献研究和实测效果,上述两种算法的种群规模和总迭代次数分别取 50 和 1 000。各仿真均独立运行 20 次,表 7 - 4 统计了结果的均值和标准差,其中均值用于反映算法寻优能力和收敛精度,标准差则反映算法搜索过程的鲁棒性。

表 7 - 4 GWO 和 HGWO 对比

函数	维度	算法	平均值	标准差
F1	20	GWO	8.42e - 14	2.71e - 15
		HGWO	2.88e - 20	7.25e - 20
	40	GWO	1.94e - 08	4.31e - 09
		HGWO	4.40e - 16	2.52e - 16
F2	20	GWO	7.24e - 16	7.48e - 17
		HGWO	5.15e - 22	7.52e - 22
	40	GWO	1.35e - 12	8.55e - 12
		HGWO	5.52e - 20	4.19e - 20
F3	20	GWO	1.04e - 01	8.30e - 02
		HGWO	2.13e - 04	5.20e - 04
	40	GWO	2.82e - 01	4.22e - 01
		HGWO	1.83e - 03	5.46e - 03
F4	20	GWO	8.47e - 16	9.03e - 16
		HGWO	1.95e - 19	5.74e - 20
	40	GWO	3.43e - 13	2.90e - 13
		HGWO	1.90e - 17	4.19e - 17
F5	20	GWO	6.26e - 15	4.48e - 15
		HGWO	1.86e - 17	2.90e - 18
	40	GWO	1.04e - 11	5.69e - 12
		HGWO	2.15e - 15	5.12e - 16

观察表 7 - 4 中测试结果可知,就均值指标而言,HGWO 算法相较于标准

GWO算法在基准测试函数测试中均获得了更优的数值，这表明本章提出的HGWO算法的平均优化性能更具竞争性。同时，观察标准差数值可知，HGWO算法在20次独立模拟实验中所得结果的偏差数值相较于标准GWO算法更小，换而言之，HGWO算法寻优过程的稳定性表现更佳。

为进一步评估HGWO算法的搜索性能，现将HGWO算法与另外三种改进型GWO算法进行对比实验，对比算法包括GWO（A）[185]、GWO（S）[186]和GWO（M）[187]。针对每个测试函数，设定维度为40进行模拟仿真。同时，依据相关文献研究和实测效果，上述四种算法的种群规模和总迭代次数分别取50和1 000。各仿真均独立运行20次，表7-5统计了结果的均值和标准差，图7-7绘制了每个算法求解各基本测试函数的平均进化曲线。

表7-5 四种WOA算法对比

函数	维度	算法	平均值	标准差
F1	40	GWO（A）	5.29e−13	7.82e−13
		GWO（S）	1.08e−14	3.01e−14
		GWO（M）	6.86e−15	8.42e−15
		HGWO	4.40e−16	2.52e−16
F2	40	GWO（A）	7.97e−17	7.73e−17
		GWO（S）	4.48e−16	2.20e−16
		GWO（M）	5.50e−18	2.99e−19
		HGWO	5.52e−20	4.19e−20
F3	40	GWO（A）	1.73e−02	8.00e−02
		GWO（S）	2.47e−03	8.07e−02
		GWO（M）	5.95e−03	4.06e−03
		HGWO	1.83e−03	5.46e−03

续表

函数	维度	算法	平均值	标准差
F4	40	GWO (A)	8.44e-14	3.00e-14
		GWO (S)	5.30e-17	2.49e-16
		GWO (M)	8.70e-16	9.73e-17
		HGWO	1.90e-17	4.19e-17
F5	40	GWO (A)	1.56e-13	6.74e-13
		GWO (S)	3.32e-12	6.76e-13
		GWO (M)	7.08e-14	5.88e-14
		HGWO	2.15e-15	5.12e-16

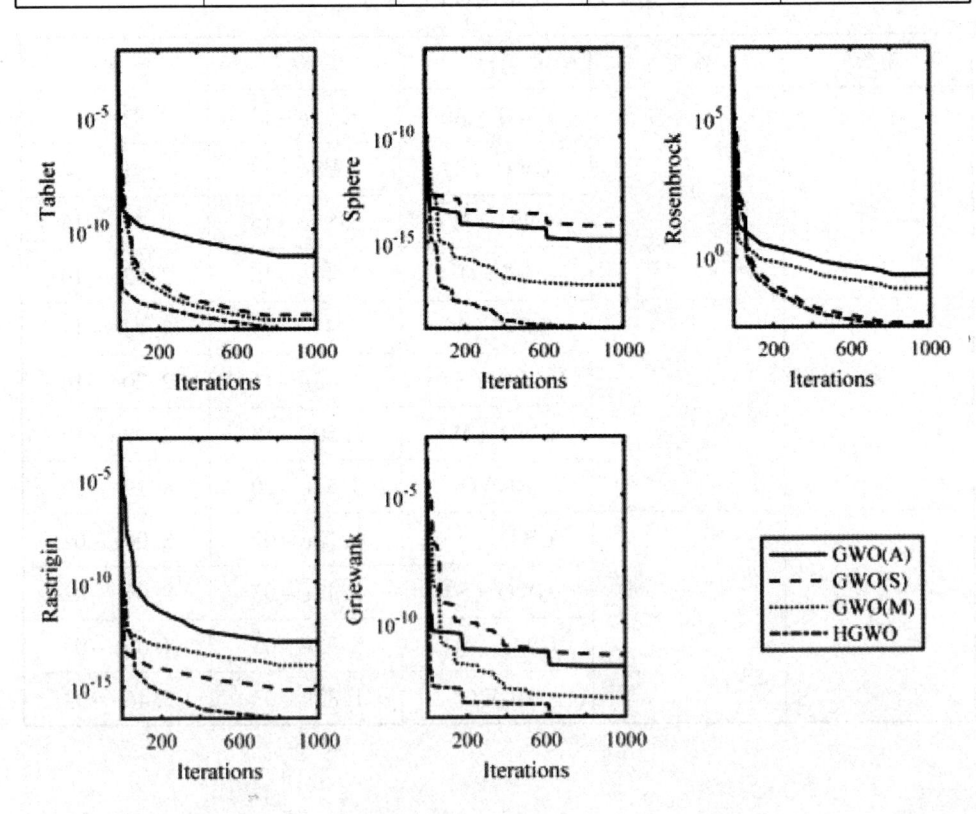

图 7-7 平均进化曲线

观察表 7-5 和图 7-7 的测试结果可知，HGWO 算法 20 次独立运行所得结果的均值要优于 GWO（A）、GWO（S）和 GWO（M）三种算法，这表明通过 Fuch 混沌映射构建初始解集合以及融合邻居学习的混合进化机制有效平衡了自身的全局搜索和局部挖掘能力，从而使得 HGWO 算法具备更优的寻优能力和收敛精度。同时，HGWO 算法在多次独立运行结果中所出现的标准差数值更小，这表明本章所提出的算法搜索过程的鲁棒性更佳、寻优过程更稳定可靠。

7.5.2 实例仿真分析
7.5.2.1 实例参数

为进一步展示当前布局模型和决策算法的有效性，在此借助某工厂的布局问题进行实例研究。待布局区域的长宽尺寸为 430×280，单位：m，共计 12 个功能区需要进行布局，表 7-6 梳理归纳了各功能区的长宽尺寸、安全距离和出入口位置参数。其中，出入口位置以 [0，1] 范围的小数表示，小数数值按照逆时针方向在功能区矩形件上分布，示意图见图 7-8。此外，表 7-7 归纳了不同功能区间的物流量数据，单位：标准箱。

表 7-6 功能区参数

编号	长度/m	宽度/m	安全距离/m	入口	出口
1	160	50	4	0.89	0.97
2	60	30	5	0.00	0.11
3	60	30	5	0.06	0.14
4	80	50	4	0.36	0.47
5	60	33	4	0.17	0.03
6	90	55	4	0.69	0.61
7	90	74	5	0.33	0.47
8	184	76	5	0.36	0.44
9	20	18	4	0.61	0.72
10	20	18	4	0.72	0.53
11	20	18	5	0.97	0.81
12	33	15	4	0.56	0.67

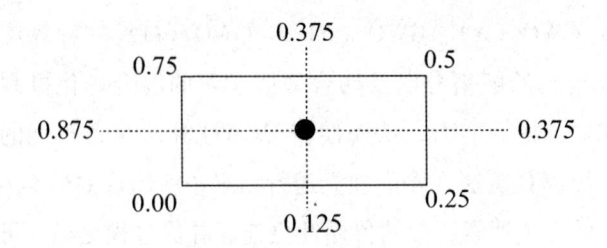

图 7-8 出入口位置

表 7-7 物流量数据

功能区	1	2	3	4	5	6	7	8	9	10	11	12
1	0	20	0	0	28	35	22	0	0	47	41	0
2	21	0	0	42	31	28	43	27	29	0	48	0
3	40	0	0	43	25	23	0	29	0	45	27	45
4	0	0	0	0	35	48	45	0	25	25	25	0
5	0	41	0	22	0	22	24	35	37	26	0	49
6	32	38	42	39	47	0	20	38	0	0	47	0
7	36	0	30	47	22	32	0	45	0	0	0	24
8	0	45	39	28	47	28	0	0	36	23	25	49
9	21	36	43	33	0	47	39	45	0	28	40	0
10	22	0	50	43	35	36	42	28	49	0	32	24
11	36	40	31	34	30	0	42	32	42	0	0	0
12	0	0	27	27	0	48	50	36	37	0	0	0

7.5.2.2 结果分析

结合以上参数设置,测算以下两种算例情形:Case-1,物流强度依照不同功能区中心位置间的曼哈顿距离进行核算;Case-2,物流强度依照功能区出入口间的曼哈顿距离进行核算。同时,仿真算法选用 GA (genetic algorithm)[188]、FBCO (fuzzy-based bee colony optimization)[189] 和 HGWO 算法。其中,GA 和 FBCO 为近年来提出的用于求解同类型布局优化问题的决策算法,HGWO 同上述两种算法的对比旨在验证本章所提出的算法的有效性。

依据相关文献研究和实测效果，上述三种算法的种群规模和总迭代次数分别取 20 和 500，GA 和 FBCO 的其他参数选用参考文献的推荐取值。对于每个算例，上述三种算法均独立运行 20 次，表 7-6 梳理归纳了三种算法所得最优、均值和最劣目标数值和相对偏差百分比 RPD（Relative percentage deviation），RPD 计算公式定义如下[190]：

$$\mathrm{RPD} = \frac{(f - f^*)}{f^*} \times 100\% \qquad (7-39)$$

其中，f^* 为上述三种算法在共计 60 次独立运行过程中所得最优目标数值；f 为最优、均值和最劣目标数值。

表 7-6 实例优化结果

算例	目标类别	算法	目标函数值	RPD
Case-1	最优	GA	493 773.20	3.66%
		FBCO	486 193.00	2.06%
		HGWO	476 357.30	0.00%
	均值	GA	506 150.70	6.25%
		FBCO	504 352.10	5.88%
		HGWO	497 017.30	4.34%
	最劣	GA	518 994.50	8.95%
		FBCO	511 285.70	7.33%
		HGWO	508 150.70	6.67%
Case-2	最优	GA	386 974.79	6.60%
		FBCO	379 825.13	4.63%
		HGWO	363 012.25	0.00%
	均值	GA	394 179.39	8.59%
		FBCO	385 831.79	6.29%
		HGWO	381 225.13	5.02%
	最劣	GA	406 524.79	11.99%
		FBCO	400 070.83	10.21%
		HGWO	396 993.55	9.36%

同时，图 7-9 和图 7-10 分别展示了 GA、FBCO 和 HGWO 三种测试算法所得最优布局结果和算法收敛曲线对比图。

图 7-9　Case-1 最优结果与进化曲线

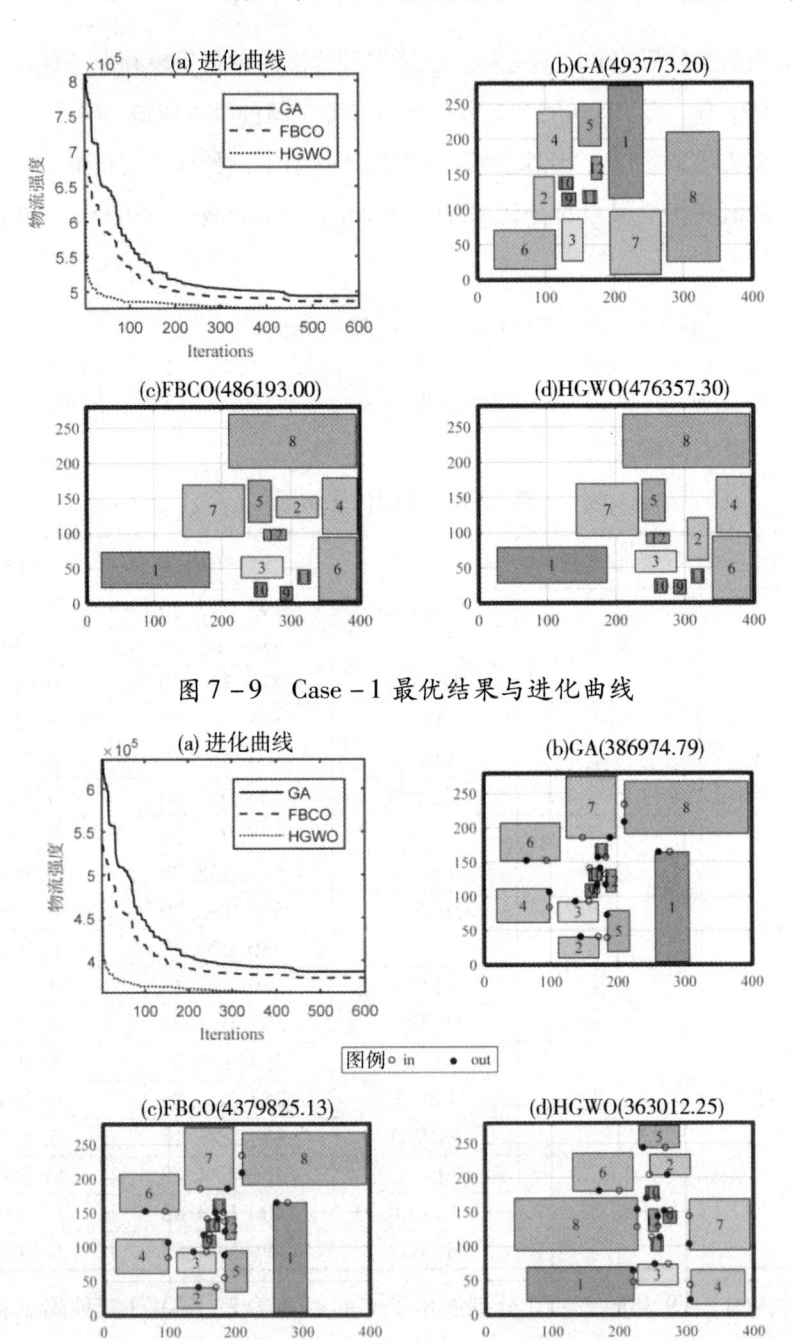

图 7-10　Case-2 最优结果与进化曲线

观察上述实验结果,可得如下结论:

- 基于实例参数设定以及图 7-9、图 7-10 中的布局方案可验证上述三种算法的可行性及有效性。具体而言，各算法所得布局方案均满足模型的约束条件，包括功能区和待布局区域边界的距离约束、不同功能区间的最小间隔距离约束等，同时表明本章所构建的编解码方法和个体评估函数有效地适配了本章的布局优化问题和测试算法。

- 对比同一算法分别求解 Case-1 和 Case-2 的结果可知，尽管以出入口距离为依据计算物流强度一定程度上更契合实际场景，但这同时也增加了算法的优化难度。具体而言，对于 Case-1 场景，即物流强度依照不同功能区中心位置间的曼哈顿距离进行核算，每个功能区按不同角度局部对最终目标函数不产生影响；对于 Case-2 场景，即物流强度依照功能区出入口间的曼哈顿距离进行核算，每个功能区可选四种角度进行布局，同时不同功能区的物流流向组合更使得搜索解空间组合爆炸。具体到优化结果，对于 Case-1 场景，GA、FBCO 和 HGWO 三种算法所得均值 RPD 数值分别为 6.25%、5.88% 和 4.34%；对于 Case-2 场景，GA、FBCO 和 HGWO 三种算法所得均值 RPD 数值分别为 8.59%、6.29% 和 5.02%。

- 由三种算法求解同一模型的对比可知，本章所提出的 HGWO 算法求解当前布局问题在最优、均值和最劣三方面的指标均取得了最佳表现。针对 Case-1 场景，HGWO 算法所得均值 RPD 数值为 4.34%，相较于 GA 和 FBCO 算法有 1.91% 和 1.54% 的优势；对于 Case-2 场景，HGWO 算法所得均值 RPD 数值为 5.02%，相较于 GA 和 FBCO 算法有 3.57% 和 1.27% 的优势。

综合而言，本章提出的基于 HGWO 算法的设施布局决策方法的优秀性能主要归因于以下四点内容：（1）构建了融合问题特征的编解码方法和个体评估函数，有效地适配了当前模型与决策方法；（2）通过 Fuch 混沌映射构建高质量的初始解集合，加速了算法的收敛速度；（3）借鉴了 GWO 算法的基础架构，构建以优质解牵引和邻居学习为特征的混合进化机制，有效地平衡了算法自身的全局搜索和局部挖掘能力。

7.6 结　　论

本章研究了一类综合考虑功能区出入口位置、布局方向和安全距离阈值等因素的复杂设施布局优化问题，构建了以最小化物流强度为目标的数学模型，并提出了 HGWO 算法。在 HGWO 算法的设计过程中，首先创建了融合问题特征的编解码方法以适配当前问题与决策算法，同时辅以个体评估函数以协同算法迭代进化。其次，借助 Fuch 混沌映射构建初始解，力求生成高质量的初始种群。此外，以 GWO 算法的基础架构为模板，构建以优质解牵引和邻居学习为特征的混合进化机制，有效地平衡了算法自身的全局搜索和局部挖掘能力。

在实验部分，基准函数测试实验证明了本章提出的 HGWO 算法的优越性能，同时实例分析验证了本书所构建的模型的有效性和 HGWO 算法同其他优秀布局算法相比时的竞争力。

后续可将本章所构建的数学模型和决策算法加以拓展，并将其应用到同类型的布局规划问题，例如考虑船舶机舱布局中不平衡力矩、吊装距离、船员流通距离和维修干涉等多指标的规划。同时，可将本章提出的 HGWO 算法加以调整并运用于其他决策问题，例如生产批量调度、电气布线规划和复杂供应链网络设计等。

第8章 基于改进鲸鱼优化算法的应急物资调度问题

8.1 引　言

　　自然灾害和重大公共卫生事件等严重威胁人民的生命与财产安全,对社会生产活动等造成不利影响[191]。为此,开展应急物资调度、将物资及时运输到受灾点对提升应急响应能力和减少事故损失等意义重大[192]。基于此,进行应急物资调度研究具有重要价值。

　　本章所研究的应急物资调度问题可归结为复杂问题特征和约束条件下的车辆路径问题(VRP)[193]。当前问题相较于经典的 VRP 模型增加了以下三点特征因素:(1)问题引入多中心联合配送特征,需要综合考虑不同中心相对于客户的空间分布构造运输线路;(2)约束设置引入不同中心可使用的车辆总数阈值,用于刻画每个中心的服务能力;(3)运输过程要求遵循严格的时效约束,严格限制每个客户接受服务的最晚时间,旨在确保每个客户能够在满意的时间范围内获取所需货品。VRP 问题已被证明为 NP – hard,上述特征的引入尽管能使数学模型更契合实际应急物资调度问题,但同时进一步加剧了问题的求解难度。鉴于应急物资调度问题的重要研究价值,开展相关决策算法的设计开发工作具有重要意义。

　　VRP 问题相关的求解方法分为精确算法、启发式方法和进化算法三大类[194]。精确算法包括混合整数规划建模、分支定价算法等,这类方法能够获取问题的精确解,但算法耗时随着问题规模的扩大急剧增加,且难以处理具有复杂约束和决策目标的 VRP 问题[195]。启发式方法利用经验式规则生成决策方案,此

第 8 章 基于改进鲸鱼优化算法的应急物资调度问题

类方法能够快速获取问题的解决方案,但对问题设置的依赖性较高,算法通用性较弱[196]。近年来,进化算法的快速发展为解决具有复杂特征的 VRP 问题提供了新思路,包括遗传算法、禁忌搜索等多种进化算法均在 VRP 问题上获得了成功应用[197-198]。为高效求解当前所研究的考虑多配送中心和时间窗约束的应急物资调度问题,本章构建了基于鲸鱼优化算法的路径规划方法。

鲸鱼优化算法(whale optimization algorithm,WOA)是 Mirjalili 等学者提出的一种高效的进化算法[199]。WOA 隶属于基于种群的进化算法,其通过模拟座头鲸的捕食行为求解待优化的问题,种群进化过程所涉及的相关过程与鲸鱼的游走搜索、包围收缩和螺旋捕食三种行为特征相匹配。WOA 算法具有控制参数少、求解性能强、收敛速度优等特点,目前该算法已经在车间调度、特征选择、电力系统配置等诸多领域获得了成功应用[200]。例如:尚猛等学者针对物流中心选址问题构建改进的鲸鱼优化算法,将变异运算和非线性惯性权重嵌入 WOA,旨在提升算法的收敛精度[201]。

由 No-Free-Lunch 理论可知,尚不存在一种方法能够完美地解决所有应急物资调度问题[202]。同时,鉴于 WOA 算法在众多领域的优异表现,本章将该进化算法应用于应急物资调度问题的求解。此外,值得注意的是,借助进化算法求解 VRP 问题需合理设计以下两点内容:(1)定义同问题特征相关的编、解码方法,实现问题模型和决策算法的高效适配;(2)提升基础进化算法的性能,克服其在求解当前问题过程中可能出现的收敛精度不足、陷入局部最优的缺陷[203]。

鉴于应急物资调度问题的实际意义以及相关决策算法的重要应用价值,本章针对考虑多配送中心和时间窗约束的该类问题进行建模,并提出了改进鲸鱼优化算法(EWOA)。本章通过融合启发式规则的编解码方法实现问题模型和算法架构的适配,同时借助反向学习技术和差分搜索算法提升基础 WOA 的寻优性能。最后,实验部分对算法进行了对比实验和案例研究分析,旨在证明 EWOA 算法的有效性。

8.2 问 题 模 型

8.2.1 问题描述

图8-1给出了考虑多配送中心和时间窗约束的应急物资调度问题的示意图。多个配送中心向多个受灾点供应物资，中心及受灾点的空间位置均已知，各节点间的运输距离及耗时均为已知量，且为定值。每辆运输车辆从各自所在配送中心出发，服务完受灾点以后返回所属的配送中心。同时，各受灾点的需求为已知量，要求各运输处在规定的时间范围为受灾点提供运输服务，并确保运输耗费（即行驶总距离）最小。

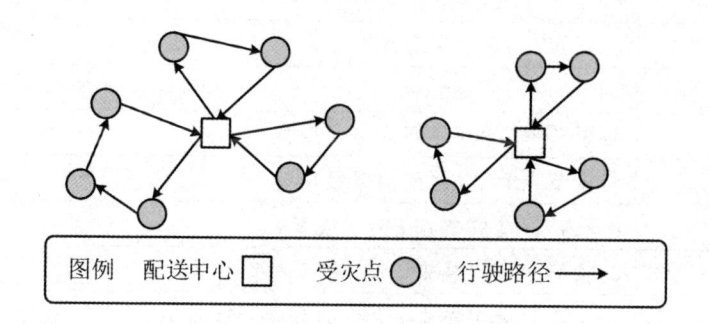

图8-1 决策问题的示意图

当前问题的决策点包含三部分：（1）每个配送中心服务的受灾点集合；（2）各中心每辆运输车分配所得的受灾点集合；（3）各中心每辆运输车分配所得受灾点的服务顺序。

同时，当前问题所涉及的约束包括：（1）各个受灾点只能被一个配送中心的一辆运输车服务一次；（2）每辆运输车从各自所属的配送中心出发，为部分受灾节点供应物资以后将返回原配送中心；（3）每辆车的运输过程不得超载；（4）运输过程要求遵守单边硬时间窗约束，即受灾点接受服务的时间不得晚于规定的最晚时间阈值；（5）每辆运输车仅能被调度一次，不考虑多行程配送。

8.2.2 数学建模

基于上述问题描述,在此构建数学模型。首先,定义相关数学符号如表8-1所示。

表8-1 数学符号

集合:	
N^d	配送中心集合
N^c	受灾点集合
N	所有空间位置节点集合 $N = N^d \cup N^c$
K	车辆集合
下标:	
k	$k \in K$,车辆索引
i, j	$i, j \in N$,位置节点索引
m	$m \in N^d$,配送中心索引
参数:	
d_{ij}	位置节点 i 和 j 之间的路径距离
τ_{ij}	位置节点 i 和 j 之间的路径用时
q_i	$i \in N^c$,受灾节点 i 的需求量
Q	运输车的额定载重
b_i	$i \in N^c$,受灾节点 i 允许的最晚到达时间
P_m	$m \in N^d$,配送中心 m 处的车辆总数
变量:	
x_{ij}^{mk}	若车辆 k 从配送中心 m 出发由 i 驶向 j,$x_{ij}^{mk} = 1$;否则,$x_{ij}^{mk} = 0$,其中 $i, j \in N, m \in N^d, k \in K$
t_i	节点 i 接受服务的时间点,其中 $i \in N$

构建多配送中心和时间窗约束的应急物资调度问题的数学模型,目标函数和约束条件归纳如下如表8-2所示。

表 8-2 目标函数和约束条件

$\min f = \sum_{m \in N^d} \sum_{k \in K} \sum_{i \in N} \sum_{j \in N} d_{ij} \cdot x_{ij}^{mk}$		(8-1)
$\sum_{m \in N^d} \sum_{k \in K} \sum_{j \in N} x_{ij}^{mk} = 1$	$i \in N^c$	(8-2)
$\sum_{m \in N^d} \sum_{k \in K} \sum_{j \in N} x_{ij}^{mk} = 1$	$i \in N^c$	(8-3)
$\sum_{k \in K} \sum_{j \in N} x_{ij}^{mk} \leq P_m$	$i \in N^d, m \in N^d$	(8-4)
$\sum_{j \in N} x_{ij}^{mk} = \sum_{j \in N} x_{ji}^{mk} \leq 1$	$i \in N^d, m \in N^d, k \in K$	(8-5)
$t_j \geq t_i + \tau_{ij} \cdot x_{ij}^{mk}$	$i, j \in N, m \in N^d, k \in K$	(8-6)
$t_i \leq b_i$	$i \in N^c$	(8-7)
$\sum_{i \in N^d} \sum_{j \in N} q_i \cdot x_{ij}^{mk} \leq Q$	$m \in N^d, k \in K$	(8-8)
$\sum_{i \in N^d} x_{ij}^{mk} = \sum_{i \in N^d} x_{ji}^{mk} = 0$	$m \in N^d, k \in K$	(8-9)
$x_{ij}^{mk} \in \{0,1\}$	$i, j \in N, m \in N^d, k \in K$	(8-10)
$t_i \geq 0$	$i \in N$	(8-11)

其中，式（8-1）为目标函数，表示最小化所有运输车的总行驶距离。约束（8-2）和（8-3）表示每个受灾点仅能被一辆运输车服务一次；约束（8-4）表示各个配送中心的发出的运输车数目不得超过当前配送中心的运输车总数；约束（8-5）表示运输车均从配送中心出发，并最终返回原配送中心；约束（8-6）用于计算每个节点接受服务的时间；约束（8-7）表示各个受灾点的单边硬时间窗约束；约束（8-8）表示运输车的装载能力约束；约束（8-9）用于确保车辆无法在不同中心之间行驶；约束（8-10）和（8-11）定义了自变量取值范围。

8.3 基本进化算法

8.3.1 WOA 算法

WOA 算法的运行过程包括种群初始化和个体更新两部分。前者采用随机方法构建当前问题的候选解，后者依据算法进行状态的不同分别选用包围猎物、气泡网攻击和搜索猎物三种行为模式更新种群。WOA 算法运行过程相关的数学公式梳理如下：

（1）种群初始化

以 D 表示编码长度，$\forall d = 1, \cdots, D$，区间 $[x_d^u, x_d^l]$ 定义了编码的取值范围，解向量 $\boldsymbol{x} = (x_1, \cdots, x_d, \cdots)$ 以 D 维数组表示，其初始化公式为

$$x_d = x_d^l + \text{rand}(0,1) \cdot (x_d^u - x_d^l) \tag{8-12}$$

其中，$\text{rand}(0,1)$ 为区间 $[0, 1]$ 上的随机数。

（2）个体更新

WOA 算法通过模拟座头鲸的狩猎行为进行个体更新，座头鲸的狩猎行为包括包围猎物、气泡网攻击（开发）和搜索猎物（探索）三部分，WOA 算法通过模拟上述三种行为实施三类更新策略。给定候选解 $\boldsymbol{x}$，WOA 算法首先将更新相关决策参数，公式梳理如下：

$$A = 2 \cdot a \cdot r - a \tag{8-13}$$

$$C \leftarrow 2 \cdot r \tag{8-14}$$

$$a \leftarrow 2 \cdot (1 - \frac{g}{G}) \tag{8-15}$$

其中，g 和 G 分别表示当前迭代次数和最大迭代次数，r 为区间 $[0, 1]$ 上的 D 维随机量，C 为相应的因变量。依据以上参数，WOA 算法对候选种群进行更新，公式为

$$x \leftarrow \begin{cases} x^* + A \cdot D_1, & p < 0.5 \text{ 且 } |A| < 1 \\ x^* + D_2 \cdot e^{b \cdot l} \cdot \cos(2\pi \cdot l), & p < 0.5 \text{ 且 } |A| \geq 1 \\ x_{\text{rand}} - A \cdot D_{\text{rand}}, & p \geq 0.5 \end{cases} \tag{8-16}$$

其中，l 为 $[-1, 1]$ 上的随机数，b 为 WOA 算法螺旋形状控制常数，p 为区间 $[0, 1]$ 上的随机数，上述三个更新公式分别对应包围猎物、气泡网攻击和搜索猎物三种行为模式，距离数组 D_1、D_2 和 D_{rand} 的计算公式为

$$D_1 = |C \cdot x^* - x| \qquad (8-17)$$

$$D_2 = |x^* - x| \qquad (8-18)$$

$$D_{rand} = |C \cdot x_{rand} - x| \qquad (8-19)$$

其中，x^* 为算法迭代至当前阶段所获得的最优解，x_{rand} 为采用随机方法从当前种群所选的一个任意解。

8.3.2 DE 算法

DE 算法隶属于基于种群的进化算法，其子代种群的生成过程需要经历变异、交叉和选择三类操作[204]。给定候选解，其相应的子代个体生成过程归纳如下：首先，计算该候选解与其他解间的差分量，以此作为扰动量生成变异解；其次，基于交叉概率选取变异解和候选解的基因片段组建杂交向量作为试验解；最后，选取候选解与试验解二者之间的优胜者作为子代解。

基于以上描述，DE 算法中三类操作所涉及的数学公式梳理如表 8-3 所示。

表 8-3 DE 算法中三类操作所涉及的数学公式

DE/rand/1	$v = x_{r_1} + F \cdot (x_{r_2} - x_{r_3})$	(8-20)
DE/rand/2	$v = x_{r_1} + F \cdot (x_{r_2} - x_{r_3}) + F \cdot (x_{r_4} - x_{r_5})$	(8-21)
DE/best/1	$v = x_{best} + F \cdot (x_{r_2} - x_{r_3})$	(8-22)
DE/best/2	$v = x_{best} + F \cdot (x_{r_2} - x_{r_3}) + F \cdot (x_{r_4} - x_{r_5})$	(8-23)
DE/current-to-best/1	$v = x + F \cdot (x_{best} - x) + F \cdot (x_{r_1} - x_{r_2})$	(8-24)

（1）变异操作

已知候选解 x，DE 算法借助变异操作生成变异解 v，常用变异操作公式包括：

其中，$x_{r_1} \sim x_{r_5}$ 表示采用随机方式从当前种群中选择的其他解，x_{best} 为算法所

寻得的当前最优解，F 为缩放参数，用于控制扰动量数值。

（2）交叉操作

DE 算法通过交叉操作组合候选解 x 和变异解 v 的基因片段，用于生成实验向量 u，公式定义如下：

$$u_d = \begin{cases} v_d, \text{rand}(0,1) \leq CR \\ x_d, 否则 \end{cases} \quad (8-25)$$

其中，$d = 1,2,\cdots,D$，x_d、v_d 和 u_d 分别为候选解、变异解和试验解在第 d 维度的编码数值，交叉概率 CR 取值范围为 (0, 1)，rand(0,1) 为区间 [0, 1] 上的随机取值。

（3）选择操作

采用贪婪策略，即保留候选解 x 和试验解 u 中的优胜者作为子代解。

8.4 EWOA 算法

为高效求解考虑多配送中心和时间窗约束的应急物资调度问题，本章设计了基于 EWOA 算法的车辆路径规划方法。首先，构建了融合启发式规则的编码与解码方法，力求适配当前决策问题。其次，通过反向学习技术生成初始种群，旨在提升初始解的质量。此外，融合 WOA 和 DE 算法的个体更新公式定义新的种群进化策略，力求平衡算法的局部探索性能和全局开发能力。

8.4.1 编解码与评价函数设计

编码：结合当前问题的参数设定，EWOA 算法采用实数编码表示当前问题的解，编码长度为 $|N^c|$，即受灾节点总数，各维度编码的取值范围设置为 [0, 1]，该编码数组用于映射成 $1 \sim |N^c|$ 的一个排列以表示所有受灾点接受服务的优先级顺序。

解码：该过程包含序列映射和路径构造两部分。其中，序列映射过程采用最小位置值规则，即最小的编码数值映射为受灾点 1，第二小的编码数值映射为受灾点 2，依次类推，从而将实数编码数组映射成 $1 \sim |N^c|$ 的排列，据此得到所有

受灾点接受服务的优先级序列[205]。基于此序列,采用启发式方法生成路径,该过程基于最短距离规则和各中心发车总数约束确定每条线路的起始位置,同时依据载量和时间窗约束确定线路的服务序列。

为清晰地说明以上内容,在此给出实例说明,相应编码示例与解码过程见图8-2。该实例问题参数梳理归纳如下:

● 11 个受灾点由中心 1、2 提供物资调配,中心 1 拥有两台运输车,中心 2 拥有三台运输车;

● 运输车的标准载重为 3(单位:t),各受灾点的需求量为 1(单位:t);

● 在空间维度,图 8-2 中各位置节点的坐标标识了各节点相互之间的距离远近;

● 在时间维度,为便于阐述路径构造过程,假设各节点间的行驶时间均为 30(单位:min),此外,受灾点 6 接受服务的时间窗设为 [0,90](单位:min),剩余受灾点均设置为 [0,60]。

给定编码数组 (0.31, 0.83, 0.64, 0.91, 0.34, 0.79, 0.47, 0.73, 0.68, 0.2, 0.83),采用最小位置值规则可得序列 (2, 10, 5, 11, 3, 8, 4, 7, 6, 1, 9),据此可知受灾点 2 的服务优先级最高、需要最先安排配送,其次是受灾点 10,依次类推。基于此,图 8-2 中五条线路的构造过程梳理如下:

● 线路 1:首先,确定受灾点 2 为当前线路首个需要服务的对象;其次,基于距离最近原则和各中心剩余的车辆数约束,确定从中心 1 发车;随后,依据映射序列向当前线路中增加其他受灾节点,添加受灾点 10 后满足载量和时间窗约束,添加受灾点 11 后违反时间窗约束,据此得到线路 1(中心 2→受灾点 2→受灾点 10→中心 2)。

● 线路 2 同理可得,中心 1→受灾点 5→受灾点 11→中心 1;线路 3 同理可得,中心 2→受灾点 3→受灾点 8→中心 2;线路 4 同理可得,中心 1→受灾点 4→受灾点 7→受灾点 6→中心 1。

● 线路 5:此线路首个需要服务的对象为受灾点 1,鉴于中心 1 无剩余运输车,选择距离较远的中心 2 作为发车中心,并采用上述构造过程生成线路 5(中心 2→受灾点 1→受灾点 9→中心 2)。

鉴于本书构建的数学模型以最小化所有运输车的总行驶距离为目标,同时以车辆载量、时间窗和各中心可使用的车辆数为约束,依据相关研究可知以上编码在具有较高的问题适配性[206]。同时,在上述解码过程的路径构造环节,存在以下两种情形势必违反相关约束:(1)路线的首个节点因较近中心的运输车分配完毕、被迫选用较远中心的运输车,据此造成产生违反时间窗的情况;(2)各中心车辆数均已分配完毕,但由于编码所映射序列不合理导致存在部分节点未接受服务的情况,此时选用距离最近的运输中心虚拟发车,但将违反运输车使用数目约束。鉴于此,本章采用惩罚函数法构造编码所得调度方案的评价函数:

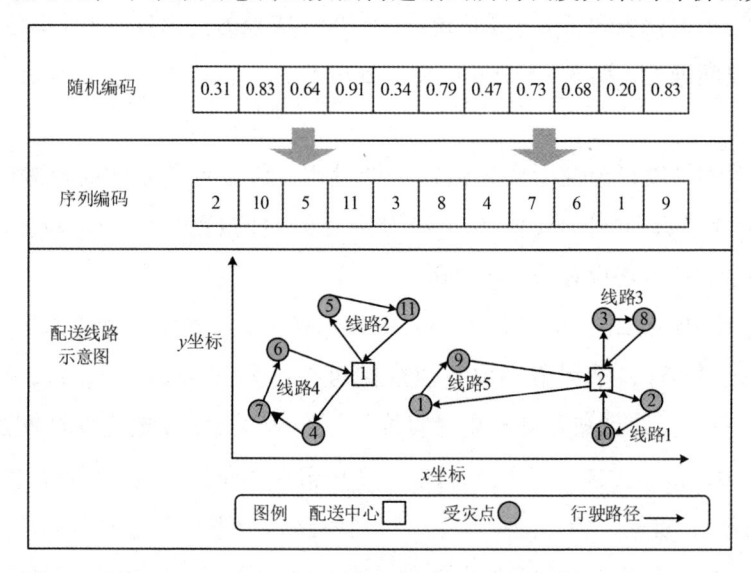

图 8-2 编码与解码示意图

$$F(\pi) \leftarrow f(\pi) + \lambda_1 \cdot \sum_{i \in N^c} \max(0, t_i - b_i) + \lambda_2 \cdot \sum_{m \in N^d} \sum_{i \in N^d} \max\left(0, \sum_{k \in K} \sum_{j \in N} x_{ij}^{mk} - P_m\right)$$

(8-26)

其中,$F(\pi)$ 和 $f(\pi)$ 分别表示调度方案的 π 的评价函数值与目标函数值,后两项为时间窗的违反量和中心车辆使用数的违反量,惩罚系数 λ_1 和 λ_2 取值为正。

8.4.2 反向学习初始化

随机初始化方法一定程度上限制了算法的决策效率,克服上述不足,EWOA算法采用反向学习方法生成初始种群[207]。具体而言,算法生成一定数目的随机解和与之对应的反向解,同时选取上述解集合中的优质解组建初始种群。假设问

题的决策维度为 D，自变量取值范围取 $[x_d^l, x_d^u]$ ($d = 1, 2, \cdots, D$)，种群规模取 P，EWOA 算法初始化过程的步骤为：

步骤 1. 令 $i \leftarrow 1$ 和 $d \leftarrow 1$，转步骤 2。

步骤 2. 若 $i \leq P$ 成立，转步骤 3；否则，转步骤 7。

步骤 3. 若 $d \leq D$ 成立，转步骤 4；否则，转步骤 5。

步骤 4. 生成随机解 $x_d^i = x_d^u + \text{rand}(0,1) \cdot (x_d^u - x_d^l)$ 和反向解 $\tilde{x}_d^i = x_d^l + x_d^u - x_d^i$ 的编码数值，转步骤 5。

步骤 5. 令 $d \leftarrow d + 1$，若 $d > D$，转步骤 6；否则，转步骤 3。

步骤 6. 令 $i \leftarrow i + 1$，转步骤 2。

步骤 7. 选择 $\{x^1, \cdots, x^P, \tilde{x}^1, \cdots, \tilde{x}^P\}$ 中最优的 P 个候选解生成初始种群。

其中，x^i 和 $\tilde{x}^i$ 分别表示随机生成的候选解及其对应的反向解，x_d^i 和 $\tilde{x}_d^i$ 表二者在第 d 个维度的编码取值。

8.4.3 混合进化

由算法原理描述可知，WOA 算法侧重于发掘种群的全局信息要素，引导搜索过程向当前最优解方向进化；DE 算法侧重于挖掘种群的局部信息要素，利用不同个体间的距离和方向信息引导种群进化，其迭代过程不偏向于预定义的方向，种群多样性特征显著。

鉴于此，本章将以上两种搜索策略加以融合，旨在充分利用两种算法各自的优势并克服二者各自的不足，力求增强算法的优化性能[208]。具体而言，EWOA 算法在个体更新环节引入差分搜索所得试验解进行融合，从而构建新的邻居解。给定候选解 x，EWOA 的邻居解生成公式定义如下：

$$x' = u_2 \cdot x^{\text{WOA}} + (1 - u_2) \cdot x^{\text{DE}} \tag{8-27}$$

其中，x^{WOA} 为 WOA 算法借助公式（8-13）~（8-18）生成的解向量，x^{DE} 为 DE 算法借助公式（8-20）~（8-25）生成的解向量，u_2 表示区间 $[0, 1]$ 上的随机量，用于融合 x^{WOA} 和 x^{DE} 的基因编码数值。

此外，EWOA 算法引入 DE 算法的贪婪策略，即保留候选解 x 和邻居解 x' 中优胜者作为子代候选解。

8.4.4 EWOA 流程

结合以上描述，图 8-3 给出了基于 EWOA 算法求解考虑多配送中心和时间窗约束的应急物资调度问题的完整框架。

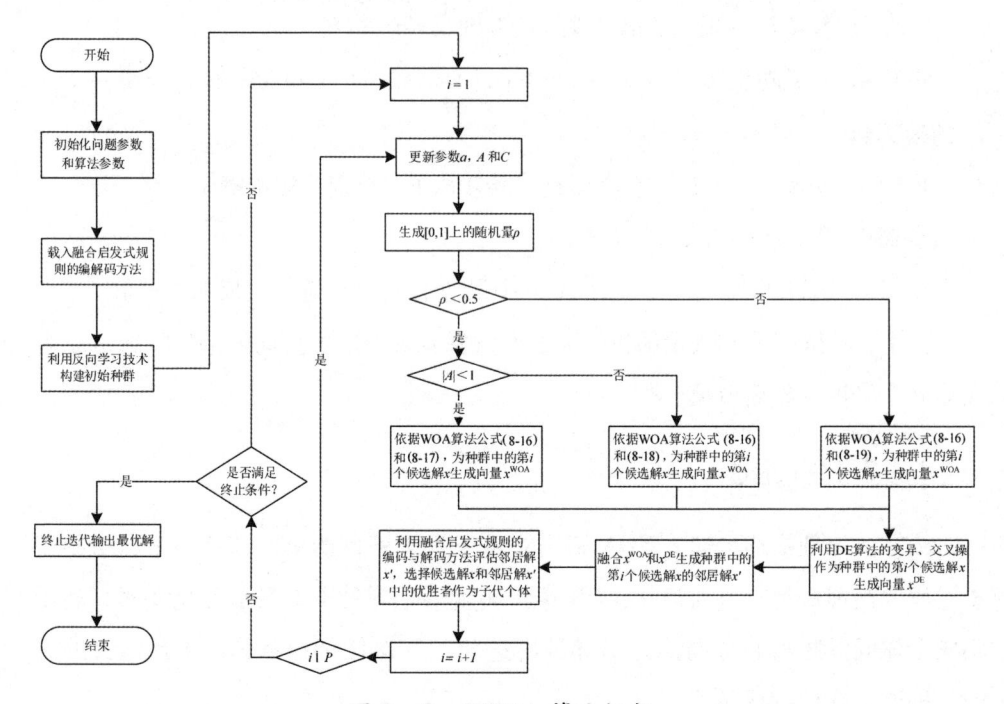

图 8-3 EWOA 算法框架

8.4.5 算法复杂性分析

基于以上描述，在此分析 EWOA 算法运行过程中相关操作的时间复杂度。其中，P 为种群规模，编码长度 D 等于受灾点总数（$|N^c|$），具体耗时如下：

●初始化阶段，每个随机解和对应反向解的构造过程耗时 $O(D)$；

●解码环节，针对每个解向量采用快速排序法实现实数数组向受灾点序列转换耗时 $O(D \cdot \log_2 D)$，采用扫描法和启发规则构造运输线路耗时 $O(D)$；

●个体更新环节，采用 WOA 和 DE 两种机制构建邻居解的关键步骤均耗时 $O(D)$；

●子代解评估环节，利用快速排序法对 P 个解进行优劣排序所需时间复杂度

为 $O(P \cdot \log_2 P)$。

综合以上描述，EWOA 算法所需时间复杂度相对低，能够有效应对中大规模算例。

8.5 实验结果与分析

为验证 EWOA 的搜索性能，将其分别应用于基准函数优化和应急资源调度两类问题，选用 Matlab2016b 平台，仿真实验所用 CPU 参数为 2.4GHz、内存 4GB、Intel（R）Core（TM）i5－2430M。

8.5.1 Benchmark 函数测试

为验证 EWOA 算法的优化性能，选取 5 个 Benchmark 函数进行寻优模拟仿真[209]。表 8－3 梳理归纳了各测试函数的表达式、取值范围、最优解等信息，参数 n 表示测试问题的维度。其中，函数 f_1、f_2 和 f_3 具有复杂单峰特性，函数 f_4 和 f_5 具有复杂多峰特性。以上 Benchmark 函数的空间域极其复杂，常用于进化算法的性能评估实验。

表 8－3 基准测试函数

函数	函数名	表达式	取值范围	最优解
f_1	Tablet	$f_1(x) = 10^6 x_1^2 + \sum_{i=2}^{n} x_i^2$	（－100,100）	0
f_2	Sphere	$f_2(x) = \sum_{i=1}^{n} x_i^2$	（－100,100）	0
f_3	Rosenbrock	$f_3(x) = \sum_{i=1}^{n-1} (100(x_{i+1} - x_i^2)^2 + (x_i - 1)^2)$	（－50,50）	0
f_4	Rastrigin	$f_4(x) = \sum_{i=1}^{n} (x_i^2 - 10\cos(2\pi x_i) + 10)$	（－5.12,5.12）	0
f_5	Griewank	$f_5(x) = \frac{1}{4000} \sum_{i=1}^{n} x_i^2 - \prod_{i=1}^{n} \cos(\frac{x_i}{\sqrt{i}}) + 1$	（－100,100）	0

为评估 EWOA 算法的性能，首先开展 EWOA 和 WOA 两个算法的对比实验，力求验证改进措施的有效性。实验参数设置如下：测试问题选取 20 维和 40 维两

组，种群规模取 60，最大迭代次数取 1000，依据相关研究缩放参数和交叉概率分别取 0.3 和 0.7。对于每个函数，EWOA 和 WOA 两种算法分别运行 20 次，表 8-4 给出了实验结果的均值和标准差数值。

表 8-4 WOA 和 EWOA 结果对比

函数	维度	算法	平均值	标准差
f_1	20	WOA	8.39e-14	3.07e-15
		EWOA	3.00e-20	7.85e-20
	40	WOA	2.22e-08	4.50e-09
		EWOA	4.84e-16	2.15e-16
f_2	20	WOA	6.47e-16	6.51e-17
		EWOA	4.86e-22	7.76e-22
	40	WOA	1.45e-12	8.28e-12
		EWOA	5.29e-20	4.69e-20
f_3	20	WOA	1.04e-01	8.13e-02
		EWOA	2.32e-04	6.08e-04
	40	WOA	3.15e-01	4.02e-01
		EWOA	1.86e-03	5.37e-03
f_4	20	WOA	8.04e-16	8.55e-16
		EWOA	1.96e-19	6.08e-20
	40	WOA	3.41e-13	3.43e-13
		EWOA	1.83e-17	4.32e-17
f_5	20	WOA	6.29e-15	4.29e-15
		EWOA	1.82e-17	2.94e-18
	40	WOA	1.04e-11	5.59e-12
		EWOA	2.28e-15	5.29e-16

观察表 8-4 的实验结果可知，EWOA 算法相较于 WOA 算法在各 Benchmark 函数的优化求解过程中均获得了更优的均值数值，这表明本章构建的 EWOA 算法的平均优化性能更具优越性。同时，通过观察标准差数值可知，EWOA 算法 20 次独立运行所得结果的偏差范围相较于 EWOA 算法更小，表明其求解结果的稳定性更强。

为进一步评估 EWOA 算法的优化能力，将本章所构建的 EWOA 算法与另外三种升级版的 EWOA 算法进行对比，具体包括 OBWOA[210]、CWOA[211] 以及 QWOA[212]。实验参数设置如下：测试问题选取 40 维，种群规模取 60，最大迭代次数取 1 000，对比算法 OBWOA、CWOA 和 QWOA 的其他参数维持参考文献推荐的参数数值设置。对于每个函数，四种升级版的 WOA 算法分别运行 20 次，表 8-5 归纳了实验结果的均值和标准差数值，同时图 4 给出了优化算法求解各个函数的平均进化曲线。

表 8-5 四种改进 WOA 算法结果对比

函数	维度	算法	平均值	标准差
f_1	40	OBWOA	4.89e−13	7.37e−13
		CWOA	1.07e−14	3.37e−14
		QWOA	6.80e−15	9.32e−15
		EWOA	4.84e−16	2.15e−16
f_2	40	OBWOA	8.53e−17	8.33e−17
		CWOA	4.74e−16	2.24e−16
		QWOA	6.06e−18	2.96e−19
		EWOA	5.29e−20	4.69e−20
f_3	40	OBWOA	1.92e−02	7.71e−02
		CWOA	2.85e−03	8.41e−02
		QWOA	5.55e−03	3.80e−03
		EWOA	1.86e−03	5.37e−03
f_4	40	OBWOA	8.22e−14	2.77e−14
		CWOA	5.90e−17	2.88e−16
		QWOA	8.72e−16	8.99e−17
		EWOA	1.83e−17	4.32e−17
f_5	40	OBWOA	1.69e−13	6.55e−13
		CWOA	3.02e−12	6.38e−13
		QWOA	6.91e−14	6.18e−14
		EWOA	2.28e−15	5.29e−16

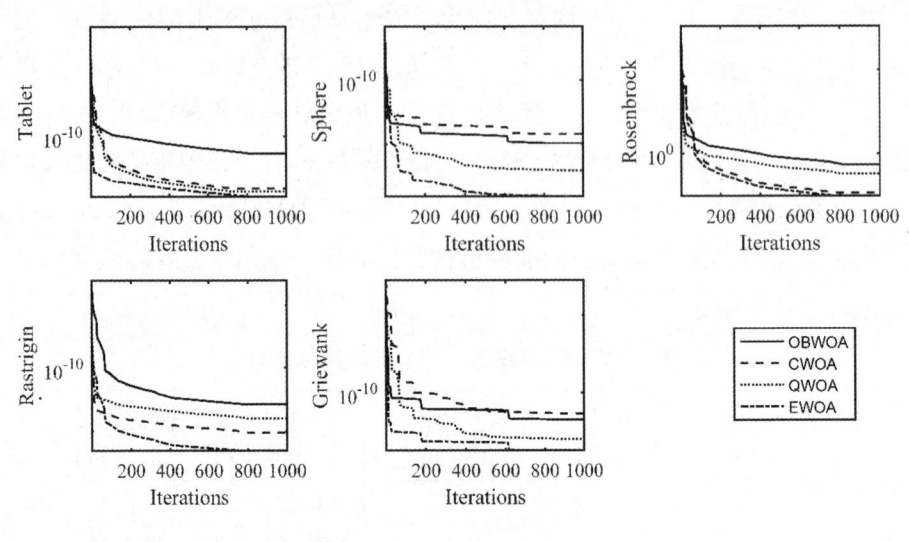

图8-4 平均进化曲线

观察表8-3和图8-4的实验结果可知,EWOA算法20次独立实验所得结果的均值优于OBWOA、CWOA和QWOA三种算法,这表明通过反向学习方法构建初始种群以及融合差分搜索构建混合进化策略有效地平衡了算法自身的全局探索性能和局部挖掘能力,使得EWOA算法具备更强的优化性能。同时,EWOA算法20次独立运行所得标准差数值更小,表明其鲁棒性更具竞争力、求解结果稳定性更佳。

进一步开展EWOA算法同其他进化算法的对比实验,旨在验证本章所构建的算法同其他机制进化算法相比时的有力竞争性,对比算法包括ABC(artificial bee colony)[213]、TLBO(teaching-learning-based optimization)[214]和SCA(sine cosine algorithm)[215]。实验参数设置如下:测试问题选取40维,种群规模取60,最大迭代次数取1000,对比算法ABC、TLBO和SCA的其他参数维持参考文献推荐的参数数值设置。对于每个函数,四种算法均独立运行20次,表8-6归纳了实验结果的均值和标准差数值。

表8-6 EWO同其他进化算法的法结果对比

函数	维度	算法	平均值	标准差
f_1	40	ABC	5.76e-13	7.68e-13
		TLBO	1.01e-14	3.21e-14
		SCA	7.70e-15	8.65e-15
		EWOA	4.84e-16	2.15e-16
f_2	40	ABC	7.96e-17	7.86e-17
		TLBO	4.19e-16	2.51e-16
		SCA	5.81e-18	3.08e-19
		EWOA	5.29e-20	4.69e-20
f_3	40	ABC	1.63e-02	8.24e-02
		TLBO	2.69e-03	8.28e-02
		SCA	5.66e-03	4.18e-03
		EWOA	1.86e-03	5.37e-03
f_4	40	ABC	8.15e-14	2.65e-14
		TLBO	6.03e-17	2.62e-16
		SCA	7.67e-16	9.06e-17
		EWOA	1.83e-17	4.32e-17
f_5	40	ABC	1.79e-13	6.83e-13
		TLBO	2.94e-12	7.72e-13
		SCA	7.30e-14	5.53e-14
		EWOA	2.28e-15	5.29e-16

观察表8-6的实验结果可知，本章所构建的EWOA算法多次运行结果的均值优于其他机制的对比算法。换而言之，反向学习的嵌入有力提升了算法初始解的表现性能，同时WOA算法机制加速种群收敛和DE算法机制维持种群多样性，二者的混合对提升算法搜索精度具有积极作用。此外，EWOA算法20次独立运行所生成结果的标准差数值更小，这表达混合算法的运行机制具备更优的鲁棒性。

8.5.2 应急物资调度仿真

某地区遭受自然灾害，25个受灾点亟须物资援助，表8-7给出了所有受灾点的位置坐标（单位：km）、物资需求量（单位：t）以及可接受服务的时间窗（单位：min）。现有3个中心可供应物资，表8-8归纳梳理了各中心的位置坐标和拥有的车辆数，每辆运输车的载荷为10t，行驶速度为35km/h。此外，当前算例选用欧氏距离做测算。

表5 受灾点相关参数

序号	x坐标/km	y坐标/km	需求量/t	时间窗/min
1	6.8	19.7	2	[0, 20]
2	16.6	10.5	3	[0, 35]
3	6.9	14.6	2	[0, 15]
4	4.8	10.6	3	[0, 35]
5	10.9	18.9	3	[0, 20]
6	11.8	9.6	2	[0, 20]
7	3.9	5.0	4	[0, 20]
8	7.1	19.6	2	[0, 35]
9	5.6	8.7	4	[0, 35]
10	14.3	9.0	4	[0, 15]
11	15.8	10.5	4	[0, 30]
12	9.8	5.3	2	[0, 15]
13	14.7	5.0	2	[0, 40]
14	2.4	15.1	3	[0, 30]
15	13.0	17.6	3	[0, 40]
16	1.0	5.6	2	[0, 25]
17	1.6	15.0	3	[0, 25]
18	13.1	18.7	3	[0, 20]
19	16.4	6.1	3	[0, 15]
20	6.8	1.0	2	[0, 20]
21	7.9	15.9	2	[0, 20]

续表

序号	x 坐标/km	y 坐标/km	需求量/t	时间窗/min
22	3.9	10.9	2	[0, 15]
23	16.2	0.8	2	[0, 35]
24	14.5	11.0	2	[0, 35]
25	12.3	3.0	3	[0, 35]

表 8-8　配送中心相关参数

序号	x 坐标/km	y 坐标/km	中心车辆数
1	6.8	4.8	3
2	16.6	10.9	3
3	6.9	11.8	3

为丰富模型和算法的对比性，基于上述算例参数设置，分别测算不考虑时间窗和考虑时间窗两种场景，测试算法选用 WOA、ISA（improved simulated annealing algorithm）[216]和 EWOA。三种测试算法的种群规模取 20，最大迭代次数取 400，EWOA 的缩放参数与交叉概率数值分别取 0.3 和 0.7，ISA 其他参数维持参考文献[216]推荐的参数数值设置。针对以上不同算例，三种测试算法均独立运行 20 次，表 8-9 给出了三种算法所得结果的最优、均值和最劣情形的目标函数取值和相应的百分比偏差，百分比偏差计算公式为[217]：

$$\text{GAP} = \frac{(f - f^{\text{best}})}{f^{\text{best}}} \times 100\% \tag{28}$$

其中，f^{best} 为三种算法共计 60 次独立运行所得最优解，f 对应最优、均值和最劣目标函数值。同时，图 8-5 和图 8-6 展示了各算法所得的最优运输线路和进化曲线。

第8章 基于改进鲸鱼优化算法的应急物资调度问题

表8-7 三种算法优化结果对比

算例描述	算法	最优 数值	最优 偏差/%	均值 数值	均值 偏差/%	最劣 数值	最劣 偏差/%
不考虑时间窗	CWOA	123.54	3.91	127.02	6.84	129.29	8.75
	ISA	122.08	2.69	125.60	5.64	127.59	7.32
	EWOA	118.89	0.00	124.34	4.59	126.72	6.58
考虑时间窗	CWOA	127.83	6.43	130.63	8.77	134.63	12.09
	ISA	125.87	4.80	127.83	6.43	132.87	10.63
	EWOA	120.10	0.00	126.33	5.19	131.49	9.48

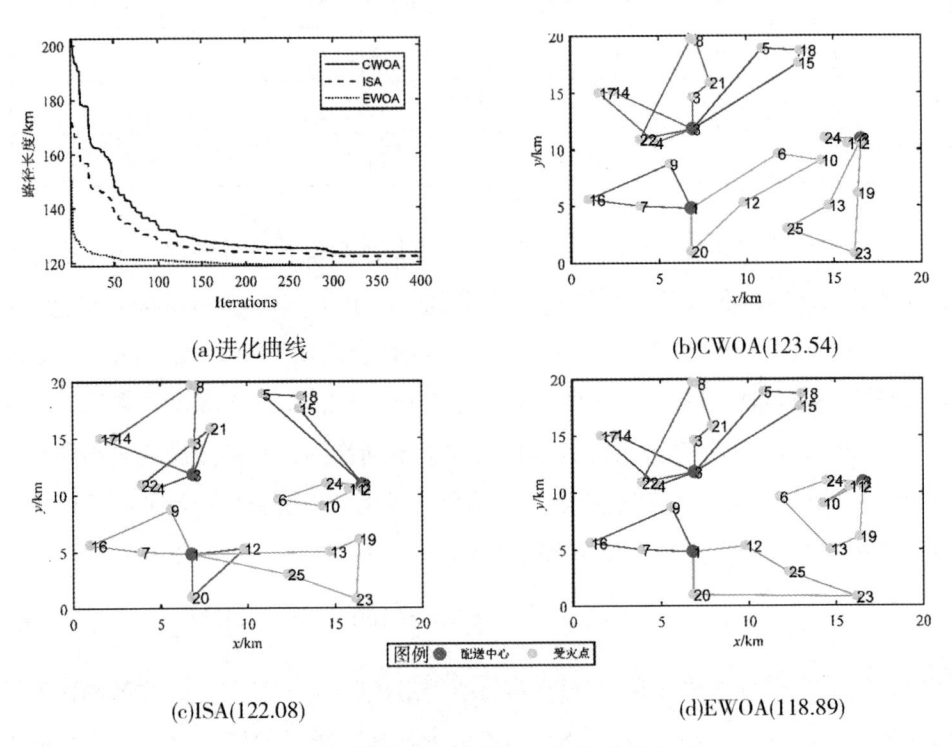

(a)进化曲线

(b)CWOA(123.54)

(c)ISA(122.08)

(d)EWOA(118.89)

图5 不考虑时间窗的调度模型最优解

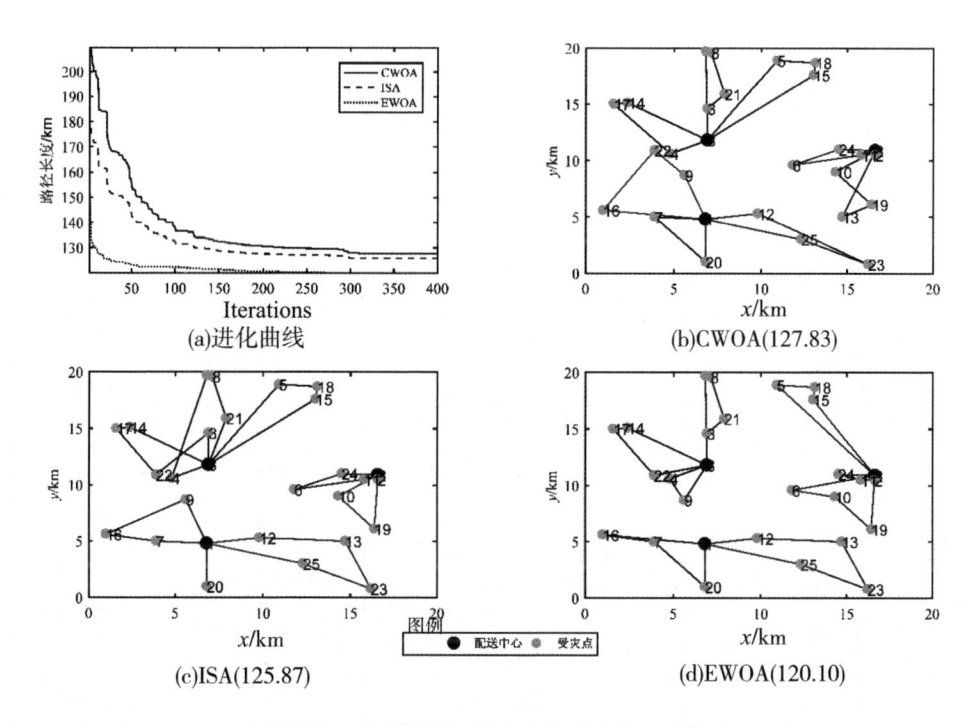

图 6 考虑时间窗的调度模型最优解

此外，表 8-10 梳理归纳了三种算法求解考虑时间窗模型所得最优运输线路的具体情况，表 8-11 给出了三种算法所得最优解中受灾节点接受服务的时间点数值。

表 8-10 算法求解考虑时间窗模型所得最优路径

算法	编号	发车中心	受灾点服务序列	实际装载量/t	长度/km
WOA	1	1	7, 20	6	11.65
	2	1	12, 23, 25	7	21.13
	3	1	9, 22, 16	8	18.76
	4	2	2	3	0.80
	5	2	24, 6, 11	8	10.14
	6	2	10, 19, 13	9	14.79
	7	3	4, 17, 14	9	14.25
	8	3	5, 18, 15	9	19.88
	9	3	3, 21, 8, 1	8	16.44

续表

算法	编号	发车中心	受灾点服务序列	实际装载量/t	长度/km
ISA	1	1	20	2	7.60
	2	1	7, 16, 9	10	15.50
	3	1	12, 13, 23, 25	9	22.68
	4	2	24, 6, 11	8	10.14
	5	2	10, 19, 2	10	11.37
	6	3	5, 18, 15	9	19.88
	7	3	21, 8, 1, 4	9	20.06
	8	3	3, 22, 17, 14	10	18.65
EWOA	1	1	20, 7, 16	8	17.56
	2	1	12, 13, 23, 25	9	22.68
	3	2	15, 18, 5	9	20.74
	4	2	19, 10, 6	9	15.93
	5	2	24, 11, 2	9	4.70
	6	3	4, 9	7	7.84
	7	3	22, 17, 14	8	14.22
	8	3	3, 21, 8, 1	8	16.44

表8-11 三种算法优化所得最优解中受灾节点接受服务的时间点数值

需求节点	时间窗	WOA	ISA	EWOA
1	[0, 20]	14.64	14.27	14.64
2	[0, 35]	0.69	18.80	7.36
3	[0, 15]	4.80	4.80	4.80
4	[0, 35]	4.15	30.24	4.15
5	[0, 20]	13.97	13.97	18.72
6	[0, 20]	8.82	8.82	18.78
7	[0, 20]	4.98	4.98	14.98
8	[0, 35]	14.10	13.72	14.10
9	[0, 35]	7.00	19.57	7.68
10	[0, 15]	5.11	5.11	14.37

续表

需求节点	时间窗	WOA	ISA	EWOA
11	[0, 30]	15.85	15.85	5.99
12	[0, 15]	5.21	5.21	5.21
13	[0, 40]	14.72	13.63	13.63
14	[0, 30]	14.86	22.41	14.81
15	[0, 40]	19.65	19.65	13.04
16	[0, 25]	22.12	10.06	20.06
17	[0, 25]	13.47	21.02	13.43
18	[0, 20]	17.76	17.76	14.93
19	[0, 15]	11.25	11.25	8.24
20	[0, 20]	13.45	6.51	6.51
21	[0, 20]	7.61	7.23	7.61
22	[0, 15]	11.76	12.97	5.37
23	[0, 35]	18.63	21.27	21.27
24	[0, 35]	3.60	3.60	3.60
25	[0, 35]	26.30	28.95	28.95

结合数值实验结果，可得以下结论：

● 基于当前算例的参数设置，结合图 8-5、图 8-6、表 8-10 和表 8-11 的结果可验证 WOA、ISA 和 EWO 三种进化算法的可行性和有效性，即优化所得结果均满足模型的约束条件，具体包括车辆载量约束、各中心车辆数约束和时间窗约束。

● 由模型间的纵向对比可知，增加时间窗约束一定程度上增加了模型的优化难度。具体而言，WOA、ISA 和 EWO 三种算法求解不考虑时间窗的调度模型的均值百分比偏差分别为 6.84%、5.64% 和 4.59%，增加时间窗约束后三种算法所得均值百分比偏差分别升至 8.77%、6.43% 和 5.19%。

● 由三种算法间的横向对比可知，本章所构建的 EWOA 算法求解上述算例在最优、均值和最劣三方面均取得了最佳表现。求解不考虑时间窗的调度模型的均值百分比偏差为 4.59%，较 WOA 和 ISA 算法有 2.25% 和 1.05% 的优势，求解考虑时间窗的调度模型的均值百分比偏差为 5.19%，较 WOA 和 ISA 算法有 3.58% 和 1.24% 的优势。

综合而言，本章所构建的基于 EWOA 算法的应急物资调度方法的出色性能归结于以下四方面：（1）构建了融合启发式规则的编解码方法，高效地适配了当前调度问题与决策方法体系；（2）通过反向学习技术生成初始种群，有力提升了初始解的质量；（3）混合 WOA 和 DE 算法的个体更新公式定义新的种群进化策略，有力平衡了算法的局部探索性能和全局开发能力，增强了算法的优化性能。

8.6 结 束 语

本章研究了一类考虑多配送中心和时间窗约束的应急物资调度问题，建立了以优化总行驶距离为目标的数学模型，并提出了 EWOA 算法。在调度算法设计过程中：首先，通过融合启发式规则构建了编码与解码方法，从而适配问题模型与决策方法；其次，借助反向学习技术生成初始种群，从而构建高质量初始解；此外，通过混合 WOA 和 DE 算法的邻域更新方式以构建新的种群生成方法，有效提升了算法的局部探索性能和全局开发能力，强化了算法的优化能力。在实验部分，基准函数优化和车辆路径规划的仿真结果有力佐证了本章所提出的 EWOA 算法的良好寻优性能。

后续研究可考虑 EWOA 算法在同类规划问题上的运用，诸如多行程车辆调度、库存路径优化、快递运输规划等场景。同时，考虑具有动态特征的应急物资调度也值得探索，包括动态需求配送、时变网络运输等。

第9章　总结与展望

9.1 全 文 总 结

VRP问题将理论研究与实际运作紧密结合在一起，被认为是运筹学近几十年来最伟大的研究之一。而在城市物流环境下，基于群体智能优化算法的多行程车辆路径问题又是近年来贴近实际配送的理论研究问题，根据客户对配送的动态需求和物流公司的最小化运输成本的要求，必将推动配送理论进一步指导实际运输。本书首先对城市物流环境下基于动态需求的多行程车辆路径问题的国内外研究现状进行了总结与分析，综合该问题的基本特征和属性，并采用不同的算法从不同的应用角度来求解多行程车辆路径问题：采用改进烟花算法来优化一般性的多行程车辆调度；利用Beam-PSO混合优化算法来求解考虑到货时间和带时间窗的多行程车辆路径问题；利用混合教与学优化算法来求解运送不相容货物的带时间窗的多行程车辆路径问题；利用新型混合蛙跳算法来获得配送中心选址定位和相关路线优化调度的一体化解决方案，并研究了利用混合灰狼算法对物流配送设施的布局优化。本书利用已有的相关研究成果，研究了城市物流环境下多行程车辆路径问题的基本特征，设计开发了不同的群智能优化算法从不同的角度对该问题进行了探讨，并将这些优化算法共同集成应用于一个现实中的物流调度和路径优化平台。最后，以应急物流为实例进行研究，采用改进的鲸鱼算法进行了求解和分析。

9.2 创 新 点

在城市物流环境下，基于群体智能优化算法的多行程车辆路径问题日益成为期待解决的主要问题，配送车辆的数量、车型、容量、配送中心的位置布局，以及客户的位置、需求等都成为实际应用过程中必须考虑的因素。从相关数据库查证可知，国内针对于多行程车辆路径问题的研究还处于初始阶段，由于问题本身的复杂性较强，大部分的相关文献未对这个问题进行较为深入的研究。本书深入研究了多行程车辆路径问题，设计开发了四种新型群体智能优化算法，创建了相应的数学模型，结合城市物流配送的基本特点，结合物流设施布局优化和应急物流的特点，把多行程车辆路径问题的涉及到的多个约束条件纳入考虑范畴，综合动态需求的基本信息，设计了一套"动态问题，静态规划"的具体求解方法。

纵观全文，本书创新点如下：

（1）针对一般性的多行程车辆路径问题，提出了改进烟花算法，该算法在标准烟花算法中融入了基于反学习的初始化方法用于提升初始解的质量；并且引入了蜂群搜索算子以强化烟花个体之间的信息交流，力求增强改进算法的搜索性能。最后采用 Matlab 中的随机函数进行仿真，与遗传算法、标准粒子群、人工蜂群算法等三种优化算法进行对比，该算法在求解多行程车辆路径问题时能够获得最短的配送时间，总时间偏差百分比能够达到 5% 以上。

（2）针对考虑到货时间的带时间窗的多行程车辆路径问题，提出了一种混合 Beam - PSO 优化算法来解决这个问题，在客户服务时间窗和配送中心到货时间的限制条件下，在标准粒子群优化的基础上引入了基于 Beam Search 的局部搜索流程以强化算法的全局搜索能力。最后通过 Matlab 仿真实验，与其他三种优化算法进行对比，验证了该 Beam - PSO 混合优化算法在求解该问题方面比遗传算法、人工蜂群算法和教与学优化算法可以获得最少的行程数量、最短的配送时间和最低的运输成本。

（3）为了解决运送不相容货物的带时间窗的多行程车辆路径问题，在动态需求的条件下，需要制订一个明确的路径规划来服务一组客户，满足客户运送不相容的大宗货物的需求，提出了一种混合教与学优化算法来进行求解。该算法通过借助随机键编码机制，克服了标准 TLBO 算法无法适用于离散问题的缺点；构造了基于禁忌搜索算法的局部优化方差，进一步强化标准 TLBO 算法的寻优能力。为了测试提出的混合教与学优化算法，采用 Matlab 进行仿真比较，分析证明该算法的优化结果明显优于人工蜂群算法、入侵杂草算法和粒子群算法，可以获得最少的行程数、最短的配送时间和最低的运输成本。

（4）为了同时解决基于动态需求的多行程车辆路径问题和配送中心的选址定位问题，设计了 JDCL – MTVRP 问题的编码与解码方法，使得标准混合蛙跳算法能够适用于该问题的求解；进一步借鉴入侵杂草优化算法的邻域搜索模型，对各个青蛙子群体中的最优解进行局部搜索，强化了算法的进化能力。通过 Matlab 仿真获得的实验结果表明，该新型算法相比人工蜂群算法、粒子群算法和遗传算法，可以最低的目标函数成本和最少的配送中心数量更好地集中获得配送中心的选址和相关的路线安排，甚至在较大规模的客户点的配送情况下，也能取得较好的优化效果。

总而言之，上述这些研究可以概括为：首先提出了一种改进烟花算法解决一般性的多行程路径问题；然后设计了一个混合 Beam – PSO 算法来解决考虑货物到达时间的带时间窗的多行程车辆路径问题；又设计了一个混合教与学优化算法求解考虑货物不相容性的带时间窗的多行程车辆路径问题；最后采用新型混合蛙跳算法同时解决了配送中心选址定位和路线安排的问题。通过大量的 Matlab 仿真实验证明了这些算法在求解相应的目标函数时具有优越的计算性能，并将这些优化算法集成应用到一个实际的物流调度优化平台进行算法性能的验证。

除此以外，为了研究一类复杂的物流配送设施布局优化问题，综合考虑功能区出入口位置、布局方向和安全距离阈值等因素，建立了以最小化物流强度为目标的数学模型。并提出了混合灰狼算法以获取优质布局方案。针对应急物流的调度问题，研究了一类考虑多配送中心和时间窗约束的决策优化问题。首先构建了以优化总行驶距离为目标的数学模型，并提出了改进鲸鱼优化算法以快速获取当前问题的满意解。这些都是本书研究的重点内容。

9.3 工作展望

针对城市物流环境下的多行程车辆路径问题，尽管国内外已经有一些相关的数学模型和求解算法等方面的研究，但整体来看研究还处于发展阶段，研究的对象、角度和方法都还需要完善，在本书的研究过程中切身体会到还存在很多问题需要进一步研究。主要体现在：

（1）将基本的车辆路径问题扩展到城市物流环境下的多行程车辆路径问题以后，原有的很多基本算法已经不适用于新的问题，需要重新设计新的算法或者对原有算法进行改进。由于多行程车辆问题在城市道路条件下的复杂性、动态性和实时性，以及用户对商品运送的时间窗和成本的要求，所以选择适合问题特点并且能够解决问题的算法尤其显得重要。

（2）目前多行程车辆路径问题的研究主要集中在城市物流环境下的配送，其中包含多种随机因素。例如，城市环境下的交通网络存在很大的随机性和时间依赖性，交通堵塞和突发事件都有可能造成物流配送的延迟。所以把城市环境下的动态网络因素纳入约束条件，具有很强的实际意义。另外提供服务的车辆、司机的不确定性等因素在车辆运输过程中都可能会发生变化，如何减少运送的总成本，加强物流公司之间的通信和业务互补功能也是一个需要考量的问题。虽然这方面已经有类似的研究，但在深度和广度方面还远远不够。

（3）在城市物流条件下，多行程配送是近年来研究者开始研究的一个课题，作为城市物流车辆路径问题的工作核心，在实时条件下如何建立合适的数学模型，仍然是一个巨大的挑战。另外，不同配送中心的车队共享、货物转移、采用混合车辆的车队或带多车厢的车辆等问题很少有人研究，这些措施可以大大减低车辆污染和运行成本，这将意味着可以考虑平衡策略或管理转移，在不同的配送中心执行车辆的行程开始和行程结束。

近年来研究者开始研究多层次配送和多个行程的 VRP 模型。虽然很多研究的主题仍然空缺（比如同步问题），但这是城市物流车辆路径问题的工作核心。然而，在这些模型中对时间的依赖性，特别是在实时环境中，仍然是一个巨大的挑战。原因可能是与算法设计的难度有关：数据管理是一个艰巨的任务和 VRP 模型只给出一个实际道路网络的抽象视图。另一个在这些模型中很少研究这些模型在二级配送层次中的相互转化，例如：车队共享、货物转移等。这意味着可以考虑平衡策略或管理转移，在不同的配送中心执行车辆的行程开始和行程结束。

另一个途径的研究是未来可能出现的多目标优化。书中概述了在城市配送环境下的许多方法用于减少车辆污染和增加机动性，这是开发模型和标准的需要，可以更好地考虑和代表不同的利益。

因此，作为城市环境下物流配送车辆路径问题的一个研究对象，基于群体智能优化算法的多行程车辆路径问题是一个与实际应用联系紧密，前景广阔的研究领域，相关的研究成果不仅在物流配送、通信线路设计、供应链优化等多个领域得到广泛应用，还可以促进智能交通与现代物流配送系统的发展，起到改善城市交通状况、节约能源、减少污染、提高运输效率、降低物流成本的重要作用。

参考文献

［1］Dantzig, G. and Ramser, J. The Truck Dispatching Problem［J］. Management Science,1959,(6)：80－91.

［2］赵燕伟,张景玲,王万良. 物流配送的车辆路径优化方法［M］. 北京:科学出版社,2014.

［3］谢秉磊,郭耀煌,郭强。动态车辆路径问题:现状与展望［J］,系统工程理论方法与应用,2002,11(21):33－27.

［4］Gendreau M,Potvin J. Dynamic vehicle routing and dispatching［M］//Crainic T G,Laporte G. Fleet Management and Logistics. Dordercht：Kluwer Academic Publishers,1998:115－126.

［5］Bell W,Dalberto L M,Fisher M L. Improving the distribution of industrial gases with an online computerized routing optimizer［J］. Interfaces,1983,(13):4－23.

［6］Psaraftis H N. A dynamic programming solution to the single many－to many immediate request dia－a－ride Problem［J］. Transportation Science,1980:130－154.

［7］Madsen O B G,Ravn H F,Rygaard J M,A heuristic algorithm for a dial－a－ride routing and scheduling problem with time windows,multiple capacities,and multiple objectives［J］. Annals of Operations Research,1995,60:193－208.

［8］Gendreau M,Guertin F,Potvin J Y,et al. Tabu Search for Real－Time Vehicle Routing and Dispatching［R］. Technical Report CRT296247,Centre de Recheerche Sur Les Transprots,Universite de Montreal,1996.

［9］Gilbert Laporte. What you should know about the vehicle routing problem［J］. Naval Research Logistics,2007. 54:811－819.

［10］邱爱华. 扫描法和遗传算法在物流配送车辆优化调度中的应用研究［D］. 北京:北京交通大学,2008.

［11］李静,钟典钦. 基于CW节约算法的ERP系统改进研究［J］. 计算机工程与设计,2007,28(21):5214－5217.

[12] 郭娜. 基于节约算法和移动方向的禁忌搜索算法[D]. 大连: 大连理工大学, 2009.

[13] Zhu C J, Liu M, Wu C, et al. Two kinds of 2 – OPT algorithm for VRP with fuzzy demand[J]. Acta Electronica Sinica, 2001, 29(8): 1035 – 1037.

[14] Laporte G. Improvements to the Or – Opt Heuristic for the Symmetric Travelling Salesman Problem[J]. Journal of the Operational Research Society, 2007, 58(3): 402 – 407.

[15] Osman I, Laporte G. Metaheuristics: a bibliography. Annals of Operations Research. 1996, 63(5): 511 – 623

[16] 邓冠龙. 基于元启发式算法的调度问题若干研究[D]. 上海: 华东理工大学, 2012.

[17] Hasle G, Lie K A, Quak E. Geometric Modelling, Numerical Simulation, and Optimization[M]. Springer Berlin Heidelberg, 2007.

[18] Toth P, Vigo D. The vehicle routing problem. Monographs on discrete mathematics and applications[J], Siam. 2002, (9): 1 – 26.

[19] Gonzalez – Feliu J, Toilier F, Ambrosini C, et al. Estimated Data Production for Urban Goods Transport Diagnosis[M]// Sustainable Urban Logistics: Concepts, Methods and Information Systems. Springer Berlin Heidelberg, 2014: 113 – 143.

[20] Rushton A, Baker P, Croucher P. The handbook of logistics & distribution management[J]. 3rd edn. Kogan Page 2014.

[21] Gonzalez-Feliu J. Models and methods for the City Logistic. The Two-Echelon Capacitated Vehicle Routing Problem[D]. Ph. D. thesis, Politecnico di Torino. 2008.

[22] Potvin J – Y, Xu Y, Benyahia I. Vehicle routing and scheduling with dynamic travel times[J]. Computers & Operations Research, 2006, 33(4): 1129 – 1137.

[23] Fleischmann B, Gnutzmann S. Time-Varying Travel Times in Vehicle Routing[J]. Transportation Science, 2004, 38(2): 160 – 173.

[24] Makhloufi R, Cattaruzza D, Meunier F, et al. Simulation of Mutualized Urban Logistics Systems with Real – time Management[J]. Transportation Research Procedia, 2015, 6: 365 – 376.

[25] Kim S, Lewis M E, White Iii C C. Optimal vehicle routing with real–time traffic information [J]. IEEE Transactions on Intelligent Transportation Systems, 2005, 6(2): 178–188.

[26] Grzybowska H, Barceló J. Decision Support System for Real–Time Urban Freight Management [J]. Procedia–Social and Behavioral Sciences, 2012, 39(39): 712–725.

[27] Güner A R, Murat A, Chinnam R B. Dynamic routing under recurrent and non-recurrent congestion using real-time ITS information [J]. Computers & Operations Research, 2012, 39(2): 358–373.

[28] Chen Z L, Xu H. Dynamic Column Generation for Dynamic Vehicle Routing with Time Windows [J]. Transportation Science, 2006, 40(1): 74–88.

[29] Hemmelmayr V C, Cordeau J F, Crainic T G. An adaptive large neighborhood search heuristic for Two–Echelon Vehicle Routing Problems arising in city logistics [J]. Computers & Operations Research, 2012, 39(12): 3215–3228.

[30] éric D. Taillard, Laporte G, Gendreau M. Vehicle Routeing with Multiple Use of Vehicles [J]. Journal of the Operational Research Society, 1995, 47(8): 1065–1070.

[31] Petch R J, Salhi S. A multi–phase constructive heuristic for the vehicle routing problem with multiple trips [J]. Discrete Applied Mathematics, 2003, 133(1–3): 69–92.

[32] Olivera A, Viera O. Adaptive memory programming for the vehicle routing problem with multiple trips [J]. Computers & Operations Research, 2007, 34(1): 28–47.

[33] 童明荣, 薛恒新. 基于遗传算法的城市物流网络设计研究[J]. 运筹与管理, 2008, 17(5): 69–72.

[34] 李蕾. 基于遗传算法的城市物流中心选址问题研究[J]. 青海师范大学学报(自科版), 2015, 31(4): 73–78.

[35] 葛显龙, 许茂增, 王伟鑫. 基于联合配送的城市物流配送路径优化[J]. 控制与决策, 2016(3): 503–512.

[36] 罗金炎. 改进的二进制粒子群算法求解车辆路径问题[J]. 数学的实践

与认识,2014,44(23):205-211.

[37]黄震. 混合量子粒子群算法求解车辆路径问题[J]. 计算机工程与应用,2013,49(24):219-223.

[38]吴斌. 车辆路径问题的粒子群算法研究与应用[D]. 浙江:浙江工业大学,2007.

[39]张丽艳,庞小红,夏蔚军,等. 带时间窗车辆路径问题的混合粒子群算法[J]. 上海交通大学学报,2006,40(11):1890-1894.

[40]温惠英,孙博. 基于离散粒子群算法的协同车辆路径问题[J]. 公路交通科技,2011,28(1):149-153.

[41]郭森,秦贵和,张晋东,等. 多目标车辆路径问题的粒子群优化算法研究[J]. 西安交通大学学报,2016,50(9):97-104.

[42]王志刚,夏慧明. 求解车辆路径问题的人工蜂群算法[J]. 计算机工程与科学,2014,36(6):1088-1094.

[43]毛声,谢文俊,张建业,等. 车辆路径问题的双重进化蜂群算法求解研究[J]. 计算机工程与应用,2016,52(7):35-42.

[44]姜婷. 求解需求可拆分车辆路径问题的人工蜂群算法[J]. 四川理工学院学报(自科版),2017,30(3).

[45]于晓东. 基于人工蜂群算法的考虑碳排放的带时间窗车辆路径问题研究[D]. 大连:大连理工大学,2016.

[46]方柳平,汪继文,邱剑锋,等. 具有学习因子的动态搜索烟花算法[J]. 计算机科学与探索,2017,11(3):491-501.

[47]韩守飞,李席广,拱长青. 基于模拟退火与高斯扰动的烟花优化算法[J]. 计算机科学,2017,44(5):257-262.

[48]包晓晓,叶春明,黄霞. 烟花算法求解JSP问题的研究[J]. 计算机工程与应用,2017,53(3):247-252.

[49]杜映峰,陈万米,范彬彬. 群智能算法在路径规划中的研究及应用[J]. 电子测量技术,2016,39(11):65-70.

[50]左旭坤,苏守宝. 多子群入侵杂草优化算法研究及应用[J]. 计算机工程,2014,40(2):184-188.

[51]万博,卢昱,陈立云,等. 求解 CVRP 的改进改进混合蛙跳算法研究[J]. 计算机应用研究,2011,28(12):4503-4506.

[52]骆剑平,李霞,陈泯融. 基于改进改进混合蛙跳算法的 CVRP 求解[J]. 电子与信息学报,2011,33(2):429-434.

[53]张思亮,葛洪伟. 粒子群和蛙跳的混合算法求解车辆路径问题[J]. 计算机工程与应用,2011,47(21):246-248.

[54]Cattaruzza D, Absi N, Feillet D. Vehicle routing problems with multiple trips[J]. 4OR,2016,14(3):1-37.

[55]Ayadi R, Elidrissi A E, Benadada Y, et al. Evolutionary algorithm for a Green vehicle routing problem with multiple trips[C]//International Conference on Logistics and Operations Management. IEEE,2014:148-154.

[56]Mańdziuk J, Świechowski M. Swarm Intelligence in Solving Stochastic Capacitated Vehicle Routing Problem[C]// International Conference on Artificial Intelligence and Soft Computing. Springer, Cham,2017:543-552.

[57]Akhand M A H, Peya Z J, Sultana T, et al. Solving Capacitated Vehicle Routing Problem with route optimization using Swarm Intelligence[C]// International Conference on Electrical Information and Communication Technology. IEEE, 2016:112-117.

[58]Dhanya K M, Kanmani S. Solving vehicle routing problem using hybrid swarm intelligent methods[C]// International Conference on Communication and Signal Processing. IEEE,2016:1461-1465.

[59]Marinaki M, Marinakis Y. A Glowworm Swarm Optimization algorithm for the Vehicle Routing Problem with Stochastic Demands[J]. Expert Systems with Applications,2016,46(C):145-163.

[60]Marinakis Y, Marinaki M, Migdalas A. Particle Swarm Optimization for the Vehicle Routing Problem: A Survey and a Comparative Analysis[J]. 2017.

[61]Hannan M A, Akhtar M, Begum R A, et al. Capacitated vehicle-routing problem model for scheduled solid waste collection and route optimization using PSO algorithm.[J]. Waste Manag,2017.

[62] Cattaruzza D, Absi N, Feillet D, et al. A memetic algorithm for the Multi Trip Vehicle Routing Problem[J]. European Journal of Operational Research, 2014, 236(3): 833-848.

[63] Masmoudi M A, Hosny M, Braekers K, et al. Three effective metaheuristics to solve the multi-depot multi-trip heterogeneous dial-a-ride problem[J]. Transportation Research Part E Logistics & Transportation Review, 2016, 96:60-80.

[64] Okulewicz M, Mańdziuk J. The impact of particular components of the PSO-based algorithm solving the Dynamic Vehicle Routing Problem[J]. Applied Soft Computing, 2017.

[65] Rajeev Goel, Raman Maini. A hybrid of ant colony and firefly algorithms (HAFA) for solving vehicle routing problems. Journal of Computational Science, Volume 25, 2018, 28-37.

[66] Davoud Sedighizadeh, Houman Mazaheripour. Optimization of multi objective vehicle routing problem using a new hybrid algorithm based on particle swarm optimization and artificial bee colony algorithm considering Precedence constraints. Alexandria Engineering Journal, (2017) October, DOI: 10.1016/j.aej.2017.09.006.

[67] Y. Marinakis, G.-R. Iordanidou, M. Marinaki, Particle swarm optimization for the vehicle routing problem with stochastic demands, Appl. Soft Comput. 13 (2013) 1693-1704.

[68] Z. Peng, H. Manier. M., A. Manier. Particle Swarm Optimization for Capacitated Location-Routing Problem. Volume 50, Issue 1, (2017), 14668-14673.

[69] Marinakis Y, Marinaki M. A Bumble Bees Mating Optimization algorithm for the Open Vehicle Routing Problem[J]. Swarm & Evolutionary Computation, 2013, 15(1):80-94.

[70] 彭勇. 变需求车辆路线问题建模及基于 Inver-over 操作的 PSO-DP 算法[J]. 系统工程理论与实践, 2008, 28(10):76-81.

[71] 肖增敏. 动态网络车辆路径问题研究[D]. 成都：西南交通大学, 2005.

[72] 张建勇, 李军, 郭耀煌. 模糊需求信息条件下的实时动态车辆调度问题研究[J]. 管理工程学报, 2004, 18(4):69-72.

[73]王万良,黄海鹏,赵燕伟,等. 基于车辆共享的软时间窗动态需求车辆路径问题[J]. 计算机集成制造系统,2011,17(5):1056-1063.

[74]张景玲,赵燕伟,王海燕,等. 多车型动态需求车辆路径问题建模及优化[J]. 计算机集成制造系统,2010,16(3):543-550.

[75]张景玲,王万良,赵燕伟. 基于沿途补货的多配送中心动态需求VRP建模及优化[J]. 计算机集成制造系统,2013,19(4):869-878.

[76]韩世莲. 基于客户动态需求属性的物流配送线路聚类优化[J]. 系统管理学报,2016(6):1146-1153.

[77]张文博,苏秦,程光路. 基于动态需求的带时间窗的车辆路径问题[J]. 工业工程与管理,2016,21(6):68-74.

[78]葛显龙,王旭,邢乐斌. 动态需求的多车型车辆调度问题及云遗传算法[J]. 系统工程学报,2012,27(6):823-832.

[79] Haugland D, Ho S C, Laporte G. Designing delivery districts for the vehicle routing problem with stochastic demands [J]. European Journal of Operational Research,2007,180(3):997-1010.

[80] Novoaab C. An approximate dynamic programming approach for the vehicle routing problem with stochastic demands[J]. European Journal of Operational Research,2009,196(2):509-515.

[81] Louveaux F, Salazar-González J J. On the one-commodity pickup-and-delivery traveling salesman problem with stochastic demands[J]. Mathematical Programming,2009,119(1):169-194.

[82] Zeddini B, Zargayouna M, Yassine A, et al. Managing space-time networks for the dynamic time-constrained VRP[J]. Journal of Experimental Botany,2012,3(10):2291-2302.

[83] Olivera, A., & Viera, O. (2007). Adaptive memory programming for the vehicle routing problem with multiple trips. Computers and Operations Research,34(1),28-47.

[84] Cinar D, Gakis K, Pardalos P M. Reduction of CO_2 Emissions in Cumulative Multi-Trip Vehicle Routing Problems with Limited Duration[J]. Environmental Model-

ing & Assessment,2015,20(4):273-284.

[85]Wassan N, Nagy G, et al. The Multiple Trip Vehicle Routing Problem with Backhauls: Formulation and a Two-Level Variable Neighbourhood Search[J]. Computers & Operations Research,2016.

[86]Fleischmann B. The vehicle routing problem with multiple use of vehicles. Working paper, Fachbereich Wirtschaftswissenschaften[J]. Universita of Hamburg,1990.

[87]Taillard E., G. Laporte and Gendreau,Vehicle Routing Problem with Multiple Use of Vehicles, Journal of the Operational Research Society. 1996,47(8):1065-1070.

[88]Brandao J. and A. Mercer,The Multi-trip Vehicle Routing Problem, Journal of the Operational Research Society. 1998,49(8):799-805.

[89]Petch R. J. and S. Salhi, A Multi-phase Constructive Heuristic for the Vehicle Routing Problems with Multiple Trips, Discrete Applied Mathematics. 2003,133(1):69-92.

[90]Olivera A,Viera O. Adaptive memory programming for the vehicle routing problem with multiple trips[J]. Computers & Operations Research,2007,34(1):28-47.

[91]Salhi S. and R. J. Petch, A GA Based Heuristic for the Vehicle Routing Problem with Multiple Trips, Journal of Mathematical Modeling and Algorithms. 2007,6(4):591-613.

[92]Jarboui B., H. Derbel, S. Hanafi and N. Mladenovi'c, Variable neighborhood search for location routing, Computers & Operations Research. 2013,40(1):47-57.

[93]李佳. 多行程模式下机场接送服务车次分配与调度问题的精确算法研究[D]. 东北大学,2013.

[94]张媛媛,曾晓燕,多行程带时间窗的车辆调度问题研究,数学的实践与认识,2015,45(7):1-7.

[95]许争争,唐加福,基于协作的三阶段启发式算法求解多行程车辆行程问题. 南开大学学报(自然科学版),2015,48(5):51-59.

[96]梁文博. 多车程带时间窗车辆路径问题的模型和算法[D]. 大连:大连

理工大学,2011.

[97]Tan Y,Zhu Y. Fireworks algorithm for optimization[C]// International Conference on Advances in Swarm Intelligence. Springer – Verlag,2010:355 – 364.

[98]Bureerat S. Hybrid population – based incremental learning using real codes [C]// International Conference on Learning and Intelligent Optimization. Springer – Verlag,2011:379 – 391.

[99]包晓晓,叶春明,黄霞. 烟花算法求解 JSP 问题的研究[J]. 计算机工程与应用,2017,53(3):247 – 252.

[100]Imran A M, Kowsalya M. A new power system reconfiguration scheme for power loss minimization and voltage profile enhancement using Fireworks Algorithm[J]. International Journal of Electrical Power & Energy Systems,2014,62(62):312 – 322.

[101]朱启兵,王震宇,黄敏. 带有引力搜索算子的烟花算法[J]. 控制与决策,2016,31(10):1853 – 1859.

[102]Gao H,Diao M. Cultural firework algorithm and its application for digital filters design[J]. Int J of Modelling,Identification and Control,2011,14(4): 324 – 331.

[103]曹炬,李婷婷,贾红. 带有遗传算子的烟花爆炸优化算法[J]. 计算机工程,2010,36(23):149 – 151.

[104]韩守飞,李席广,拱长青. 基于模拟退火与高斯扰动的烟花优化算法[J]. 计算机科学,2017,44(5):257 – 262.

[105]Rahnamayan S,Tizhoosh H R,Salama M M A. Opposition – based differential evolution[J]. IEEE Transactions on Evolutionary computation,2008,12(1): 64 – 79.

[106]谭营. 烟花算法引论[M]. 北京:科学出版社,2015.

[107]王沁,李磊,陆成勇,等. 平均计算时间复杂度优化的动态粒子群优化算法[J]. 计算机科学,2010,37(3):191 – 194.

[108]陈阿慧,李艳娟,郭继峰. 人工蜂群算法综述[J]. 智能计算机与应用,2014,4(6):20 – 24.

[109]何军,黄厚宽. 遗传算法的平均计算时间分析[C]// 中国人工智能联合学术会议. 1998.

[110] N. Azi, M. Gendreau, and J. Y. Potvin. An exact algorithm for a single - vehicle routing problem with time windows and multiple routes. European Journal of Operational Research, 178(3):755 - 766, 2007.

[111] N. Azi, M. Gendreau, and J. Y. Potvin. An exact algorithm for a vehicle routing problem with timewindows and multiple routes. European Journal of Operational Research, 202(3):756 - 763, 2010.

[112] F. Hernandez, D. Feillet, R. Giroudeau, and O. Naud. A new exact algorithm to solve the multitrip vehicle routing problem with time windows and limited duration. Technical report, laboratoired' Informatique de Robotiqueet de Microlectronique de Montpellier (LIRMM), 2011.

[113] D. Feillet, P. Dejax, M. Gendreau, and C. Gueguen. An exact algorithm for the elementary shortestpath problem with resource constraints: application to some vehicle routing problems. Networks, 44(3):155 - 170, 2004.

[114] M. Battarra, M. Monaci, and D. Vigo. An adaptive guidance approach for the heuristic solution of aminimum multiple trip vehicle routing problem. Computers & Operations Research, 36(11):3041 - 3050, 2009.

[115] Alonso F, Alvarez M J, Beasley J E. A Tabu Search Algorithm for the Periodic Vehicle Routing Problem with Multiple Vehicle Trips and Accessibility Restrictions [J]. Journal of the Operational Research Society, 2008, 59(7):963 - 976.

[116] M. Drexl. Synchronization in vehicle routing - a survey of vrps with multiple synchronization constraints. Transportation Science, 46(3):297 - 316, 2012.

[117] 郭森, 秦贵和, 张晋东, 等. 多目标车辆路径问题的粒子群优化算法研究 [J]. 西安交通大学学报, 2016, 50(9):97 - 104.

[118] 王铁君, 邬开俊. 多车场车辆路径问题的改进粒子群算法 [J]. 计算机工程与应用, 2013, 49(2): 5 - 8.

[119] 张思亮, 葛洪伟. 粒子群和蛙跳的混合算法求解车辆路径问题 [J]. 计算机工程与应用, 2011, 47(21): 246 - 248.

[120] 李德富, 郭海湘, 刘龙辉, 等. 改进型粒子群优化算法求解车辆径优化问题 [J]. 计算机工程与应用, 2012, 48(20): 216 - 223.

[121]秦家娇,张勇,毛剑琳,等.基于粒子碰撞的粒子群算法求解带时间窗车辆调度问题[J].计算机应用研究,2012,29(4):1253-1255.

[122] J. Kennedy, R. Eberhart. Particle swarm optimization[C]//: Neural Networks,1995. Proceedings. ,IEEE International Conference on. IEEE,1995:1942-1948

[123]黄继达.布谷鸟算法的改进及其应用研究[D].武汉:华中科技大学,2014.

[124]马文强,张超勇,唐秋华,等.基于混合教与学优化算法的炼钢连铸调度[J].计算机集成制造系统,2015,21(5):1271-1278.

[125] Soto M, Sevaux M, Reinholz A, et al. Multiple neighborhood search, tabu search and ejection chains for the multi-depot open vehicle routing problem[J]. Computers & Industrial Engineering,2017,107.

[126] Lai M, Tong X. A metaheuristic method for vehicle routing problem based on improved ant colony optimization and Tabu search[J]. Journal of Industrial & Management Optimization,2017,8(2):469-484.

[127] Silvestrin P V, Ritt M. An iterated tabu search for the multi-compartment vehicle routing problem[J]. Computers & Operations Research,2017,81:192-202.

[128] Alonso F, Alvarez M J, Beasley J E. A Tabu Search Algorithm for the Periodic Vehicle Routing Problem with Multiple Vehicle Trips and Accessibility Restrictions[J]. Journal of the Operational Research Society,2008,59(7):963-976.

[129] Satyananda D, Wahyuningsih S. Characteristic Studies of Solution the Multiple Trip Vehicle Routing Problem (MTVRP) and its Application in Optimization of Distribution Problem[C]// International Seminar on Mathematics Education and Graph Theory. 2014.

[130]拓守恒,雍龙泉,邓方安."教与学"优化算法研究综述[J].计算机应用研究,2013,30(7):1933-1938.

[131]武巍,邹杰.基于改进教与学算法的无人机航路规划[J].计算机应用,2016,36(9):2626-2630.

[132]林震,陈辉金,帅剑平.环链种群结构的多目标教与学优化算法[J].计算机应用研究,2017,3(02):1-8.

[133] 徐军辉,王艳. 基于改进教与学算法的离散制造车间能效优化[J]. 系统仿真学报,2016,28(12):3019-3026.

[134] Rao R V, Savsani V J, Vakharia D P. Teaching – learning – based optimization: an optimization method for continuous non – linear large scale problems[J]. Information Sciences,2012,183(1):1-15.

[135] Yurtkuran A, Emel E. A new hybrid electromagnetism – like algorithm for capacitated vehicle routing problems[J]. Expert Systems with Applications,2010,37(4):3427-3433.

[136] 郎茂祥,胡思继. 车辆路径问题的禁忌搜索算法研究[J]. 管理工程学报,2004,18(1):81-84.

[137] 刘挺,王联国. 基于云模型的入侵杂草优化算法[J]. 计算机工程,2014,40(12):156-160.

[138] Lawrence B, Bruce G. Classification in Vehicle Rating and Scheduling [J]. Networks. 1981,11(2):97-108.

[139] Olivera A, Viera O. Solving the vehicle routing problem with multiple trips by adaptive memory programming[J]. International Journal of Logistics Systems & Management,2007,3(4):440-450(11).

[140] Taillard E D, Laporte G, Gendreau M. Vehicle Routing with Multiple Use of Vehicles [J]. Journal of the Operational Research Society,1996,47(8):1065-1070.

[141] Brandao J, Mercer A. A Tabu Search Algorithm for the Multi – trip Vehicle Routing and Scheduling Problem[J]. European Journal of Operational Research,1997,100:180-191.

[142] Salhi S, Petch RJ. A GA Based Heuristic for the Vehicle Routing Problem with Multiple Trips [J]. Journal of Mathematical Model Algorithm, 2007, 6 (4):591-613.

[143] Lin C K Y, Kwok R C W. Multi – objective Metaheuristics for a Location – routing Problem with Multiple Use of Vehicles on Real Data and Simulated Data[J]. Journal of the Operational Research Society,2006,175(3):1833-1849.

[144] 杨娟,袁可红,郭海湘,诸克军. 煤矿危险物资多趟配送车辆路径问题

[J]. 系统管理学报,2013,22(5):728-736.

[145] Tuzun D, Burke L. A Two-phase Tabu Search Approach to the Location Routing Problem[J]. European Journal of Operational Research, 1999, 116(1): 87-99.

[146] Barreto S, Ferreira C, Paixao J, et al. Using Clustering Analysis in a Capacitated Location-routing Problem[J]. European Journal of Operational Research, 2007, 179(3): 968-977.

[147] 罗耀波,孙延明,刘小龙. 多约束选址—路径问题的改进混合遗传算法研究[J]. 计算机应用研究,2013,30(8):2283-2288。

[148] 王海军,杜丽敬,胡蝶,等. 不确定条件下的应急物资配送选址-路径问题[J]. 系统管理学报,2015(6):828-834.

[149] 宋颂颂. 低碳化选址-路径问题优化模型研究[D]. 沈阳:东北大学,2012.

[150] 石兆,符卓. 配送选址-多车型运输路径优化问题及求解算法[J]. 计算机科学,2015,42(5):245-250.

[151] 汤雅连. 配送中心选址与车辆路径问题的优化[J]. 北京联合大学学报,2014,28(3):47-52.

[152] 熊瑞琦,马昌喜. 多配送中心危险货物配送路径鲁棒优化[J]. 计算机应用,2017,37(5):1485-1490.

[153] 赵韦,李文锋,梁晓磊. 基于粒子群算法的多配送中心选址研究[J]. 武汉理工大学学报(交通科学与工程版),2012,36(3):501-505.

[154] 李艳冰,徐克林,朱伟. 多物流配送中心选址及求解[J]. 同济大学学报(自然科学版),2012,40(5):789-792.

[155] 宋强,刘凌霞. 多行程车辆路径问题和配送中心定位问题的研究[J]. 数学的实践与认识,2016,39(7):103-113.

[156] 黎青松,杨伟,曾传华. 中心问题与中位问题的研究现状[J]. 系统工程,2015,23(5):11-17.

[157] Eusuff M M, Lansey K E. Optimization of water distribution network design using the shuffled frog leaping algorithm[J]. Journal of Water Resources planning and

management,2003,129(3):210-225.

[158] Mehrabian A R,Lucas C. A novel numerical optimization algorithm inspired from weed colonization[J]. Ecological Informatics,2006,1(4):355-366.

[159] 饶卫振. 大规模动态车辆路径问题优化方法研究[D]. 大连:大连理工大学,2012.

[160] 涂伟,李清泉,方志祥. 一种大规模车辆路径问题的启发式算法[J]. 武汉大学学报(信息科学版),2013,38(3):307-310.

[161] 朱琳. 大规模车辆路径问题的优化方法研究[D]. 天津:天津大学,2014.

[162] 崔文. 大规模多配送中心车辆路径问题研究[D]. 济南:山东大学,2012.

[163] 胡继雪. 基于大规模车辆路径问题的配送分区优化研究[D]. 济南:山东大学,2013.

[164] 党兰学. 大规模混载校车路径问题优化算法研究[D]. 郑州:河南大学,2014.

[165] 王文蕊,吴耀华. 带实际约束的大规模车辆路径问题建模及求解[J]. 控制与决策,2013(12):1799-1804.

[166] Singh S P,Sharma R R K. A review of different approaches to the facility layout problems[J]. International journal of advanced manufacturing technology,2006,30.

[167] Wan X,Zuo X,Zhao X. A differential evolution algorithm combined with linear programming for solving a closed loop facility layout problem[J]. Applied Soft Computing,2022,121:108725.

[168] Sharma P,Singh R P,Singhal S. A review of meta-heuristic approaches to solve facility layout problem[J]. International journal of emerging research in management & technology,2013,2(10):29-33.

[169] Pérez-Gosende P,Mula J,Díaz-Madroñero M. Facility layout planning. An extended literature review[J]. International Journal of Production Research,2021,59(12):3777-3816.

[170] Bukchin Y, Tzur M. A new MILP approach for the facility process-layout design problem with rectangular and L/T shape departments[J]. International Journal of Production Research,2014,52(24): 7339-7359.

[171] Kothari R, Ghosh D. Insertion based Lin-Kernighan heuristic for single row facility layout[J]. Computers & Operations Research,2013,40(1): 129-136.

[172] Liu S, Zhang Z, Guan C, et al. An improved fireworks algorithm for the constrained single-row facility layout problem[J]. International Journal of Production Research,2021,59(8): 2309-2327.

[173] Wei X, Yuan S, Ye Y. Optimizing facility layout planning for reconfigurable manufacturing system based on chaos genetic algorithm[J]. Production & Manufacturing Research,2019,7(1):109-124.

[174] P. P. Biswas, P. N. Suganthan and G. A. J. Amaratunga, "Decomposition based multi-objective evolutionary algorithm for windfarm layout optimization", in Renewable Energy, vol 115, January 2018, pp. 326-337

[175] T. Zhang, F. Li and X. Zhao, et al. "A Convolutional Neural Network-Based Surrogate Model for Multi-objective Optimization Evolutionary Algorithm Based on Decomposition", in Swarm and Evolutionary Computation, vol 72, 2022, pp. 101081-1-10.

[176] M. A. K. Fasaee, S. Monghasemi and M. R. Nikoo, et al. "A K-Sensor correlation-based evolutionary optimization algorithm to cluster contamination events and place sensors in water distribution systems", in Journal of cleaner production, vol 319, October 2021, pp. 128763-1-13.

[177] Mirjalili S, Mirjalili S M, Lewis A. Grey wolf optimizer[J]. Advances in engineering software,2014,69: 46-61.

[178] Al-Tashi Q, Md Rais H, Abdulkadir S J, et al. A review of grey wolf optimizer-based feature selection methods for classification[J]. Evolutionary Machine Learning Techniques: Algorithms and Applications,2020: 273-286.

[179] Makhadmeh S N, Alomari O A, Mirjalili S, et al. Recent advances in multi-objective grey wolf optimizer, its versions and applications[J]. Neural Computing and

Applications,2022,34(22): 19723 - 19749.

[180] 王永琦,江潇潇. 基于混合灰狼算法的机器人路径规划[J]. 计算机工程与科学,2020,42(7): 1294 - 1301.

[181] Moniz N,Monteiro H. No Free Lunch in imbalanced learning[J]. Knowledge - Based Systems,2021,227: 107222.

[182] 宋强. Beam - PSO 优化算法在多行程车辆路径问题的应用[J]. 计算机工程与科学,2019,10.

[183] Wang J,Li Y,Hu G,et al. An enhanced artificial hummingbird algorithm and its application in truss topology engineering optimization[J]. Advanced Engineering Informatics,2022,54: 101761.

[184] Abualigah L. Group search optimizer: a nature - inspired meta - heuristic optimization algorithm with its results, variants, and applications[J]. Neural Computing and Applications,2021,33(7): 2949 - 2972.

[185] Saxena A,Kumar R,Das S. β - chaotic map enabled grey wolf optimizer [J]. Applied Soft Computing,2019,75: 84 - 105.

[186] Gupta S,Deep K. A memory - based grey wolf optimizer for global optimization tasks[J]. Applied Soft Computing,2020,93: 106367.

[187] Otair M,Ibrahim O T,Abualigah L,et al. An enhanced grey wolf optimizer based particle swarm optimizer for intrusion detection system in wireless sensor networks [J]. Wireless Networks,2022,28(2): 721 - 744.

[188] Wu L,Xiao W,Wang J,et al. A new adaptive genetic algorithm and its application in the layout problem[J]. International Journal of Computational Intelligence Systems,2015,8(6): 1044 - 1052.

[189] Nguyen P T. Construction site layout planning and safety management using fuzzy - based bee colony optimization model[J]. Neural Computing and Applications, 2021,33: 5821 - 5842.

[190] de Athayde Prata B,Rodrigues C D,Framinan J M. A differential evolution algorithm for the customer order scheduling problem with sequence - dependent setup times[J]. Expert Systems with Applications,2022,189: 116097.

[191] Zhou L, Wu X, Xu Z, et al. Emergency decision making for natural disasters: An overview[J]. International journal of disaster risk reduction, 2018, 27: 567 – 576.

[192] 田茂金,孟燕萍,张亚琦,等. 考虑客户满意度的灾后多港口泊位联合应急调度模型[J]. 计算机应用与软件, 2017, 34(7): 237 – 243.

[193] Braekers K, Ramaekers K, Van Nieuwenhuyse I. The vehicle routing problem: State of the art classification and review[J]. Computers & industrial engineering, 2016, 99: 300 – 313.

[194] Konstantakopoulos G D, Gayialis S P, Kechagias E P. Vehicle routing problem and related algorithms for logistics distribution: a literature review and classification [J]. Operational research, 2020: 1 – 30.

[195] Hokama P, Miyazawa F K, Xavier E C. A branch – and – cut approach for the vehicle routing problem with loading constraints[J]. Expert Systems with Applications, 2016, 47: 1 – 13.

[196] Montoya A, Guéret C, Mendoza J E, et al. A multi – space sampling heuristic for the green vehicle routing problem[J]. Transportation Research Part C: Emerging Technologies, 2016, 70: 113 – 128.

[197] 唐红亮,吴柏林,胡旺,等. 基于粒子群优化的地震应急物资多目标调度算法[J]. 电子与信息学报, 2020, 42(3): 737 – 745.

[198] 段晓红,吴家新,周芷晴. 基于层次蝙蝠算法的应急车辆调度与交通疏散协同决策[J]. 交通运输系统工程与信息, 2020, 20(2): 157 – 165.

[199] Mirjalili S, Lewis A. The whale optimization algorithm[J]. Advances in engineering software, 2016, 95: 51 – 67.

[200] Gharehchopogh F S, Gholizadeh H. A comprehensive survey: Whale Optimization Algorithm and its applications[J]. Swarm and Evolutionary Computation, 2019, 48: 1 – 24.

[201] 尚猛,康建英,曹峻玮,等. 基于改进鲸鱼优化算法的物流配送中心选址策略[J]. 计算机应用与软件, 2019, 36(6): 254r259.

[202] Sterkenburg T F, Grünwald P D. The no – free – lunch theorems of supervised learning[J]. Synthese, 2021, 199(3 – 4): 9979 – 10015.

[203] Hussain K, Mohd Salleh M N, Cheng S, et al. Metaheuristic research: a comprehensive survey[J]. Artificial intelligence review, 2019, 52: 2191-2233.

[204] Das S, Mullick S S, Suganthan P N. Recent advances in differential evolution – an updated survey[J]. Swarm and evolutionary computation, 2016, 27: 1-30.

[205] 宋强. 求解异构并行机调度问题的混合多目标教-学优化算法[J]. 控制理论与应用, 2020, 37(10): 2242-2256.

[206] Silva M M, Subramanian A, Ochi L S. An iterated local search heuristic for the split delivery vehicle routing problem[J]. Computers & Operations Research, 2015, 53: 234-249.

[207] Mahdavi S, Rahnamayan S, Deb K. Opposition based learning: A literature review[J]. Swarm and evolutionary computation, 2018, 39: 1-23.

[208] Ting T O, Yang X S, Cheng S, et al. Hybrid metaheuristic algorithms: past, present, and future[J]. Recent advances in swarm intelligence and evolutionary computation, 2015: 71-83.

[209] 王永琦, 江潇潇. 基于混合灰狼算法的机器人路径规划[J]. 计算机工程与科学, 2020, 42(7): 1294-1301.

[210] Abd Elaziz M, Oliva D. Parameter estimation of solar cells diode models by an improved opposition-based whale optimization algorithm[J]. Energy conversion and management, 2018, 171: 1843-1859.

[211] Kaur G, Arora S. Chaotic whale optimization algorithm[J]. Journal of Computational Design and Engineering, 2018, 5(3): 275-284.

[212] Agrawal R K, Kaur B, Sharma S. Quantum based whale optimization algorithm for wrapper feature selection[J]. Applied Soft Computing, 2020, 89: 106092.

[213] Karaboga D, Gorkemli B, Ozturk C, et al. A comprehensive survey: artificial bee colony (ABC) algorithm and applications[J]. Artificial Intelligence Review, 2014, 42: 21-57.

[214] Zou F, Chen D, Xu Q. A survey of teaching-learning-based optimization[J]. Neurocomputing, 2019, 335: 366-383.

[215] Mirjalili S. SCA: a sine cosine algorithm for solving optimization problems

[J]. Knowledge-based systems,2016,96: 120-133.

[216] İlhan İ. An improved simulated annealing algorithm with crossover operator for capacitated vehicle routing problem[J]. Swarm and Evolutionary Computation,2021, 64: 100911.

[217] Abreu L R, Cunha J O, Prata B A, et al. A genetic algorithm for scheduling open shops with sequence-dependent setup times[J]. Computers & Operations Research,2020,113: 104793.